WORLD ATLAS —OF— TEA

티 아틀라스

WORLD ATLAS
— OF —
TEA
티 아틀라스

한국 티소믈리에 연구원

저자 : 크리시 스미스(Krisi Smith)
영국 티 업체, 블루버드 티(Bluebird Tea Co.) 공동 창업자
티 믹솔로지스트

WORLD ATLAS OF TEA by Krisi Smith

First published in Great Britain in 2016 by Mitchell Beazley, a division of Octopus Publishing Group Ltd., Carmelite House,

50 Victoria Embankment, London EC4Y 0DZ

Design, illustration & photography ⓒ Octopus Publishing Group Ltd 2016

Text Copyright ⓒ Kristina Smith 2016

티 아틀라스

2018년 1월 3일 초판 발행

지 은 이 ㅣ 크리시 스미스
번   역 ㅣ 한국 티소믈리에 연구원
감   수 ㅣ 정승호
펴 낸 곳 ㅣ 한국 티소믈리에 연구원
출판신고 ㅣ 2012년 8월 8일 제 2012-000270 호
주   소 ㅣ 서울 강남구 도산대로 37길 30, 2F
전   화 ㅣ 02) 3446-7676
팩   스 ㅣ 02) 3446-7686
이 메 일 ㅣ info@teasommelier.kr
웹사이트 ㅣ www.teasommelier.kr

펴 낸 이 ㅣ 정승호
출판팀장 ㅣ 구성엽
디 자 인 ㅣ 문팀장

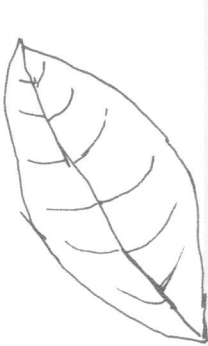

ISBN 979-11-85926-26-1 (13590)

값 35,000원

이 도서의 국립중앙도서관 출판예정도서목록(CIP)은 서지정보유통지원시스템
홈페이지(http://seoji.nl.go.kr)와 국가자료공동목록시스템(http://www.nl.go.kr/kolisnet)에서
이용하실 수 있습니다(CIP 제어 번호: CIP2017023743).

CONTENTS

들어가는 말

우리가 사랑해 마지않는 티를 발견하고, 또 재발견하는 시간만큼 흥미로운 시간은 아마 없을 것이다. 오늘날에는 새로운 발상과 문화, 그리고 다양한 콘셉트들을 서로 접목하고 융합하면서 티의 세계에서는 지금 찻잎의 생산 방법에서부터 티 블렌딩의 기술, 티 관련 용품, 사회적 관계 속에서 티가 차지하였던 중요한 역할 등 오랫동안 고수되어 왔던 전통들이 송두리째 흔들리고 있다.

또한 지금은 "커피에 각설탕을 몇 조각 넣을까요?"라고 말을 건네기보다 오히려 "오늘은 어떤 티를 드시겠어요?"라고 말을 많이 건넨다. 예를 들면, 녹차, 홍차, 아니면 라즈베리 티?, 티는 어떻게 드시겠어요?, 뜨거운 우유와 섞어서?, 얼음에 흔들어 시원하게?, 거품을 낸 차이 라테에 넣어 뜨겁게?

지난 몇 년간 양질의 커피를 추구하는 트렌드가 우리의 생활 속에서 폭발적으로 성장하였다는 데는 아마 큰 이견이 없을 것이다. 그런데 지금 티의 세계에서도 그와 같은 현상이 일어나고 있다. 예전의 티는 대형 마트에서 판매되는 하나의 상품에 불과했지만, 오늘날의 티는 사람들이 티의 생산 방법과 보다 포괄적 의미의 웰빙에 대해 신중히 고려하면서 이제 자신을 표현하는 하나

의 수단으로 삼고 있다. 또한 티의 원산지가 어디인지, 가공 방식은 어떠했는지, 티를 우리는 도구에는 어떤 것들이 있는지에 대해서도 깊은 관심을 갖게 된 것이다.

티 한 잔은 일이 잘 풀리지 않거나 신경이 잔뜩 예민해져 있을 때의 상황을 단숨에 개선해 주기 때문에 필자는 티 업계에 뛰어들었다. 색다른 방식으로 티를 블렌딩하거나 아름다운 향이 나는 티 칵테일을 만들어 사람들에게 즐거움과 기쁨을 선사하는 일은 비교적 최근에 일어난 현상이며, 필자도 지금은 열정적으로 참여하고 있는 분야이다. 몇 년 전 북아메리카에서 티 블렌더로 활동하는 동안에 다양한 블렌딩 방식을 개발하면서 이 분야에 대해 큰 관심을 갖게 되었다. 이때부터 티의 새롭고도 역동적인 세계에 발을 깊숙이 들여놓은 것이다.

2012년에는 고국인 영국으로 돌아가 블루버드 티(Bluebird Tea Co.)라는 티 업체를 차렸다. 매일 같이 티를 만들고 사람들과 함께 나누면서, 이렇게 소소한 행위가 사람들에게 큰 행복을 줄 수 있다는 사실도 깨달았다. 이러한 티 업계는 매우 흥미로운 분야이며, 그 세계를 이 책을 통해 소개하게 되어 큰 기쁨을 느낀다. 자, 이제 티의 세계로 들어가 보자!

▶ 티는 전 세계에서 다양한 방식으로 즐기고 있다. 인도에서는 홍차에 향신료를 넣어 마시거나 여기에 우유를 전통적인 방식으로 넣어 매우 달달하게 차이(chai)로 만들어 마신다.

1938년 어느 5월에 영국 북부 핀츨리(Finchley)의 공공 수영장에서 두 여성이 다이빙 보드에 앉아 티를 마시고 있다.

PART 1

티의 기본

차나무

모든 종류의 티가 한 종의 차나무에서 만들어진다는 사실에 사람들은 매우 놀라워한다.
차나무는 아시아가 원산지인 진달래목 차나뭇과 동백나무속에 속하는
카멜리아 시넨시스(*Camellia sinensis*) 종으로 두 가지의 변종(이하 품종이라 한다)이 있다.
카멜리아 시넨시스 아사미카(*Camellia sinensis* var. *assamica*)와
카멜리아 시넨시스 시넨시스(*Camellia sinensis* var. *sinensis*)이다.
두 품종은 서로 다른 기후 조건에서 자라나며, 각기 다른 독특한 맛의 티를 생산한다.
한편, 같은 차나뭇과라도 동백나무인 카멜리아 자포니카(*Camellia japonica*)는
흔히 뒤뜰에서도 쉽게 볼 수 있지만, 잎을 티로 우려내 마시기에는 적합하지 않다.

차나무는 대부분의 기후에서 잘 자란다. 그러나 가장 좋은 품질의 티가 생산되는 재배 조건은 아열대 기후나 열대 기후이다. 중국에서 처음 발견된 카멜리아 시넨시스 *Camellia sinensis* 종의 차나무는 약용 및 수행의 목적으로 티를 마시던 불교 승려들에 의해 아시아 전역으로 퍼졌다. 중국에서 차나무가 재배된 가장 오래된 기록은 기원전 3000년경으로 알려졌지만, 최근 중국 저장성에서 차나무 뿌리의 화석이 발견되면서 차나무는 그보다 수천 년이나 이른 약 기원전 7000년경부터 재배된 것으로 추정되고 있다. 그러다 1600년대에 이르러 영국과 네덜란드 왕국에서 홍차를 생산할 목적으로 당시 식민지였던 인도, 스리랑카, 케냐 등에서 차나무를 재배하기 시작하였다.

고대로부터 시작된 유구한 역사에 힘입어 티는 오늘날 전 세계적인 음료가 되었으며, 전 세계 수십억 인구의 생활의 일부가 되었다. 티의 수요를 맞추기 위해 차나무는 현재 35개국 이상의 나라에서 재배되고 있다.

야생 재배

차나무라 하면 대부분의 사람들은 깔끔하게 정돈된 테라스와 눈앞에 펼쳐지는 초록 풍경의 이미지를 떠올린다. 그러나 자연 그대로의 상록수인 차나무는 마른 가지와 넓은 초관草冠(식물 최상부의 가지와 잎들이 이루는 모양)을 지니고, 높이가 4~17m로 자라는 중간 크기의 나무와 같다. 외진 곳에서 발견되는 차나무도 실은 이전에 재배된 차나무인 것으로 추정되는 만큼, 진정한 야생 차나무가 실제로 존재하는지의 여부도 베일에 가려져 있다.

카멜리아 시넨시스 아사미카 *Camellia sinensis* var. *assamica* 품종은 매우 높게 자라고 트리 구조로 뻗어 나가는 반면, 시넨시스 품종은 긴 뿌리와 호리호리한 몸통을 지녔으며, 잎과 함께 열매와 작은 꽃을 맺는다. 차나무의 잎은 품종에 따라 약간씩 다르지만, 대부분은 8cm 길이로 자라고 가장자리가 톱니 모양이다. 어두운 에메랄드 초록빛을 띠며 윤기가 돌고, 만졌을 때의 촉감은 가죽과 같다. 아사미카 품종은 시넨시스 품종보다 잎의 색이 더 어둡고, 크기도 더 크며, 윤기도 더 강하다.

▶ 동판에 점묘법으로 새긴 카멜리아 시넨시스. 19세기 프랑스 최고의 식물화가로 평가를 받는 판크라세 베사(Pancrace Bessa, 1772~1846)의 일러스트레이션.

병충해

차나무에 가장 빈번하게 발생하는 해충은 진드기와 진딧물이며, 이로 인해 잎이 노랗게 변하고 떨어지기도 한다. 차나무를 위협하는 가장 일반적인 병해로는 곰팡이균과 세균으로 인해 발생하는 잎마름병(dieback)과 동고병(canker) 등이 있다. 이 병에 걸리면 뿌리가 썩고 가지에 혹이 생기기도 하며, 심한 경우에는 차나무가 죽을 수도 있다. 차나무를 직접 재배하는 곳에서는 병충해를 예방하기 위해 살진균제를 사용하기도 한다(16페이지 참조).

차나무의 꽃은 희고 3cm 정도 크기이며, 밝은 노란색 꽃가루를 가진다. 열매는 갈색이 도는 녹색이며, 차나무를 발아시키는 씨앗이 들어 있다. 차나무는 강한 내성을 지녀 다양한 지형에서 최대 50년까지 자라며, 다른 식물에 비해 병충해가 상대적으로 적은 편이다.

Thea bohea.

퍼스트 플러시(first flush)

티의 이름은 찻잎을 수확하는 시기에 따라 명명되는 것이 일반적이다. 첫 수확(first flush)은 매년 2월에서 5월 사이에 이루어진다. 차나무가 휴면 상태인 겨울을 지나 봄을 맞으면 완벽한 생육 조건에서 새로이 자라는데, 이때 생산된 티의 품질이 가장 훌륭하다. 다르질링 티는 특히 수확하는 시기에 따라 품질이 분류된다.

시넨시스 vs 아사미카

차나무는 각 품종마다 지형, 기후, 강우량 등에 각기 다른 성장 선호도를 보인다. 이와 같은 성장 조건의 차이는 차나무의 외형을 결정할 뿐 아니라, 찻잎의 수확과 최종 상품인 티의 종류와 품질, 그리고 생산량까지도 결정한다.

시넨시스 품종의 차나무는 아시아 전역에서 해발고도가 높은 서늘한 계단식 고원 지대에서 재배되며, 산지의 계절성 기후가 변화하면서 찻잎이 작고 파릇파릇하면서 향이 풍부하다. 이러한 특징으로 인해 시넨시스 품종의 찻잎은 향이 나는 녹차綠茶, green tea, 백차白茶, white tea, 우롱차烏龍茶, oolong tea를 생산하기에 완벽한 조건을 갖추고 있다. 물론 경우에 따라서 홍차紅茶, black tea로도 생산된다. 겨울철에는 수확이 거의 이루어지지 않기 때문에 봄에 첫 수확으로 거두어들이는 찻잎으로 만든 티의 향미가 가장 훌륭한 것으로 알려져 있다.

인도 북부의 고원 지대나 중국의 윈난성雲南省에서 발견되는 아사미카 품종은 무덥고 연간 강수량이 2000mm 이상인 열대 기후에서 재배하기에 적합하다. 이 품종은 기후와 지형이 적합하다면 찻잎을 수확한 지 몇 주 이내에 찻잎을 다시 돋기 때문에 한 해 동안 수확할 수 있다. 그럼에도 봄(퍼스트 플러시)이나 몬순기 이후에 생산된 티들이 시장에서는 선호도가 훨씬 더 높다.

아사미카 품종은 홍차를 대량으로 생산하여 거대 주류 시장에 판매하려는 수많은 기업들에게는 찻잎의 생산성이 높고 재생 능력도 뛰어나 확실히 좋은 선택이라 할 수 있다. 또한 시넨시스 품종에 비해 찻잎이 더 크고 튼실하여 격렬한 가공 과정을 거치는 홍차를 비롯하여 더 복잡하고 가공 시간이 더 긴 보이차, 우롱차, 훈연차 등의 티를 생산하는 데도 완벽하다(23페이지 참조).

재배

시넨시스와 아사미카의 두 품종을 모두 재배하는 경우에는 야생 차나무에서 수확할 경우보다 관리가 더 쉽도록 가지치기를 해야 한다. 차나무 덤불의 폭을 손이 닿을 정도 이내로 하고, 높이는 허리 아래에 오도록 관리한다(13페이지 참조). 정기적으로 가지치기를 하면 어린 찻잎과 새싹이 무성하게 자라 찻잎의 수확량이 늘어 티 생산에는 이상적이지만, 결과적으로 차나무의 꽃이나 열매는 보기 힘들어진다.

시넨시스 품종은 찻잎을 새로 돋는 재생성이 좋고, 웬만한 기후나 토양에서도 잘 자란다. 그럼에도 고품질의 티를 생산하려면 토양이 수분감이 있고, 깊이가 깊으며, 산성을 띠어야 한다. 또한 10℃ 이상의 온난하고 다습한 기후 조건을 갖추어야 하며, 연평균 강수량도 1000mm 이상인 곳이어야 한다.

습도가 높고 안개가 끼면 강렬한 태양 빛을 막아 주어 찻잎이 따뜻하고 습한 조건에서 더디게 성장한다. 이는 전 세계 고품질의 티가 주로 해발 1200m 이상의 고원 지대에서 생산되는 이유이기도 한데, 찻잎에서 다량의 수분을 흡수하여 푸릇푸릇하고 부드러우면서 향미도 최고의 수준으로 유지되는 것이다.

차나무는 다 자라기까지 3년 반 정도의 시간이 걸린다. 일반적으로 작은 모밭을 별도로 두고, 그곳에서 씨앗을 뿌린 뒤 2년 3개월 정도 키운다. 그리고 어느 정도 자라면 넓은 장소로 옮겨 심는다. 찻잎을 수확할 때는 건강하고 성숙한 차나무의 찻잎만 거두어들인다. 토양은 뒤엎어 주는데, 이때 잡초를 뽑아 주면서 뿌리가 생존하는 데 필요한 물과 영양을 빨아들일 수 있도록 수분을 유지한다. 어린 차나무가 성숙해지면 여느 농작물과 마찬가지로 산기슭에 계단식으로 줄지어 심는다. 좁은 줄 모양으로 경사면을 잘라 지형을 최대한 활용할 수 있도록 한다. 계단식 밭에는 관개시설을 갖추어서 강우량의 활용을 극대화할 수 있도록 관리하여 차나무에 물을 충분히 공급해 준다.

◀ 중국 푸젠성(福建省) 우이산(武夷山)의 마튜시(馬頭石) 지역에 위치한 다원과 사원. 우이산에서는 아사미카 품종을 오랜 기간 재배해 왔다.

▼ 인도 케랄라(Kerala) 지방 서고츠 산맥(Western Ghats mountain)에 위치한 문나르(Munnar) 지역의 다원. 아시아 지역에서 해발고도가 높은 곳에서 재배되는 카멜리아 시넨시스 종은 서늘한 기후에서 잘 자란다.

유기농 vs 비료

많은 다원들과 농장에서는 찻잎의 수확량과 품질을 높이기 위해 농약과 화학 비료를 사용하고 있다. 농약을 사용하는 이유는 차나무를 위협할 수 있는 해충이나 질병을 예방하기 위한 것이다. 일본 등 일부 국가에서는 비료나 농약의 사용을 일반적이고 정상적인 일로, 고품질의 티를 지속적으로 생산하는 데 불가피한 일로 여긴다. 그러나 스리랑카 등 일부 다른 국가에서는 거름이나 식물의 잔해를 활용한 퇴비 등 천연 비료만을 사용하여 '무농약' 티를 생산하겠다는 신념을 갖고 있다. 그러나 이러한 국가들에서도 질병의 발생을 예방하기 위해서 최소한의 농약은 사용하고 있다. 예를 들면, 차나무에 자주 발병하는 떡병blister blight(담자균에 의한 식물병)을 예방하기 위해 보통 동살균제copper fungicide를 사용하는 것이다. 유기농법으로 농사를 짓거나 화학 비료를 일체 사용하지 않는 것은 이상적이다. 또 농약을 사용하지 않고 자연 지식을 바탕으로 효율적으로 관리하여 유기농법으로 농사를 지으면 환상적인 티를 생산할 수 있다. 화학 비료의 무분별한 사용이 장기적으로 환경과 티를 소비하는 소비자에게 해를 끼칠 수 있을 것이라 주장하는 것도 물론 맞는 이야기이다. 그러나 유기농법으로 티를 생산하는 일은 단순하게 결론을 내릴 수 없는 매우 복잡하고도 어려운 문제이다.

가장 큰 문제는 안전 기준에 관한 교육이 없어 농약을 남용하게 되고, 과도하게 농장을 지음으로써 자연 환경과 생물 다양성에 돌이킬 수 없는 피해를 안긴다는 점이다. 이 경우에 사람에게도 질병을 야기할 수 있고, 상수도와 환경을 오염시킬 수 있으며, 토양의 자연적인 순환 체계를 무너뜨릴 수도 있다. 결과적으로 사람과 동물에게까지 영향을 줄 뿐 아니라, 생물 다양성을 파괴하고 토양의 침식이 일어날 수 있다.

물이 충분히 공급되고, 질 좋은 퇴비와 토양이 구비되어 있으며, 토양에 다양한 생물이 살고 있다면, 어디에서든 차나무를 건강하게 기를 수 있다. 차나무는 수천 년의 역사 속에서 지속적으로 재배된 데 반해, 비료는 최근에야 개발되었다는 사실을 기억하길 바란다. 그럼에도 농약과 비료를 사용할 수밖에 없는 데는 수많은 이유들이 있다. 이때는 무엇보다도 환경적인 요소들을 잘 고려하여 사용해야 한다.

인도의 아삼 등 일부 지역의 소규모 농가에서는 비료를 사용하지 않고는 도저히 수요를 맞출 수 없다. 작은 땅과 적은 노동력, 그리고 낮은 비용으로 생산량을 두 배나 늘려야 하는데, 비료를 사용하지 않고서는 경제적으로 수지가 맞지 않는 것이다. 티 시장에서도 경쟁이 점차 격화되면서 훌륭한 품질의 티를 지속적으로 생산하는 데는 농약과 비료의 사용이 큰 비중을 차지하고 있다. 티 산업으로 가난한 농촌의 경제가 활성화되고 일자리가 창출되는 상황에서 농부들에게 다른 대안을 제시하지 않고 값비싼 유기농법으로 전환을 요구하는 것은 가혹하고도 비현실적일 뿐만 아니라 경제적-으로도 지속될 수 없다.

일본에서는 비료나 농약이 매우 흔하게 사용된다. 다원이나 농가에서는 재배를 유기농법으로 전환하고 싶어도 실현이 거의 불가능할 정도이다. 시간과 비용이라는 현실적인 문제가 있으며, 유기농법을 적용하려는 농가에 산업계와 농업 공동체로부터 시설과 장비를 비롯해 각종 지원들이 잘 이루어지지 않기 때문이다. 일본에서 유기농법을 적용하는 데 가장 큰 장벽은 '장소'이다. 유기농법을 적용하는 농장은 적당한 완충 지대도 없이 비료를 사용하는 농장의 근처에 설립될 수 없다. 반대로 비료를 사용하는 농장의 입장에서는 유기농법을 적용하는 농장이 인근에 들어서는 것을 꺼린다. 유기농법으로 인해 야생 생물이 들끓게 되어, 결과적으로 더욱더 많은 비료를 사용해야 하기 때문이다. 문제가 커질 수밖에 없다.

그런데 이와 같이 비료나 농약을 사용하는 이유는 충분히 이해되지만, 무분별한 사용은 대체로 환경을 파괴하는 결과를 초래할 수 있다.

티로 요리하기

찻잎은 비타민, 미네랄, 항산화 물질을 풍부하게 함유하고 있어 극동 지역에서는 수백 년 동안 요리의 재료로 사용해 왔다. 찻잎을 사용하는 간단한 조리 방법은 수프나 죽에 찻잎을 넣어 끓이는 것이다. 이는 수프에 월계수 잎을 넣어 향미를 높이는 것과 마찬가지이다. 또는 찻잎을 튀김이나 쌀 요리에 넣어 저어 주거나, 찻잎을 샐러드와 함께 내놓거나, 찻잎을 으깨 튀김에 장식으로 뿌릴 수도 있다.

차나무의 직접 재배

열대 지방의 산지가 아닌 곳에서도 차나무를 직접 재배해 볼 수 있다. 실제로 주위의 원예 용품점에서 구할 수 있는 같은 차나뭇과인 동백나무도 약간만 보살펴 주면, 뒤뜰에서도 쉽게 재배할 수 있다. 차나무를 재배할 때 먼저 씨앗을 뿌릴 것인지, 차나무를 꺾꽂이법으로 심을 것인지(더 어려움), 또는 어린 묘목을 구입해 심을 것인지, 다 자란 차나무를 구입해 심을 것인지(더 쉬움)를 결정한다. 집 밖 정원에 심어 찻잎을 빨리 거두어들여 요리 재료로 사용하고 싶다면, 다 자란 차나무를 심을 것을 권장한다. 씨앗을 뿌리거나 꺾꽂이법으로 차나무를 심는 경우에는 다 자랄 때가지 3년 반 정도 걸리기 때문이다.

씨앗을 뿌려 재배

1. 씨앗을 3cm 간격으로 최대 5개씩 심는다. 화분은 지름이 적어도 15cm 이상이어야 하고 배수구도 많아야 한다. 토양은 약산성(pH5가 최상 조건)이거나 철쭉과와 같은 산성 식물의 퇴비(er caceous compost)를 사용해야 한다.
2. 햇빛이 잘 들고 따뜻하며 약간은 그늘진 곳에 화분을 둔다. 창턱이나 온실 안도 좋다.
3. 뿌리가 충분히 자랄 수 있도록 큰 화분으로 옮겨 심는다.
4. 2년 정도 지나서 차나무가 50cm 이상의 높이까지 자라면 뒤뜰에서도 무리 없이 자랄 수 있는 상태가 되는데, 이때 빛이 잘 들고 흙이 산성을 띠는 곳으로 옮긴다(이후 과정은 '어린 묘목이나 다 자란 나무의 재배' 참조).

꺾꽂이법으로 재배

1. 건강하게 자란 차나무에서 가지를 잘라 꺾꽂이한다. 이때 반드시 잎과 새싹 모양이 건강한 가지를 찾아야 한다. 가지치기용 가위나 날카로운 칼을 사용해 싹이 자라는 부위인 잎의 옹이 부분을 4cm 이하 길이로 자르되, 사선으로 빗겨 자른다.
2. 배수가 잘 되는 화분에 절반은 산성 식물의 퇴비나 산성 토양을, 절반은 화분용 모래를 채우고 물을 붓는다.
3. 이쑤시개로 흙에 구멍을 뚫고, 잎이 흙에 닿지 않을 정도로 자른 가지를 심는다.
4. 따뜻하고 습기가 많은 곳에 화분을 보관한다. 미니 온실에 두거나 화분에 비닐봉지를 씌워 고무줄로 묶은 다음 창턱에 올려놓아도 된다. 후자의 경우에 매일 2시간 반 정도 덧씌운 봉지를 걷어 내 잘린 가지에 신선한 공기를 주입해야 한다..
5. 10주 정도 지나면 뿌리가 단단해지면서 새로이 성장한다. 다른 곳으로 옮겨 심어야 하는 시점이 된 것이다.
6. 2년 정도의 시간이 지나 차나무가 50cm 이상의 높이로 자라면 정원에서도 잘 자랄 수 있다. 햇빛이 잘 들고 토양만 산성이면 어디에서든 잘 자란다(이후 과정은 '어린 묘목이나 다 자란 나무의 재배' 참조)

어린 묘목이나 다 자란 나무의 재배

1. 온종일 직사광선이 들지는 않는 정원의 따뜻하고 빛이 잘 드는 곳을 찾는다.
2. 흙은 pH5 이하의 산성이어야 한다. 원예 용품점에서 흙의 성질 테스트기를 구입해 토양의 성질을 확인할 수 있다. 흙이 산성이 아니라면 용기에 옮겨 심거나 산성 식물의 퇴비를 뿌려서 재배한다.
3. 겨울철 기온이 영하 10℃ 이하로 떨어지면 '원예용 플리스(horticultural fleece)'를 씌워 보호해 준다.

◀ 차나무의 씨앗이 잘 자라려면, 빛이 잘 들고 따뜻하면서도 하루 중 어느 정도는 그늘이 지는 곳이어야 한다. 또한 차나무가 자라면서 뿌리가 제대로 자리를 잡을 수 있도록 큰 화분으로 옮겨 주어야 한다.

차나뭇과의 식물 중 일부는 찻잎보다도
꽃이 더 높게 평가된다. 중국에서 1000년 이상
재배된 동백나무는 16세기 유럽에 소개되었다.
이른 봄 동백나무에 꽃이 피기 시작하면
정원에 화려한 색상으로 아름다움을 선사한다.

티의 화학 성분

차나무와 찻잎을 통틀어 티에는 수천 종류의 화학 성분이 들어 있으며 상당히 복잡하다. 일부 성분은 식물이 자라면서 또는 가공 과정에서 분해되거나 새로운 형태로 결합하는 등 화학 반응을 일으킨다. 또한 뜨거운 물에 우리는 과정에서 성분이 변화하기도 하는데, 티를 가공하는 방식이 찻잎을 구성하는 화학 성분에 변화를 주기 때문이다. 티를 마실 때 나는 독특한 향과 맛과 느낌은 다양한 화합물이 결합한 반응 결과라고 볼 수 있다.

찻잎에 함유된 주요 화학 성분은 다음과 같다.

폴리페놀(polyphenols)

찻잎에 들어 있는 가장 일반적이고도 영향력이 가장 큰 화학 성분이다. 폴리페놀은 식물이 해충과 질병에 내성을 갖는 데 도움을 주며, 특히 환경에 더 취약한 어린 잎과 새싹에 유용하다. 티의 폴리페놀에는 플라보노이드flavonoid 성분이 들어 있다. 이 화학 성분은 산화oxidization 과정에서 분해되었다가(47페이지 참조) 다른 분자와 결합하여 테아플라빈theaflavin과 테아루비긴thearubigin을 생성한다. 그 결과 찻잎의 색이 더 진해지고 향도 더 강해진다. 카테킨catechin 등 기타 플라보노이드 성분은 티의 색과 맛에도 영향을 주지만, 항산화 물질로서 아주 중요한 기능을 한다.

효소(enzymes)

효소는 찻잎의 가공 과정에서 중요한 역할을 하는데, 특히 찻잎에 효소 반응이 일어나 색상과 향에 변화가 발생하는 산화 과정에서는 더욱더 그렇다(47페이지 참조). 그런데 이 화학 반응은 열을 가하면 중단된다. 홍차의 산화 과정에서 잎을 열로 건조시키거나, 녹차의 첫 번째 건조 단계인 '살청殺靑' 과정에서 열을 가하는 것도 이 반응을 중단시키기 위한 것이다(52페이지 참조).

아미노산(amino acids)

티에는 다양한 형태의 아미노산 성분이 들어 있지만, 그중에서도 가장 중요한 성분은 테아닌theanine이다. 차나무가 햇빛에 노출되면 찻잎 속의 아미노산은 폴리페놀 성분으로 변화한다. 흥미로운 점은 맛차matcha 등 일부 티를 만들 때는 찻잎을 수확하기 몇 주 전부터 햇빛을 가려 주는데, 이 과정에서 아미노산의 함유량이 높아지는 것이다. 테아닌 성분, 그중에서도 L-테아닌 성분은 체내에 흡수되면서 심리적인 안정 효과를 주는 것으로 알려져 있다. 카페인 성분 또한 커피의 카페인 성분과 마찬가지로 인체에 흡수되면서 편안한 행복감을 안겨 준다.

테아루비긴(thearubigins)

산화의 결과로 카테킨 성분은 테아루비긴으로 변화한다. 특히 홍차 가공 과정에서는 높은 수준의 산화 과정으로 인해 테아루비긴이 티 구성 성분의 60~70%를 차지한다. 종종 타닌tannin 성분이라고도 하는 이 성분은 맛과 찻빛에 영향을 주는데, 보통 떫은 맛을 강화하고, 찻빛도 더 어둡게 만든다.

탄수화물(carbohydrates)

다른 식물과 마찬가지로 차나무도 광합성을 통해 에너지를 탄수화물의 형태로 저장한다. 이어 차나무는 찻잎에서 일어나는 중요한 반응에 에너지를 공급하기 위해 이 탄수화물을 사용한다. 차나무는 이러한 과정을 거친 이후에야 비로소 자란다.

미네랄(minerals)

찻잎에는 셀레늄, 알루미늄, 플루오린, 칼륨, 아연, 마그네슘, 아이오딘 등 다양한 미네랄 성분들이 함유되어 있다. 따라서 이 찻잎을 우려내 마시면 사람의 몸에서 각기 다양한 효능을 발휘한다. 가장 두드러진 효능을 보이는 성분은 플루오린으로 치아의 건강을 유지하는 데 큰 도움을 준다. 찻잎에 든 미네랄 성분은 차나무의 재배 조건과 수령, 그리고 가공되는 찻잎의 종류에 따라 매우 다양하다.

휘발성 향미와 아로마 화합물

티에는 다양한 향미와 아로마 화합물이 들어 있다. 휘발성 물질이 결합하며 복잡한 화합물 구조를 만들어 내 최종적으로 티 한 잔의 맛과 향에 미묘한 변화를 만들어 낸다. 쓴맛과 약간의 단맛을 내기도 하며, 구운 향이나 상쾌한 향미를 내기도 한다.

카페인(caffeine)

찻잎에서 발견되는 카페인 성분은 천연 각성제로 곤충과 해충으로부터 차나무가 스스로를 보호하는 과정에서 생성된다(101페이지 참조). 카페인은 심장 박동과 뇌파, 신체적 기능에 긍정적으로든, 부정적으로든 영향을 줄 수 있다. 미네랄 성분과 마찬가지로 찻잎의 카페인 함유량은 기후, 지형, 차나무의 품종, 가공되는 찻잎의 종류에 따라 달라진다.

찻잎에서 일어나는 주요 화학 반응은 다음과 같다.

광합성(photosynthesis)

광합성은 식물이 햇빛을 받아 성장하는 동안 탄수화물을 생성하여 에너지를 저장하는 과정이다. 이 탄수화물은 산화 과정에서 효소 반응을 촉진하여 아미노산 성분이 폴리페놀 성분으로 변화하도록 한다.

위조(withering)

찻잎은 차나무에서 채취한 순간부터 수분이 빠져 나가면서 시든다. 이때 찻잎의 세포벽 또한 마르기 시작한다(46페이지 참조).

산화(oxidation)

세포벽이 말라 가면서 찻잎을 구성하는 화학 성분도 공기 중의 산소 분자와 만나 효소 반응을 일으킨다. 주요 화학 변화는 플라노보이드 성분이 테아플라빈 성분으로 변화하는 것이다(20페이지 참조).

▼ 1910년경 실론 지역(현 스리랑카)의 한 다원에서 인부들이 시원한 공장 바닥에 찻잎을 넣어 산화시키고 있다.

티의 종류,
등급, 블렌드

티의 종류와 등급, 티 블렌드와 관련하여 혼동을 막기 위해 미리 짚어 본다.
여기서 티의 종류는 찻잎을 가공한 이후의 다양한 형태의 찻잎인 녹차, 홍차, 백차 등을 이른다.

티의 등급은 차나무에서 채엽(採葉)한 찻잎의 등급 또는 가공된 이후의 입자 크기를 나타낸다.
특정한 찻잎의 등급은 특정한 종류의 티에 더 적합하다.
예를 들면, 백차는 찻잎에서 최고의 등급인 새싹과 순을 가공하는 것이다.

마지막으로 티 블렌드라는 용어는 다양한 찻잎과 재료를 섞어 만든 것을 일컫는다.

차나무의 재배, 찻잎의 수확, 티의 가공 과정을 거치면서 만들어지는 백차, 녹차, 보이차 등 다양한 종류의 티들은 향미의 품질과 세기에 따라 등급이 매겨진다. 이러한 티들은 그 자체로 단품으로 즐기거나 다른 재료와 섞어 무한한 종류의 티 블렌드로 창조될 수 있다. 또한 가공 과정이나 블렌딩 단계에서 독특한 향을 가해 가향차를 만들기도 하는데, 가장 대표적인 예가 재스민 티jasmine tea이다(107페이지 참조). 이외에도 카멜리아 시넨시스종 외의 다른 식물이나 허브를 사용하는 티잰tisane이나 허브티herbal tea도 있다(33페이지 참조).

티의 종류

백차 | 白茶 | white tea

백차는 최소한의 가공 과정을 거치는 티이다. 찻잎은 채취하자마자 약하게 건조된다. 가장 이상적인 찻잎은 한 해의 첫 수확기에 최상급의 새싹만 수작업으로 따서 사용한 것이다.

백차는 주로 극동 아시아에서 생산되며, 중국의 푸젠성과 타이완, 스리랑카가 산지로 가장 유명하다. 색상이 매우 밝으며, 손으로 만졌을 때 매우 부드럽고, 모양도 자연 상태의 잎 그대로이다.

맛과 향이 매우 섬세하여 장미나 재스민 등 향이 탁월한 꽃과도 잘 어울린다. 일반적으로 백차는 영양이 풍부하고 카페인이 적은 편이다. 물론 예외도 있다. 실버 니들silver needle 등 일부 프리미엄 백차는 일반 녹차와 비슷한 정도의 카페인을 함유하기도 한다. 카페인은 어린 새싹이 자라면서 해충으로부터 스스로를 보호하기 위해 자연스럽게 생성하는 성분이다.

녹차 | 綠茶 | green tea

녹차는 독특한 가공 과정을 거치는데, 찻잎이 수확된 뒤 산화되는 것을 막기 위해 별도의 건조 과정을 밟는다(52페이지 참조). '살청殺靑, fixation'이라는 이 과정을 통해 녹차가 녹색의 잎 모양을 지니고, 항산화 수준을 유지하며, 카페인 성분의 증가도 억제할 수 있게 된다. 바로 이 점 때문에 사람들은 녹차를 건강 티로 인식하고 선호하는 것이다.

역사적으로 녹차는 가장 먼저 개발된 종류의 티였으며, 오늘날에도 중국과 일본, 한국을 비롯해 아시아를 중심으로 대량으로 생산되고 있다. 나라마다 건조 방법이 다른데, 팬에 굽는 '초청炒靑, pan fired' 방식인지, 증기에 찌는 '증청蒸靑, steam fired' 방식인지에 따라 그 향미와 모양이 각각 달라진다. 녹차는 가장 용도가 폭넓은 티로 그 수만 200가지가 넘는다. 일부 녹차는 펠릿pellet이나 펄pearl이라고 하는 공 모양의 티로 단단히 뭉쳐지는데, 티를 물에 우리면 찻잎이 서서히 펼쳐진다.

대부분의 녹차는 감귤 향, 구운 향, 그리고 향긋한 꽃 향이나 허니 향과 잘 어울린다.

우롱차 | 烏龍茶 | oolong tea

우롱차는 독특하게도 부분 산화 과정을 거친 뒤, 흔히 휘마는 유념 과정을 거친다. 우롱차는 녹차와 홍차의 특징을 공유하는데, 맛과 향이 산뜻하지만 녹차보다는 복합적인 향미가 나고, 홍차만큼은 강하지 않은 편이다. 최상급의 우롱차는 전통적으로 타이완에서 생산되며, 최대 여덟 번까지 우려낼 수 있다. 독특하게 휘말리고 비틀려 있거나 공 모양으로 뭉쳐져 있으며, 약간 회색빛이 감도는 녹색이나 파란빛이 감도는 녹색이다.

홍차 | 紅茶 | black tea

홍차는 가장 대중화된 티라 할 수 있다. 서양에서 소비되는 티의 90%를 차지하고 있으며, 다른 지역에서도 녹차의 수요를 급격하게 따라잡고 있다. 홍차는 산화 과정을 완전히 거쳐 색이 어두운 갈색을 띠며, 다른 종류의 티에 비해 카페인 함량도 높은 편이다. 찻잎의 크기는 다른 종류의 티에 비해 작고 얇으며, 잘게 자른 알갱이의 형태도 있다. 홍차는 맛과 향이 매우 깊어 보통 우유를 넣어 밀크 티로 마신다.

보이차 | 普洱茶 | pu-erh tea

보이차는 숙성을 통해 향미가 매우 복합적이어서 '티 세계의 위스키'라고도 한다. 중국의 윈난성雲南省에서 오래전부터 생산되었으며, 떡이나 벽돌 모양으로 포장하여 계속 숙성시킨다. 보이차를 찻잔에 우려내면 떡이나 벽돌 모양의 뭉치가 낱개로 풀어진다. 맛과 향이 탁월하여 엿기름, 초콜릿이나 커피의 향미와 비슷하다고 종종 이야기되지만, 가볍고 산뜻한 맛은 녹차를 연상시킨다.

OP
Whole-leaf
blend, Orange
Pekoe

TGFOP
Golden Tippy

P
Pekoe

TGFBOP1
Golden Tippy
Broken Orange
Pekoe (Assam)

FBOP1
Pekoe Flowery 1

BOP1
Broken Orange
Pekoe 1 (Assam)

D1
Dust – primary

D
Dust – secondary

티의 등급

티의 등급은 잎의 크기와 모양, 산지 등을 구분하는 데 사용된다. 등급은 마지막 가공 단계에서 매겨지며, 그물망을 통해 찻잎의 크기에 따라 걸러진다(55페이지 참조).

찻잎이 크거나 차나무에서도 맨 위의 잎을 채엽했다고 해서 품질이 좋다고는 할 수 없지만, 이와 같은 특질은 티의 최종 풍미에 영향을 주는 것이 사실이다. 높은 등급을 받은 티가 품질의 표지로 사용되는 시장에서는 티의 등급이 가격을 책정하는 데 도움이 될 수 있지만, 반드시 그런 것만은 아니다.

전 세계를 아우르는 표준 등급 체계가 없기 때문에 티의 등급과 티 산업계에서 그것의 기능에 대해 이해하기는 결코 쉽지 않다. 중국 등 일부 국가에서는 숫자를 사용하지만, 일본을 비롯한 다른 나라에서는 출하 지역과 수확 일자를 사용한다. 여전히 용어로 설명하는 나라도 있어 혼란스럽기도 하다. 19세기 인도나 스리랑카에서 영국인이 경영했던 다원에서는 브로큰 오렌지 피코 BOP와 같이 머리글자를 따서 약어로 등급을 표시했는데, 오늘날에 이르러서도 가장 일반적인 방식으로 자리를 잡아 홍차를 취급하는 대부분의 다원에서는 표준 등급 체계로 사용하고 있다.

'영국' 체계

스리랑카와 같이 아주 오랫동안 홍차를 수출용으로 생산한 국가에서는 등급 체계가 특정 용어의 약어로 표기되었다. 등급은 크게 '홀 리프whole leaf', '브로큰 리프broken leaf', 'CTC 리프'의 세 분류로 나뉘는데, 품질과는 상관이 없고 잎의 크기와 관련이 있다. 잎이 클수록 등급 체계에서 대분류인 피코(P) 등급에 속하며, 가벼우면서도 향긋한 티를 마실 수 있다. BOPF(Broken Orange Pekoe Fannings)와 같이 브로큰 리프 등급은 품질 면에서 피코와

오서독스 vs CTC

가공 과정이 '오서독스(orthodox)'라고 표시된 찻잎들은 모두 온전한 찻잎이나 홀 리프 등급의 입자들을 가리킨다. 가공 공장에서는 최종 단계에서 찻잎을 작은 입자로 자르고 찢어 잘게 만든 후에 '유념(揉捻, rolling)' 과정을 통해 휘말아 펠릿 모양으로 만든다. 이렇게 생산된 티는 강하고 엿기름 향이 나는 홍차로 우유 한잔과 마시기에 적당한 상태가 된다. 작은 입자일수록 물과 닿는 표면적이 넓어지기 때문에 티를 우려내는 시간을 절약하면서도 티 한 잔에 향미를 가득히 담을 수 있다. 고품질의 티백을 만드는 데에도 이상적이다. 일단 찻잎을 자르면, 'CTC' 또는 'Crush, Tear, Curled'로 표기된다.

오서독스 등급, '영국' 체계

영국의 등급 체계를 사용하는 나라로는 인도, 스리랑카, 케냐가 있다. 다음은 일반적으로 사용되는 등급의 약어들이다.

T-Tippy : 잎눈(Tips)이 포함된다. 차나무의 잎눈 부분을 채엽하여 최상급의 품질을 뜻한다.
GF-Golden Flowery : 찻잎의 일부 또는 전체에 황금빛이 감돈다. 한 해 첫 수확기에 채엽하는 어린 순이나 새싹의 잎눈이 포함되어 있어 황금빛이 감돌아 고품질로 여겨진다.
F-Finest : 최상위 수준의 등급을 표시하는 것으로 논의되고 있다.

다음은 큰 등급의 순서대로 나열한 것이다

OP-Orange Pekoe : 온전한 잎 그대로의 상태, 홀 리프 등급.
FBOP-Flowery Broken Orange Pekoe : OP 등급을 부순 것으로 찻잎의 크기가 대체로 크고, 잎눈이 일부 포함된 상태.
BOP1-Broken Orange Pekoe 1 : OP 등급을 부순 것 중 중간 크기의 것으로 휘말린 찻잎이 간혹 포함된 상태.
Pekoe : 잘리고 휘말려 있는 중간 크기의 찻잎.
BOP-Broken Orange Pekoe : OP 등급을 부순 것으로 작은 크기의 찻잎
BOPF-Broken Orange Pekoe Fannings : BOP 등급보다 더 작은 크기의 찻잎.
Dust 1 : 고운 입자로 거의 먼지와 같은 크기와 모양의 찻잎.

CTC 등급, '영국' 체계

BP1-Broken Pekoe : 가장 큰 입자성의 CTC 찻잎. 향미가 좋다.
PF1-Pekoe Fanning : 색상이 어둡고 거친 입자로 BP1보다 크기가 약간 작은 찻잎.
PD-Pekoe Dust : 고운 입자성의 찻잎으로 바디감이 있다.
D1-Dust : 찻잎이 매우 고운 입자로 맛이 가장 강렬하다.
D-Dust : 찻잎 파편으로 만들어지는 가장 작은 입자의 상태.
BMF-Broken Mixed Fannings : 찻잎은 적게 들어 있고, 섬유질이 다량으로 든 상태.

대등할 정도로 좋은 등급이지만, 잎의 크기가 작고 색상이 어두우며, 조금 더 진한 티가 만들어진다.

더스트(D)는 가장 작은 크기의 입자로 이루어진 등급인데, 다양한 크기의 잎에서 나오는 파편으로 만든 것이어서 찻잎의 잎맥이나 줄기도 포함될 수 있다. 생산하기에 가장 쉽고 가격도 싸서 낮은 품질로 인식되지만, 향미가 강하고 진한 티를 좋아하는 유럽인들을 대상으로 한 수출용 티로 선호도가 높다.

단일 다원의 티

일정한 한 곳에서 같은 시기에 수확한 찻잎으로 만든 티를 '단일 다원의 티single-estate tea'라고 한다. 대개 전문 다원에서 생산되며, 훌륭한 품질과 프리미엄 가격을 보장한다.

특정 지역의 포도원에서 재배한 포도로 생산한 와인에 포도원의 이름을 붙여 품질을 보증하는 것과 같다. 각 포도원마다 와인에 이름을 붙이는 목적은 독특하면서 훌륭한 품질의 포도로 명성을 얻고 싶기 때문이다. 와인 소믈리에와 마찬가지로 티 소믈리에도 기호에 맞는 다원을 발굴하고 수확 연도를 확인하면서 그들의 미각을 발전시키고 향미에 대한 탐험을 즐긴다.

티를 생산하는 과정이 대개 수작업으로 이루어지고, 수확 조건이 완벽하게 갖추어지는 시기도 매 수확기마다 단 몇 주에 불과하다는 사실을 고려하면, 단일 다원의 티가 가격이 높게 책정되는 이유를 잘 이해할 수 있을 것이다. 몇 주간 지속되는 악천후뿐만 아니라 질병이나 해충, 노동자 파업 등의 위험 요소도 전체 수확에 막대한 지장을 줄 수 있다. 이로 인해 대부분의 상업적인 티 업체들은 티의 품질과 유통의 안정성을 확보하기 위해 다양한 대비책들을 세우고, 최대 40개 지역에 이르는 다양한 다원의 찻잎으로 티 블렌드를 창조하고 있다.

유명 단일 다원 티
다음은 가장 유명한 단일 다원의 티이다.

단일 다원 티 : 산지
다르질링(Darjeeling) : 인도의 다르질링 지역
아삼(Assam) : 인도의 아삼 지역
백호은침(白毫銀針) : 중국의 푸젠성
교쿠로(玉露, Gyokuro) : 일본 우지시(宇治市)
용정(龍井, Long Jing, Dragon Well) : 중국 저장성

인도 다르질링의 지역에서 1850년대 처음 설립된
마카이바리(Makaibari) 다원에서 한 여성이 찻잎을
따고 있는 모습. 이곳의 실버 팁 임페리얼 티
(Silver Tips Imperial tea)는 산뜻한
우롱차 맛을 띠는데, 2014년에는
인도에서 최고가의 티로 판매되었다.

티 블렌드

티 블렌드tea blend는 간단히 말해 원하는 향미를 얻기 위해 두 개 이상의 티를 혼합하거나 다른 재료를 혼합한 것이다. 티 블렌드의 종류는 수없이 많은데, 티 업체에서는 훌륭한 향미의 티 블렌드를 만들기 위해 항상 새로운 창조 작업에 나서고 있다.

일부 티 블렌드는 장미나 재스민 같은 꽃의 향을 가하며(107페이지 참조), 찻잎 외에도 허브나 꽃 등 다른 재료와도 혼합한다. 아마도 가장 유명한 티 블렌드로는 잉글리시 브렉퍼스트English breakfast와 마살라 차이masala chai를 들 수 있으며, 가향차 중에서 가장 유명한 티는 재스민 티와 얼 그레이Earl Grey일 것이다.

잉글리시 브렉퍼스트(English breakfast)

잉글리시 브렉퍼스트는 세 개 이상의 홍차를 혼합해 만든 전형적인 블렌드로 각각의 홍차는 다양한 지역에서 공수해 오는데, 북인도, 스리랑카, 케냐, 르완다, 중국 윈난성에서 주로 수입한다. 이름에서도 짐작할 수 있듯이 영국에서 개발되었다. 영국인들은 홍차를 마실 때 우유를 넣거나 케이크나 스콘과 같이 단 음식과 함께 먹는데, 이러한 취향과 식습관을 고려하여 만들어졌다. 당시 잉글리시 브렉퍼스트의 생산을 도맡았던 다원들은 당연히 대영제국의 일부였으며, 식민지 시대에 설립되었다.

마살라 차이(masala chai)

차이chai는 여러 아시아 국가를 비롯해 인도에서도 '티'를 뜻하며, 마살라masala는 '향신료의 혼합'을 의미한다. 마살라 차이는 인도산 홍차에 건후추, 생강, 카르다몸cardamom, 시나몬cinnamon 등의 향신료를 넣어 만든 티 블렌드이다. 마살라 차이를 만드는 전통적인 방법은 넓고 큰 팬에 우유를 넣고, 찻잎과 향신료, 설탕을 다량으로 넣어 약한 불에서 천천히 끓이는 것이다(119페이지 참조).

얼 그레이(Earl Grey)

얼 그레이는 중국, 인도, 스리랑카 등에서 생산된 부드러운 느낌의 홍차에 베르가모트bergamot의 에센스 오일로 가향한 티이다. 베르가모트는 동남아시아가 원산지이지만, 뒷날 유럽에 소개된 뒤 대량으로 생산되어 향수 업계를 비롯해 티에 가향하는 용도로 사용되었다.

베르가모트 식물의 과일에서 추출한 천연 오일은 오렌지와 유사하게 산뜻한 감귤계 향을 내는데, 찻잎에 가향하기에 좋다. 단, 너무 많이 사용하면 비누와 같은 향이 날 수도 있다. 1830년대에 당시 영국의 총리였던 찰스 그레이 백작이 중국을 방문한 이후 이 티를 맛보고 인정하면서 얼 그레이라는 이름이 붙여졌으며, 그 뒤 많은 사람들로부터 사랑을 받았다고 한다.

◀ 차이에 사용되는 다양한 재료들. 홍차 잎차, 건후추, 카르다몸, 시나몬, 스타아니스(star anise, 육두구), 클로브(clove, 정향) 등이 있다.

얼 그레이에 관한 다양한 설

이 티 블렌드의 기원에 관해서는 다양한 설들이 있다. 대표적인 예로는 그레이 가문의 두 번째 백작이었던 찰스 그레이에 관한 이야기이다. 그가 중국에 방문하였을 때 중국의 어느 귀족인지, 그 귀족의 아들인지를 구해 준 일이 있었는데, 그에 대한 보답으로 얼 그레이 티를 선물로 처음 받았다는 것이다. 그러나 1800년대만 해도 베르가모트가 중국에 알려져 있지 않았다는 점을 고려하면, 다음과 같은 설에 무게가 더 실린다.

찰스 그레이가 중국에 외교 사절로 방문해 있을 당시에 중국에서는 가향차의 인기가 높았고, 그 역시도 티를 다양하게 블렌딩해 마신 것으로 보인다. 그 후 다시 영국으로 돌아오면서 가향차를 찾게 되었는데, 당시 영국에서는 베르가모트가 향료로 이미 널리 사용되고 있었기 때문에 얼 그레이가 만들어졌다는 설이다. 또 다른 설은 아시아에서 백작의 다원으로 티를 선박으로 운반하는 과정에서 감귤계의 열매인 베르가모트가 바로 옆에 선적되어 있어 아주 우연히 향이 배었다는 것이다. 또 하나는 19세기에 어느 티 업체가 낮은 계층의 사람들에게 티를 판매할 때 낮은 품질을 위장하기 위해 향을 가미한 뒤 '백작(Earl)'이라는 상품명을 붙였다는 것이다.

▶ 2대 그레이 백작(Earl Grey)인 찰스 그레이(Charles Grey, 1764~1845).

재스민 티(jasmine tea)

가향차 중에서 가장 유명한 티이다. 원산지인 중국의 푸젠성에서 생산되는 재스민 티는 갓 딴 신선한 찻잎을 재스민 꽃과 함께 층층이 깔아 자연스럽게 향이 배게 하여 향긋한 꽃 향이 계속 나게 만들었다. 재스민 꽃은 찻잎을 건조하고 블렌딩하기 전에 제거하거나, 계속 두어 향을 강화하거나, 블렌드의 모습에 화려함과 향미를 주기 위해 그대로 두기도 한다. 재스민 꽃은 모든 종류의 티에 가향 재료로 사용될 수 있지만, 보통 백차나 녹차에 사용한다. 섬세한 아로마 향과 균형을 맞추기에 좋고, 소화도 도와주며, 신경을 안정시키는 효능이 있기 때문이다. 재스민 펄jasmine pearl 또한 사람들로부터 사랑을 받는 티 블렌드 중 하나이다(32페이지의 박스 참조).

플라워링 티(flowering tea)

티 중에서도 가장 아름다운 것이 플라워링 티로 '블루밍 티blooming tea'라고도 한다. 고도로 숙련된 묶기와 유념 기술을 통해 완전히 피어난 꽃 모양으로 만들어져 있다. 찻잎은 둘둘 말아 지름 5cm의 공 모양으로 정교하게 뭉쳐 백차든 녹차든 심플한 찻잎으로 매듭을 짓는다. 여기에 뜨거운 물을 부으면 구가 펼쳐지며, 그 안에 꽃 모양의 찻잎이 마법처럼 펼쳐진다. 블루밍 티는 중국에서는 공예차工藝茶라고 하여 역사가 매우 깊은데, 가향된 녹차나 백차가 대부분이다.

애프터눈 티(afternoon tea)

17세기 런던의 귀족 사회에서는 점심과 늦은 저녁 사이에 허기짐을 달래 주려 가볍게 식사하며 티를 마셨다. 일반적으로 애프터눈 티 블렌드는 홍차를 베이스로 하여 산뜻한 맛으로 기분을 좋게 만들어 티 타임에서는 항상 간소한 음식을 곁들여 마셨다. 또한 우유나 설탕을 넣어 마시기 때문에 실론 티Ceylon tea와 같은 상쾌하고 균형이 잘 잡힌 홍차를 베이스로 하여 주로 마셨다. 애프터눈 티에 장미나 재스민 같은 꽃 향을 가하여 '영국 티 가든English tea garden'의 기원인 영국 귀족 계층의 문화를 반영하기도 했다.

티를 마시는 의식은 유럽을 장악하게 되었으며,
이는 1778년 플랑드르파 화가 얀 안톤 제르망
(Jan Anton Garemijn, 1712~1799)의
「애프터눈 티」라는 그림에도 잘 묘사되어 있다.

펄 앤 건파우더(pearls and gunpowder)

다소 생소한 이름을 지닌 이 티가 그와 같은 이름을 사용한 데는 깊은 전통이 담겨 있다. 예를 들어 펄드 티(pearled tea), 재스민 펄(jasmine pearl)이나 드래곤 펄(dragon pear)과 같이 '펄'이 이름에 붙은 것은 찻잎의 모양과 크기가 작은 진주와 같았기 때문이다. 찻잎은 일일이 손으로 유념하는 과정을 거쳐 작은 진주 크기의 공 모양으로 섬세하게 뭉치는데, 우려낼 때 자연스럽게 잘 풀리도록 뭉친다. 그 모습이 가히 아름답기까지 하다! 주의 깊게 손으로 굴리고 뭉친 형태가 티의 고급스러움과 특별함을 보여 준다.

건파우더 티(gunpowder tea)는 녹차를 작게 말아 펠릿 모양으로 만드는데, 그 모습이 흡사 구슬 화약과 같다고 하여, '건파우더'라는 이름이 붙었다.

티를 뭉친 모양 그 자체의 미학적인 측면은 차치하고, 티를 펠릿 모양으로 뭉치는 데는 현실적으로 그만한 이유가 있다. 첫 번째 이유는 저장과 운반의 편리를 위한 것이다. 두 번째 이유가 더 중요한데, 공 모양으로 말면 가공 과정에서 생성되는 맛과 향이 저장되기 때문이다. 예를 들면, 재스민 펄의 경우에 향이 추가로 가해지면 티로서는 준비가 다 된 것이다. 일부 사람들은 건파우더 티라는 이름이 그 모양보다는 티로 우려냈을 때의 맛과 향이 폭발적이기 때문에 그렇게 이름을 지었을 것이라고 주장한다.

재스민 펄(jasmine pearls)

루슬리 롤드 티(loosely rolled tea)

건파우더 티(gunpowder tea)

러시안 캐러번(Russian caravan)과 랍상소총(lapsang souchong)

중국에서 '정산소종正山小種'이라고 하는 랍상소총은 중국의 홍차로 송백을 태워 그 연기로 건조하였기 때문에 특유의 스모키한 향미가 두드러진다. 러시안 캐러번은 엿기름과 스모키한 향미가 진하고, 찻빛이 구릿빛인 티로 알려져 있지만, 사실은 기문祁門, Keemun, 윈난雲南, Yunnan 등 중국의 홍차와 블렌딩한 것이다. 러시안 캐러번은 전통적으로 러시아와 중국을 대상들이 횡단하며 티를 운송하는 도중에 캠핑장에서의 향이 찻잎에 스며들면서 스모키한 향미를 갖게 되었다고 한다(60페이지 참조). 완주하는 데만 여섯 달 이상 걸리는 긴 여정 동안 캠프파이어의 연기와 동물의 향이 찻잎에 흡수된 것이다.

최근에는 러시안 캐러번 티 블렌드에 랍상소총을 블렌딩해 스모키한 맛을 배가시키기도 한다. 기문 티나 운남 티의 경우에 블렌딩하기 전에 스모키한 맛의 깊이를 더해 주는 것이 일반적이다.

오렌지 피코(orange pekoe)

대부분의 티 업체들이 '오렌지 피코'라는 티 브랜드명을 보유하고 있다. 그런데 많은 사람들은 오렌지 피코가 다양한 티 또는 티 블렌드를 지칭하는 것으로 오해하고 있다. 그러나 사실 오렌지 피코는 특정한 티가 아니며, 찻잎의 등급을 뜻하는 'OP'인 것이다(25페이지 참조). 즉 오렌지 피코는 실론 티, 윈난 홍차 또는 둘을 블렌딩했는지 여부와 관계없이 홍차의 등급을 매길 때 사용하는 용어이다. 티 업체에서는 종종 오렌지 피코 등급의 잎이 포함된 홍차 블렌드에 '오렌지 피코'라고 이름을 붙이기도 한다.

티잰

일반적인 티잰의 재료

꽃
금잔화(calendula)
캐모마일(camomile)
재스민(jasmine)
장미(rose)

허브, 향신료
클로브(clove)
생강(ginger)
민트(mint)
세이지(sage)

뿌리류
치커리(chicory)
리코리스(liquorice)

나무 껍질
시나몬(cinnamon)

과일
레몬(lemon)
오렌지(orange)
딸기(strawberry)

허브 인퓨전herbal infusion, 허브티herbal tea, 프루트 티fruit tea로 알려진 티잰tisane은 차나무의 찻잎과는 아무런 관련이 없음에도 불구하고 티와 동일한 방법으로 즐긴다. 허브, 꽃, 과일, 식물의 뿌리, 나무 껍질 등 어떤 것이든 티잰의 재료가 될 수 있다. 티잰은 현대 의약품이 발명되기 전에 여러 문화권에서 건강과 치유의 목적으로 사용했던 천연 재료를 블렌딩한 것으로, 때로는 티로 부르기도 했다. 중국의 약초 전문가들은 자연에서 구한 약초를 사용하는 자연 요법으로 거의 모든 질병을 치료할 수 있다고 주장하면서 티와 마찬가지로 뜨겁게 마시기를 권한다. 티잰은 카페인이 없는 천연 음료로 인기가 높으며, 뜨거운 음료로 즐긴다.

라벤더(lavender)

캐모마일(camomile)

장미 꽃잎
(rose petals)

민트(mint)

루이보스

루이보스rooibos는 남아프리카공화국에서 자생하는 관목이며, 학명은 아스팔라투스 리네아리스Aspalathus linearis이다. 루이보스라는 이름은 '붉은 나무red bush'라는 뜻이다. 잎은 처음에는 어두운 녹색을 띠지만 가공 과정을 거치면서 적색토와 같은 느낌의 붉은색으로 변한다. 잎을 수확하여 산화 과정을 거친 뒤 건조시켜 뜨거운 물에 우려내 마시는 것이 티와 비슷하다. 간혹 산화시키지 않은 루이보스도 접할 수 있는데, 이 경우에는 그린 루이보스라고 한다. 루이보스 음료는 남아프리카공화국에서 오래전부터 즐겼으며, 18세기에 이르러 처음으로 상업적인 용도로 가공되었다. 우유나 설탕과 함께 마셔도 좋으며, 천연적으로 카페인이 없어 밀크 티의 대체 음료로도 인기가 높다. 그리고 항산화 성분이 다량으로 함유되어 있어 티를 대체하는 건강 음료로도 각광을 받고 있다. 또 하나의 흥미로운 점은 몸의 세정제로 사용하면 피부의 각질도 제거하는 놀라운 효과를 볼 수 있다.

마테

차나무와 비슷한 잎을 지닌 또 하나의 관목은 남아메리카가 원산지인 감탕나뭇과Ilex paraguariensis의 예르바 마테yerba mate이다. 남미 대륙의 사람들이 뜨거운 티로 마시거나 거품을 낸 에너지 드링크로 마신다. 전통적으로 마테는 가운데가 움푹 파인 호리병박에 부어 봄빌라bombilla라고 하는 금속성 소재의 빨대로 즐겨 마셨는데, 사람들이 엉덩이에 걸쳐 다닐 정도로 인기가 높다. 푸른색 마테 잎에 각종 허브를 섞거나 얼음을 띄워 이동하면서 마시는 사람들을 흔히 볼 수 있다. 티와 마찬가지로 마테 잎에는 카페인이 들어 있어 아주 자극적인 음료이며, 집중력을 강화하고 마음의 안정을 되찾고 에너지를 내는 데 효능이 있다고 알려져 있다.

마테
(mate)

루이보스
(rooibos)

▶ 마테 음료는 특유의 자극적인 성분으로 남아메리카에서 인기가 높다. 일반적으로 '봄빌라'라고 하는 금속성 소재의 빨대를 꽂아 마시는데, 마테 잎과 줄기를 걸러 내 주기 때문에 아주 중요한 도구이다.

수 확

티의 최종 품질을 결정하는 데는 재배 조건, 가공 및 보관 과정 등 수많은 요인들이 작용한다.
그중 가장 기본적인 요소는 무엇보다도 찻잎이다.
해마다 특정한 시기에 정확한 방법으로 찻잎을 완벽하게 따는 것이 중요하며,
그 이후에는 곧바로 가공 과정에 들어가야 한다. 수확은 수 세대에 걸쳐
기술을 전수받은 숙련된 여성 노동자가 주로 작업한다.

차 농장과 다원

차나무를 재배하는 시스템은 규모에 따라 '차 농장tea farms'과 '다원tea estates'의 두 형태로 나뉜다.

전형적인 다원의 모습은 광활한 지역에 걸쳐 차나무를 재배하면서 중앙에서 관리가 이루어지는 곳을 의미한다. 스리랑카, 인도 등 식민지 시대 티 업체의 중앙 통제가 이루어졌던 곳에서 주로 이루어지는 시스템이다. 이들 업체는 대개 영국인들이 설립하였는데, 토지의 대부분을 거대한 다원으로 만들어 하나의 중앙 공장에서 전 가공 과정을 공유하는 구조였다.

다원에는 관리자를 중심으로 엄격한 위계가 형성되어 있으며, 관리자는 보통 다원 내의 호화로운 방갈로에 상주하며 지낸다. 다원을 소유한 업체에 종속된 농장과 공장의 노동자들은 다원 내에 거주하면서 일하기도 한다. 오늘날에도 다원의 소유자나 관리자들은 일반 노동자들에 비해 호화로운 생활방식을 즐기고 있으며, '신사도 정신'은 예전에 비해 많이 퇴색되었다.

한편, 차 농장 또는 차 농장 조합은 주로 개인 또는 가족 단위로 운영되며, 지역 공동체 사람들과 품앗이해 가며 서로 일손을 돕는다. 이곳 노동자들은 자신들의 농장을 유지하면서 차나무를 재배하고 수확하는 데 전적으로 책임을 진다. 차 농장에서 공장을 소유하거나 가공 설비를 갖춘다는 것은 드문 일이며, 일부 마을과 농민이 함께 사용하는 공동체형 공장을 공유해 활용하거나, 수확한 찻잎을 가공하지 않은 상태로 인근의 업체나 대형 다원에 팔기도 한다. 차 농장과 차 농장 조합은 일본, 케냐, 인도 등의 지역에서는 흔히 볼 수 있다.

▼ 1900년경 스리랑카(당시 실론)에서 찍은 사진. 소가 끄는 수레와 티 상자들을 볼 수 있다.

영국인 토머스 립톤(Thomas Lipton, 1850~1931)이
1900년경에 실론(현 스리랑카)에서
설립한 다원의 모습.
사람들이 광주리에 담긴 신선한 찻잎을
분류하고 있는데, 감독관이 이를 지켜보고 있다.

다원 노동자들의 일상

다원에서 일하는 노동자들은 남성도 있지만, 대부분이 여성이다. 대영제국 시대에 설립된 인도, 스리랑카, 아프리카 등의 다원들에는 '요람에서 무덤까지'의 시스템이 지금도 존재한다. 이러한 시스템과 다원의 운영은 당시 대영제국에서 지배적이었던 군사 계급 구조의 영향을 받은 것인데, 이것이 오늘날까지도 유지되는 것이다. 다원에서의 일은 고되고 품삯도 적지만, 노동자들은 요람에서 무덤까지 평생 동안 다원으로부터 생계의 지원을 받는다. 거주지와 음식을 제공하고, 교육의 기회도 준다. 가족 구성원 전체는 다원의 보호를 받고 후세대에게도 평생직장이 보장된다.

스리랑카와 인도의 다원 노동자들은 사시사철 일주일에 6일, 하루에 10시간 동안 일한다. 하루에 찻잎을 따야 하는 양은 최소 16kg이지만, 대부분의 노동자들이 25kg 이상을 따도록 강요를 받는다. 일당 품삯은 대략 2달러 정도이며, 나이가 들어도 같은 수준의 노동력을 발휘해야 한다.

최근에는 품삯이 높아지면서 생활 조건도 향상되고, 장갑이 제공되는 등 다원 노동자들이 보내는 삶의 질도 개선되고 있다. 특히 이마에 걸쳐 매 목에 통증을 유발하는 고리버들 대신에 등에 매는 바구니도 제공되었다. 일부 국가에서는 아이들을 대상으로 의무 교육이 시행되어 다원 노동자들도 이를 이행해야 한다. 그러나 일부 지역에서는 여전히 14세 소녀들에게 찻잎을 따는 일을 시키는 관행이 계속되고 있어, 티 업계 전반에 의미 있고 지속적인 변화가 이루어지기에는 아직 갈 길이 멀어 보인다.

다원 소유자들에게는 '열대다우림연합Rainforest Alliance' (68페이지 참조)과 '공정 무역Fair Trade'(68페이지 참조)에서 제시하는 인증을 받도록 권고되며, 이를 통해 노동자들과 근로 계약서를 작성하고, 노동자들을 대상으로 근로 환경과 작업, 경제 등에 관한 교육을 실시하도록 하고 있다. 그러나 건물의 설립과 기계의 도입 등을 의무화해 노동자들의 삶을 질적인 면에서 더욱더 개선할 수 있도록 인증서 발급에도 보완이 필요하다. 인증서 제도의 도입으로 노동자들의 근로 만족도가 높아지고, 보다 쉽고 안전한 작업 환경이 제공되면서 노사 관계도 개선됨에 따라, 결과적으로 파업이 줄고 생산성도 높아지는 효과를 보고 있다.

채엽(採葉, picking)

손으로 직접 찻잎을 수확하는 과정을 '채엽'이라고 하는데, 가공에 앞서 찻잎을 전통적인 방식으로 따는 작업이다. 예전부터 채엽은 여성이 도맡아 했는데, 여성이 찻잎을 다루는 데 더 섬세하고, 더 능숙한 것으로 여겨졌기 때문이다. 남성은 보통 밭을 일구거나 공장에서 일했다. 생활방식의 변화로 성 역할에도 재분배가 일어나 티 공장에서 일하는 여성이 늘고 채엽을 담당하는 남성도 생겼지만, 스리랑카를 비롯해 많은 나라에서는 채엽을 여전히 여성이 주로 담당하고 있다.

다양한 티를 만들기 위해 채엽 작업에 나설 때는 식물의 맨 윗부분에 있는 새싹과 그 아래의 두 잎을 따야 한다(일아이엽, 一芽二葉, one bud and two leaves). 찻잎은 색깔이 밝은 녹색으로 살짝 말려 있으며, 만졌을 때 보송보송한 느낌이 들 정도로 부드러운 것이 가장 좋다. 반대로 색깔이 어둡거나 단단한 잎은 품질이 떨어지는 것으로 간주된다.

채엽 방법은 병뚜껑을 휙 돌리는 것과 비슷하다. 제대로 하면 손톱을 이용하지 않아도, 힘을 들이지 않고도 새싹과 두 잎이 따진다. 양손가락으로 동시에 채엽하고 싶은데, 손 한가득 찻잎이 있다면 머리에 이거나 등에 매고 있는 바구니에 넣으면 된다.

채엽한 뒤 몇 주만 지나면 새로운 싹들이 돋아난다. 연중 기후가 일정해 지속적으로 찻잎이 돋아나면, 1~2주마다 채엽 작업이 가능하다. 기후 변화가 심한 지역에서는 계절별로 일 년에 1~4회씩 채엽 작업이 이루어진다.

일 년 내내 찻잎을 수확하는 지역에서는 일반적으로 계절마다 다양한 유형의 티를 생산한다. 예를 들면, 일본의 많은 농장에서는 봄철 첫 수확이 불과 1~2일 안에 이루어지는데, 이때 생산되는 것이 사람들이 가장 많이 찾는 녹차인 '신차新茶, shincha'이다. 늦봄 수확 때는 센차를, 여름에는 반차나 호우지차, 가장 늦은 수확 시기에는 홍차를 거두어들인다. 농부들은 수확기별 생산하는 티의 종류에 맞춰 찻잎을 따는데 가장 좋은 새싹은 신차로 분류한다. 한번 채엽 작업이 이

◀ 차나무 맨 윗부분에 난 새싹과 두 잎을 양손가락으로 채엽하는 모습.

루어지면 시간이 지나 여름이 오는데, 약간 더 아래쪽에 돋아나는 억센 찻잎은 호우지차에 적합하다. 시기별로 다른 종류의 티를 생산하기 위해 찻잎을 달리 수확하는 방법은 숙련된 농부들이 차나무를 최대한 활용하는 방법을 찾은 것이기에 경제적으로도 매우 합리적이다.

매 시즌이 끝나 갈 무렵에는 새싹이 돋아나도록 가지를 쳐 준다. 가지치기를 하면 최상의 조건을 갖춘 찻잎을 쉽게 분간하여 딸 수 있으며, 식물도 건강한 상태를 유지할 수 있다. 또한 관목의 윗부분을 곡선 형태로 유지하기 때문에 수확도 쉽다. 농부들은 차나무 사이에 길게 난 이랑을 따라 관목 양쪽으로 편안하게 이동할 수 있다.

4~5년마다 대대적인 가지치기 작업이 이루어지는데, 중심 가지에서 껍질이 벗겨질 즈음 가지치기를 하여 새로운 가지가 나도록 해 차나무의 생장과 찻잎의 재생을 돕는다.

기계를 사용한 채엽

인도, 일본, 중국 등 여러 나라에서는 기계를 도입해 찻잎을 수확하는 방식이 큰 인기를 끌고 있다. 기계를 사용하는 데는 다음 세 가지의 이유가 있다.

1. 수확의 정확성과 효율성
2. 급격한 경제 성장으로 인해 사람들이 도시로 몰리면서 적절한 인력을 찾기 어려움
3. 경제성

찻잎을 수확하는 기계 중 가장 일반적인 것은 헤지커터hedge cutter와 모양이 유사하지만 구부러져 있으며, 두 사람이 함께 작동시키는 구조이다. 두 사람이 차나무 위로 기계를 들고 차나무 양쪽의 이랑을 따라 이동하면 차나무 윗부분이 잘리면서 가지와 잎이 기계 안으로 빨려 들어가는데, 이때 찻잎은 공기 바람을 타

고 기계 맨 뒤에 부착된 자루 속으로 날아가게 된다.

이와 같이 기계로 수확하는 방식에 비해 손으로 수확하는 방식이 비용이 훨씬 더 많이 드는 것은 사실이다. 예를 들면, 스리랑카에서는 인건비가 전체 생산 비용 중 60% 이상을 차지한다. 대형 수확 기계 한 대로 하루에 1헥타르를 수확하는데, 만약 동일한 시간에 손으로 수확하려면 60~90명의 인력이 동원되어야 한다.

기계의 사용과 관련해 찬반 의견이 엇갈리고 있지만, 일일이 손으로 채엽했을 때의 품질이 가장 좋다는 데는 이견이 없다. 일 년 내내 수확이 이루어지는 대부분의 지역에서는 현재까지 수작업을 지속할 정도의 인력이 갖추어져 있었다. 그러나 중국 같은 곳에서는 자동화기술의 의존도가 높아지고 있으며, 소규모 농가로 구성된 지역 공동체에서도 티를 대량으로 생산할 수 있게 되었다.

기계를 사용할 때 가장 큰 단점은 선별이 정확히 이루어지지 않으며, 채엽 과정에서 찻잎이 훼손될 수 있다는 점이다. 평균 등급의 티를 대량으로 생산하는 경우에는 이후 가공 과정에서 다른 기계로 다듬는 과정이 있기 때문에 큰 문제가 되지 않을 수 있다. 특히 일이 집중되는 피크 시즌에는 기계를 사용하는 것이 합리적으로 보인다.

백호은침과 같은 특별하면서도 최고급의 티를 생산하는 경우에는 가지의 정확한 위치에 돋은 새싹만 정밀하게 채엽해야 하는데, 아직까지는 이에 미칠 정도로 기계가 충분히 발전하지는 않은 상태이다. 이와 같이 진귀하고도 고급스러운 티를 생산하는 경우에는 이후로도 수작업 외에는 대체할 방법이 없어 보인다.

▲ 태국의 한 다원에서 자동화기계를 사용해 수확하는 모습. 수작업보다 훨씬 빠르지만, 숙련된 노동자의 섬세한 손길과 눈길이 필요한 고급 티를 생산하는 데는 적합하지 않다.

스리랑카의 하푸탈레(Haputale)
인근의 다원에서 한 여성이 등 뒤에 현대식
자루를 매고 채엽 작업을 하고 있다.
전통적으로 끈을 이마에 걸쳤던 고리버들 바구니보다
훨씬 더 가볍고 안전하며, 편리하게 설계되어 있다.

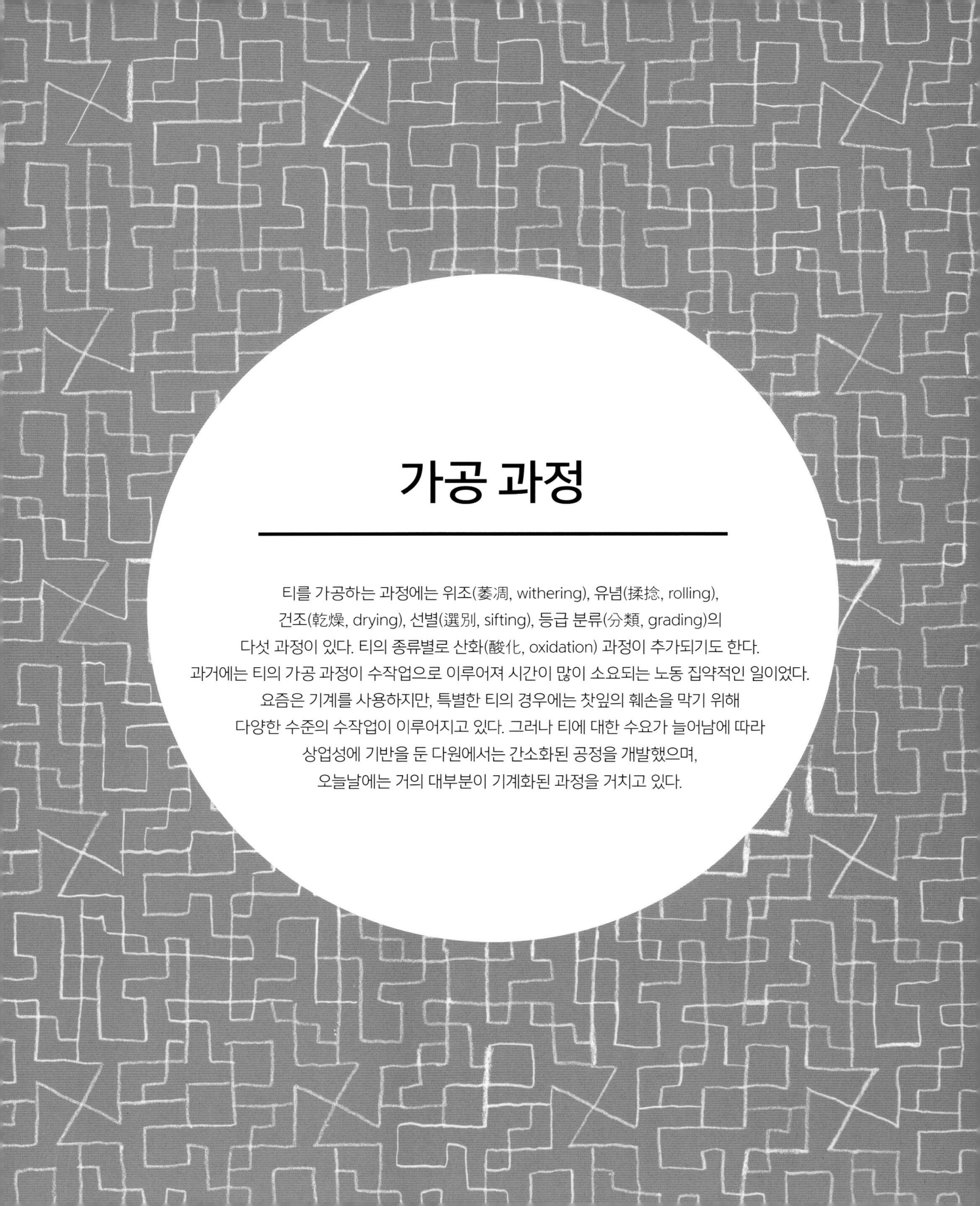

가공 과정

티를 가공하는 과정에는 위조(萎凋, withering), 유념(揉捻, rolling),
건조(乾燥, drying), 선별(選別, sifting), 등급 분류(分類, grading)의
다섯 과정이 있다. 티의 종류별로 산화(酸化, oxidation) 과정이 추가되기도 한다.
과거에는 티의 가공 과정이 수작업으로 이루어져 시간이 많이 소요되는 노동 집약적인 일이었다.
요즘은 기계를 사용하지만, 특별한 티의 경우에는 찻잎의 훼손을 막기 위해
다양한 수준의 수작업이 이루어지고 있다. 그러나 티에 대한 수요가 늘어남에 따라
상업성에 기반을 둔 다원에서는 간소화된 공정을 개발했으며,
오늘날에는 거의 대부분이 기계화된 과정을 거치고 있다.

가공의 주요 목적은 찻잎의 수분 함량을 줄이기 위한 것이다. 신선한 찻잎을 딴 직후에는 수분 함량이 70% 정도이며, 티 1kg을 생산하기 위해서는 대략 4kg의 찻잎이 필요하다. 위조, 유념, 건조 과정을 거치면서 수분 함량이 점차적으로 줄어들며, 나중에는 3%까지 줄게 된다.

생산되는 티의 종류에 따라 수분 함량을 줄이는 방법이 달라지며, 그에 따라 사용하는 기계도 달라진다. 그 방법에 따라 최종적으로 만들어지는 티의 모양, 향, 맛도 매우 다양하게 변화한다. 처음에 같이 수확한 찻잎이라도 어떤 가공 과정을 거치느냐에 따라 전혀 다른 종류의 티로 생산된다. 티는 백차, 녹차, 우롱차, 홍차, 보이차로 크게 다섯 종류로 나뉜다(57페이지 참조).

홍차, 우롱차의 경우에는 부가적인 목적의 가공 과정이 있다. 바로 맛과 향을 발전시키기 위한 산화 과정이다. 산화 과정은 찻잎을 찧고 세포벽을 파괴하는 유념 과정 다음에 추가되며, 이 과정에서 향미는 더욱더 풍부해진다(47페이지 참조).

티의 가공 과정을 세부적으로 다루기 전에 먼저 알아야 할 중요한 사실이 있다. 비록 티의 가공 과정이 비슷할지라도 공장마다 시기, 온도, 설비, 각 과정에서의 가공 방식 등의 생산 요소들이 저마다 다르다는 점이다.

대부분의 공장에서는 찻잎의 수확에 맞춰 가공 과정을 진행하기 때문에 연단위로 때로는 일단위로 그와 같은 생산 요소들이 매우 역동적으로 변화한다. 다수의 다원 소유자들은 다양한 생산 요소를 제어하는 것이야말로 티 업계에서 가장 숙련된 능력이라고 입을 모은다. 고도로 기계화된 공장에서도 완벽한 티를 만드는 데 필요한 각 과정별 기술을 경험하고 배우는 데는 수년이 걸린다.

찻잎을 따는 작업이 끝나면 찻잎은 트럭에 실려 티 가공 공장으로 운반된다. 이때는 찻잎이 시들기 전에 가능한 빨리 운반하는 것이 중요하다.

공장으로 운반된 찻잎은 이후 추적이 가능하도록 수확한 찻잎의 무게와 생산된 티의 무게를 재서 기록한다. 그 다음에 인력으로 옮기거나 컨베이어 벨트에 실어 위조실로 옮긴다.

▼ 중국 푸젠성에 위치한 티 공장. 갓 채엽한 신선한 찻잎이 대나무 체에 펼쳐져 위조 과정을 거치고 있다. 위조는 찻잎에서 수분을 빼는 첫 번째 과정이다.

위조(萎凋, withering)

수확한 찻잎은 위조실에서 8~14시간 정도 펼쳐 두는데, 대개 하룻밤 동안 내버려 둔다. 이때 수분이 35% 정도 빠져나가면서 탱탱했던 찻잎은 부드러워지고 시들게 되는데, 색깔은 여전히 녹색이며 크기도 제법 크다.

전통적으로 위조실은 가공 공장에서도 가장 위층에 위치하고, 공장 부지도 언덕바지가 최적의 장소이다. 그 이유는 자연의 바람이 불어와 위조 과정을 도와주기 때문이다. 따라서 대다수의 가공 공장에서 최상층부에 위치하는 위조실에는 창들이 많이 나 있다. 그러나 자연 바람을 이용하는 위조는 여러 날이 걸리며, 날씨에 영향을 크게 받기 때문에 요즘에는 대부분 위조실 내에 팬을 설치해 자연 바람을 대체하고 있다.

홈통 모양의 철로 된 그물망 위에 찻잎을 늘어놓고 위조실 내

팬이 아래 홈에서 바람을 불어 보내는 방식으로 위조 과정이 진행된다. 저녁이 되어 날씨가 쌀쌀해지면 공기를 80℃ 정도로 데운다. 공기의 온도와 순환을 조절하고 찻잎들을 몇 차례 뒤집는 작업은 위조 과정에서 중요할 뿐 아니라 곰팡이가 생기는 것도 억제할 수 있다.

위조 과정에서 찻잎은 수분이 빠지면서 화학 성분이 변하고, 분자들이 분리되면서 효소 반응이 촉진되어 산화가 일어난다. 엽록소 성분은 줄어드는 반면, 카페인 성분은 늘어나며, 방향성 화합물들이 생성되면서 가장 중요한 티 특유의 향미가 깊어진다.

백차는 찻잎을 햇빛에 천천히 말리는 자연 위조 과정을 거친다.

유념(揉捻, rolling)

위조 단계가 마무리되면 찻잎을 유념실로 옮긴다. 이때 손을 이용해 수작업으로 옮기거나 아래층의 유념실로 연결되는 급경사로 된 통로 위로 떨어뜨려 이동시킨다. 유념 단계에서 가장 많이 사용되는 기계는 대형 순환식 회전로로 홈이 파인 판 사이에 찻잎을 두고 압착해 찻잎을 찢고 압축하고 휘만다. 유념 장비는 한 번에 25kg 정도 처리가 가능하며, 20분 정도 소요된다.

유념 단계의 목적은 다음과 같다.
1. 아직 남아 있는 수분을 압축해 제거한다.
2. 찻잎의 세포벽을 파괴해 산화 과정을 촉진하고 티 특유의 맛과 향이 나도록 유도한다. 유념 단계에서 발생하는 맛과 향은 찻잎을 건조하면서 고착되는데, 나중에 티를 우릴 때 비로소 맛과 향이 퍼지게 된다.
3. 찻잎의 모양과 크기가 달라지면서 향미의 강도도 변하게 된다. 또한 운송 및 저장 과정에서 찻잎을 안정적으로 보존할 수 있다.

유념 과정을 거친 뒤 크기를 선별해 크기가 큰 찻잎은 유념 장비로 다시 되돌려진다. 이 과정을 '재유념再揉捻, roll breaking'이라

▲ 스리랑카 담바텐(Dambatenne)에 위치한 티 공장. 찻잎을 위조실로 옮기고 있다. 이 공장은 토머스 립톤이 설립했으며, 노동자의 수도 2000명에 달한다.

▼ 위조실 내의 모습. 1.2~1.5m 폭의 철사로 된 그물망 위로 찻잎을 고르게 펼쳐 놓았다. 위조 과정은 최대 14시간 동안 지속된다.

▶ 위조 과정을 거친 뒤 찻잎은 유념실로 옮겨져 유념 장비의 홈이 파인 판 사이에서 압축된다.

고 하며, 별도의 단계로 분류한다. 재유념은 최대 4회까지 이루어지며 점점 가해지는 압력이 높아지는데, 한 번 거칠 때마다 찻잎의 크기와 모양이 변한다.

유념 장비가 발명되기 전에는 이 과정이 수작업으로 이루어졌다. 찻잎을 흔들어 걸러 내 바구니에 담거나 찻잎을 치대는 과정을 거치는데, 8시간 이상이나 소요되었다. 빵의 도우를 만들기 위해 반죽을 치대는 것과 비슷하게 찻잎을 치대는 것이다.

녹차는 살청 과정을 거친 뒤에 유념 과정을 거친다. 일부 녹차는 유념 과정에서 성형된다. 예를 들면, 재스민 드래곤 펄jasmine dragon pearl은 손으로 유념 작업을 하여 매듭을 뭉친다. 백차는 절대 유념 과정을 밟지 않는다.

녹차는 대량 생산을 위해 회전식 가열 기계를 65℃로 맞춰 놓고, 거기에 찻잎을 넣어 천천히 돌린다. 이 과정을 '첫 번째 건조'나 '살청'이라 하는데, 이때 20% 정도의 수분이 날아간다. 이후에는 필요에 따라 유념 장비로 넘겨진다(52페이지 '살청' 참조).

산화(酸化, oxidation)

모든 찻잎은 약간씩은 자연적인 산화 과정을 거치며, 우롱차, 홍

차의 경우에는 인위적인 산화 과정을 거친다.

찻잎이 유념 과정을 통해 의도한 모양과 크기로 성형되면 외부에 늘어놓고 산화시키는데, 보통 긴 시멘트 테이블 위에 올려 두거나 시원한 공장 바닥에 늘어놓는다. 산화 과정은 어떤 최종 결과물을 원하는지에 따라서 30분에서 5시간 정도 걸린다. 숙련된 공장 작업자들은 찻잎의 냄새만 맡고도 산화 과정의 진행 상황을 알 수 있다.

공장에서는 지역의 기후에 따라 조건이 달라지므로 찻잎을 최적의 조건에서 산화시킬 수 있는 시간대를 반드시 찾아내야 한다. 너무 더운 지역에서는 찻잎이 급속히 산화되어 향미가 날아가 버릴 수 있다. 예를 들면, 스리랑카의 누와라엘리야Nuwara Eliya 지역에서는 산뜻하고 향긋한 티를 생산하는데, 이곳에서는 하루의 가장 더운 시간대를 피해 이른 아침에 찻잎을 산화시킨다.

산화 과정이 끝나면 처음에 비해 찻잎이 매우 달라져 있음을 확인할 수 있다. 크기는 더 작아지고, 색상은 더 어두워지며, 향도 더 두드러진다.

티의 가공 과정

찻잎을 수확하면 공장으로 보내 가공 과정을 거친다.
가공의 주요 과정은 위조, 유념, 산화, 건조, 선별, 분류이다.
여섯 과정을 모두 거치는 것은 아니고, 티의 종류에 따라 하나 또는 두 과정만 거칠 수도 있고,
여섯 과정을 모두 거칠 수도 있다. 가공 과정이 완료되면, 운송을 위해
알루미늄박으로 안감을 댄 종이 봉지에 포장된다.
포장의 형태는 생산된 티의 모양, 향미, 방향성에 따라 매우 다양하다.

1. 위조

찻잎을 위조실로 옮겨 철사로 된 그물망 받침대에 올려 둔다. 팬이 돌아가며 아래에서 위로 공기 바람을 불어 보내면서 위조 과정이 시작된다. 찻잎의 위조 과정이 고르게 진행되도록 공기의 온도와 순환을 유심히 모니터링한다. 찻잎을 몇 번 뒤집어 주는 작업을 하면, 이 과정에서 곰팡이가 발생하는 일도 막을 수 있다.

백차는 보통 햇빛에 말리며,
그 밖의 가공 과정은 전혀 거치지 않는다.

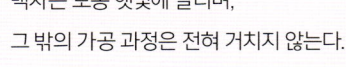

신선한 찻잎

갓 채엽해 신선한 찻잎은 공장으로 빠르게 운송해 위조 과정에 들어간다.
찻잎은 가지에서 따는 순간부터 시들기 때문에 그 운반 속도가 생명이다.

살청

위조 과정을 거친 뒤 녹차와 우롱차는 살청 과정에 들어간다. 살청은 찻잎에 든 산화 효소의 반응을 비활성화하여 산화를 억제하는 과정이다.

살청 방법은 팬에 올려놓고 가열하는 초청, 증기에 찌는 증청, 오븐에 넣고 굽는 방식 등 매우 다양하다.

2. 유념

위조 과정이 끝나면 찻잎을 유념실로 옮긴다. 유념 장비를 통해 압착이 이루어지면서 수분이 제거되고, 찻잎의 세포벽도 부서진다. 유념 장비가 도입되기 전에는 노동자들이 몇 시간이고 일일이 찻잎을 흔들고 치댄 후 바구니로 옮겼다.

수작업 유념

일부 티는 오늘날에도 수작업으로 유념 과정을 밟지만, 이는 수분 함량을 줄이기 위한 것이라기보다는 향미와 미학적인 측면인 것이 강하다. 높은 등급의 녹차와 우롱차는 유념 작업에서 세심한 주의를 기울여 작은 진주 모양으로 성형된다.

3. 산화

찻잎을 테이블이나 바닥 위에 펼쳐 산화시킨다.
이때 효소 반응이 일어나 티의 맛과 향이 깊어지고

모양이나 색상도 진해진다.
홍차는 완전히 산화시키지만, 우롱차는 부분적으로 산화시키기 때문에 산화 과정을 정도에 맞춰 중단시킨다. 산화 정도에 따라 최종적으로 생산되는
티의 종류도 달라지는 것이다.

녹차와 백차는 산화 과정을
거치지 않는다.

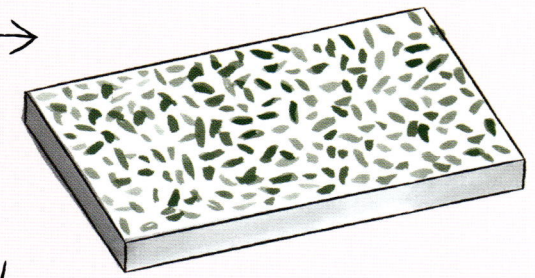

4. 건조

산화 과정을 중단한 뒤 남은 수분 함량을 줄이기 위해 찻잎을 건조시키는데, 이때 컨베이어 건조기나 오븐을 사용한다.
찻잎이 건조되면 티에 향미가 저장되어 언제든지 우려내 마실 수 있는 상태가 된다.

살청 과정을 거친 녹차의 경우에는 이 건조 과정을
'재살청'이라고 하며, 일부 티의 경우에는
세 번이나 거친다.

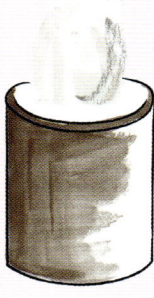

후발효(後醱酵, post-fermented)

보이차는 과거 중국에서부터 차마고도(茶馬古道)를 떠나는 긴 여정 동안 티가 발효되면서 생겨났다. 그러나 오늘날에는 인위적으로 빠르게 발효시키는 '악퇴(渥堆)' 과정을 통해 '보이숙차(普洱熟茶)'도 생산되고 있다.

압축 및 숙성

건조 후 보이차는 떡이나 벽돌 모양으로 압축하는 '긴압(緊壓)' 과정을 거친 뒤, 차갑고 습한 장소에서 보관하여 숙성시킨다.

연마(녹차만 해당)

일부 녹차는 포장하기 직전에 연마 통에 담아 몇 시간 정도 연마하는 과정을 거친다. 이를 통해 찻잎에 은은한 빛이 감도는데, 시장에서 선호도를 높이기 위한 것이다. 연마 과정을 거친다고 해서 맛이 달라지는 것은 아니다.

5. 선별

차나무의 줄기, 섬유, 잎맥은 건조 과정 뒤 선별 과정을 통해 제거된다. 이 과정에서 걸러진 것들은 나중에 퇴비로 사용된다.

 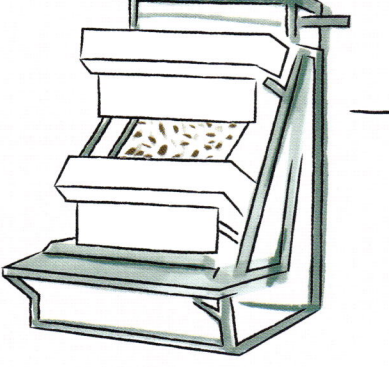

6. 분류

선별 과정까지 마쳤다면, 이제 분류만이 남았다. 분류 과정에 사용되는 기기에는 겹겹으로 된 그물망이 있으며, 그물망과 진동이 같수록 커지는 구조이다. 진동이 가해지면 찻잎이 크기별로 걸러지게 된다.

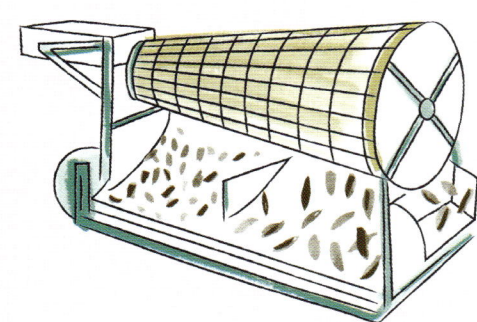

7. 포장

최종적으로 찻잎을 포장실로 옮겨 알루미늄박으로 안감을 댄 봉지에 찻잎을 담는다. 그런 다음에 포장된 봉지 외면에 등급, 무게, 포장 일시, 원산지 등이 표시된 도장을 찍는다.

 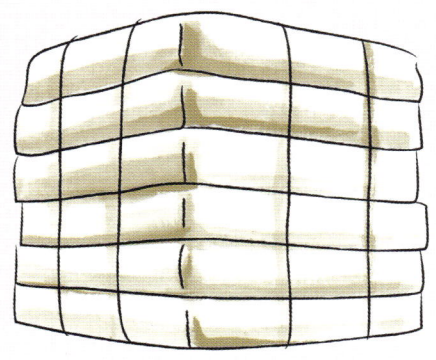

생성된다(20페이지 참조). 이로써 티에 깔끔하고 개운한 맛이 나며, 맛이 풍부해지고 색상도 어두워진다. 열을 가하면 효소 반응으로 인한 산화 과정이 중단되어 새롭게 생성된 맛과 향을 보존할 수 있다.

건조(乾燥, drying)

찻잎의 위조와 산화 과정이 마무리된 뒤 최종적으로 건조하는 과정은 티가 찻잔에 담기기까지 저장이 편리한 형태로 보관하기 위해 이루어진다. 건조 방법에는 산화 과정을 중단하는 방식(아래 '살청' 참조)이 있는가 하면, 훈연smoking 등의 맛과 향을 가하는 방법도 있다.

건조 방법에는 여러 가지가 있으며, 나라나 지역마다 다르다. 또한 건조 과정으로 인해 티의 향미와 모양, 최종적으로 찻잔에 담기는 티의 종류까지 모두 달라진다. 가장 흔한 건조 방법으로는 오븐이나 컨베이어 건조기를 사용하거나, 굽거나 팬에 가열하거나, 증기를 가해 찌거나, 훈연, 햇빛이나 바람에 말리는 자연 건조 등이 있다.

홍차에서 가장 흔히 사용되는 건조 방법은 천천히 움직이는 컨베이어 위에 있는 상업용 오븐을 통과시키는 것이다. 오븐은 88~113℃의 온도로 가열되어 있으며, 찻잎은 컨베이어를 통해 천천히 이동하다 이따금 뒤집어지기도 한다. 이 과정에서 수분이 30% 이상 빠진다. 이제 찻잎에서는 화학 반응이 더 이상 일어나지 않으며, 수분 함량도 3%대로 유지된다. 찻잎은 찻잔에 티로 우리기까지 그 모양 그대로 남는다.

녹차는 보통 재살청 과정까지 거치며, 경우에 따라서는 세 번, 네 번도 거칠 수 있다. 시멘트 혼합기 같은 모양의 원통형 기계에 하루 동안 보관되는데, 이 안에서 찻잎을 부드럽게 뒤집어 주며 서서히 말리는 것이다.

대부분의 백차는 오븐이나 팬에 가열하지 않는다. 따뜻한 공기 중에 자연 건조되며, 종종 대나무 재질의 매트 위에 널어 두기도 한다. 이 과정을 통해 백차 특유의 맛과 영양분이 미세한 균형을 이룬다.

산화에 담긴 과학

산화 과정은 찻잎의 화학적 구조와 맛, 향, 모양이 변화하는 효소 반응이라고 할 수 있다.

차나무에서 찻잎을 떼어 내면 정상적인 화학 반응으로 인한 영양분의 공급이 더 이상 이루어지지 않아, 찻잎에 저장되어 있던 탄수화물과 단백질이 분해되기 시작한다. 유념 과정에서 찻잎의 세포벽이 파괴되어 효소(폴리페놀)가 방출되면서 산소를 흡수하고 맛과 향을 내는 화합물인 테아플라빈과 테아루비긴 성분이

'살청(殺靑, fixation)'

살청은 '녹색을 죽이다(killing the green)'라는 의미로, 찻잎에 열을 가해 효소 반응을 억제하여 산화를 차단하는 과정이다. 주로 녹차와 우롱차에서 이루어지며, '첫 번째 건조 단계(first drying stage)' 또는 '살청(fixation)'이라고 한다. 대개 팬이나 냄비 위에 찻잎을 펼쳐 놓고 손으로 뒤집어 주거나(초청 방식), 건조기 내에서 굽거나(로스팅 방식), 증기가 공급되는 회전식 드럼통을 통과시키는 방식(증청 방식)으로 진행된다.

일본에서는 증청 방식이 사용되는데, 찻잎에 온도 150℃의 증기 열을 빠르게 쬐어 찻잎을 '살청'하는 방법이다. 찻잎은 밝은 녹색을 유지하며, 신선도와 식물성 성질도 유지된다.

중국에서는 팬에 펼쳐 놓고 가열하는 초청 방식으로 '살청'하며, 서서히 뜨거워지며 온도가 정점에 이른다. 찻잎은 살짝 태운 듯한 구운 향이 나며, 색상은 더욱더 황색을 띤다.

▲ 인도 티 가공 공장에서 한 노동자가 건조 드럼통에 찻잎을 쏟고 있다.
▶ 중국 푸젠성의 한 다원에서 대나무 매트에 백차를 펼쳐 공기 중에서 자연 건조시키고 있다.
▶ 인도뿐만 아니라 전 세계에서도 가장 큰 차나무 재배지인 아삼의 한 공장에서 인부들이 상업용 건조기에 찻잎을 넣고 있다.

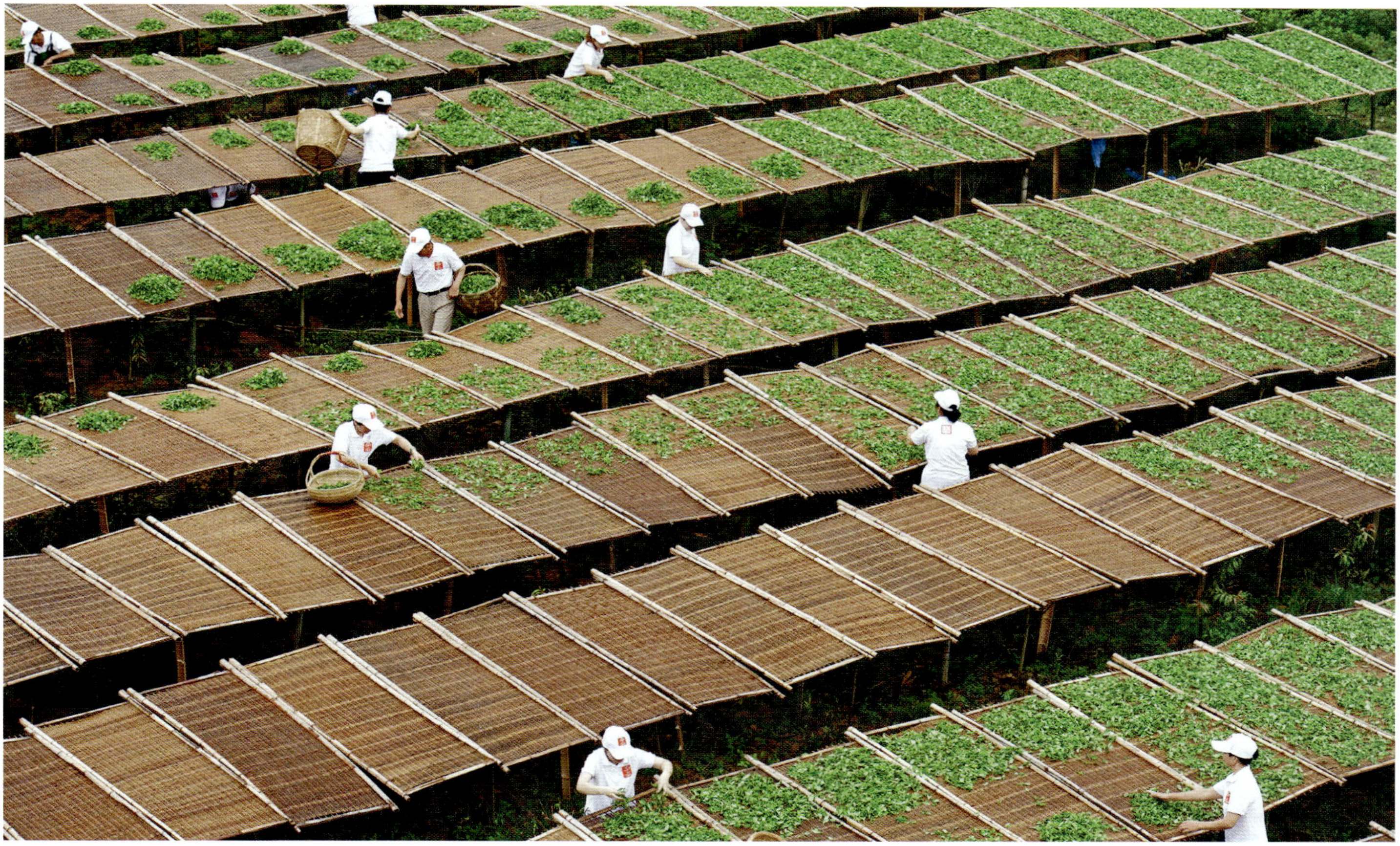

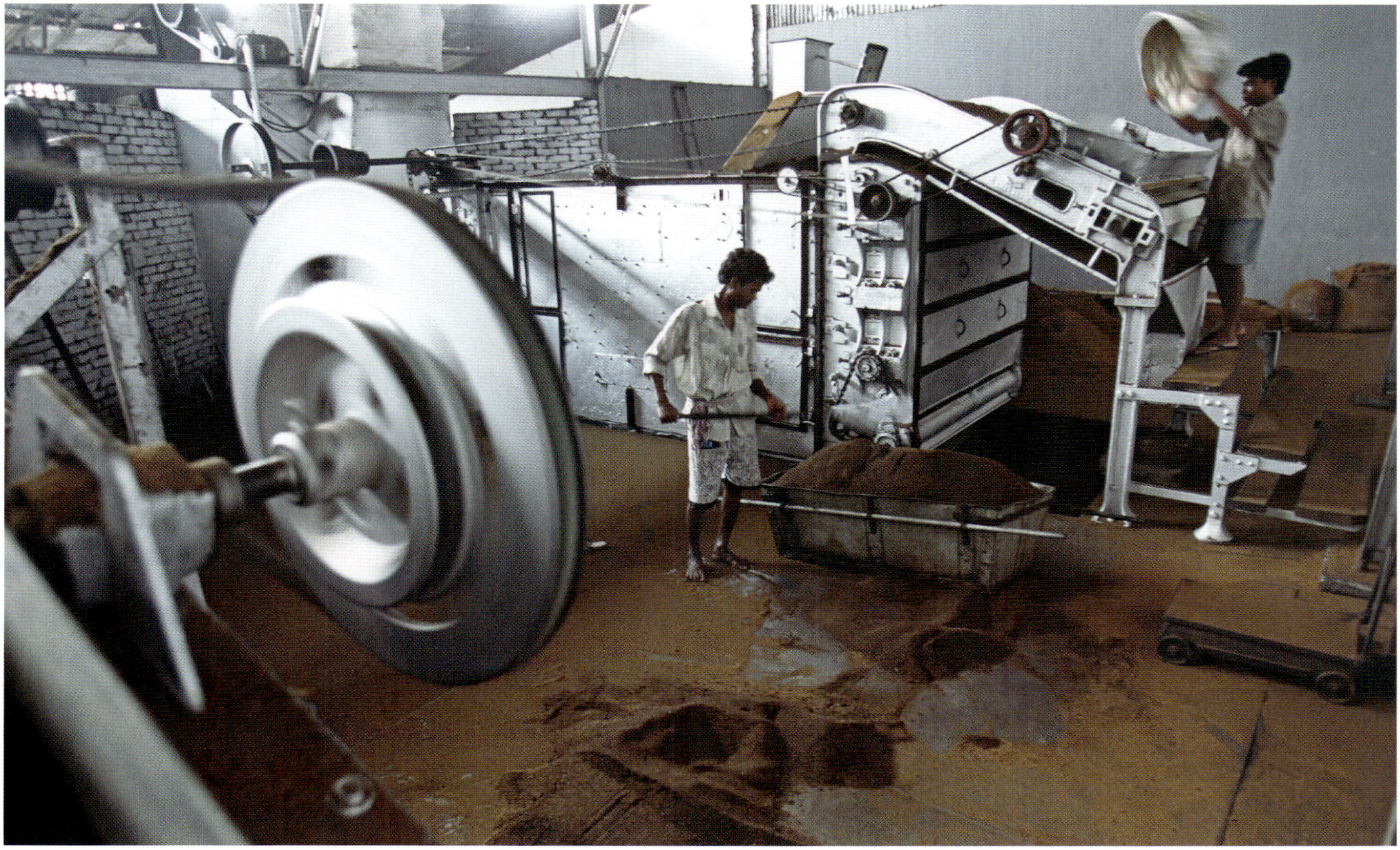

티를 생산하는 과정에서 랍상소총과 같이 훈연된 맛과 향이 나는 티를 선호할 수도 있다. 훈연 건조를 적용한 티는 러시아의 대상들이 무역 경로를 따라 움직이던 중에 우연히 발견되었다(32 페이지 참조). 훈연 티를 만드는 현대식 방법에도 여전히 나무를 때는 방식이 사용되고는 있지만, 대개 송백나무를 상업용 오븐에 넣어 찻잎을 통과시키는 방식을 적용한다.

선별(選別, sifting) 및 분류(分類, grading)

건조가 완료되면 찻잎은 공장 내 격리된 시원한 장소로 옮겨져 선별 및 분류된다.

선별은 건조된 찻잎을 제외한 줄기, 섬유질, 잎맥 등의 나머지 물질을 제거하여 높은 품질의 티가 나오도록 하는 과정이다. 성능이 좋은 선별 기계는 고정된 상태에서 찻잎을 제외하고 줄기와 잎맥만을 빨아들인다. 더 고급 선별 기계는 색상 카메라와 센서가 줄기의 옅은 갈색 빛깔을 감지해 강한 공기 바람을 쏘아 밑으로 떨어뜨린다.

분류는 찻잎을 크기별로 등급을 나누는 과정이다. 가장 자주 사용되는 분류기는 회전식 기어 박스로 여러 개의 그물망이 층층이 이루어져 아래로 갈수록 눈이 큰 구조로 되어 있으며, 찻잎을 위에 두고 흔들면 찻잎이 크기별로 분류되는 방식이다.

공장에 따라 분류는 6~20등급으로 나눠지며, 매우 다양하다. 특정 등급의 티만을 전문적으로 생산하는 공장도 일부 있지만, 대부분의 경우에는 그때그때 상황을 고려해 시장성이 좋은 티를 생산한다. 시장의 수요에 따라 브로큰 리프나 CTC 리프 등급을 생산하는 경우에는 큰 잎을 따서 절단 기기로 자르기도 한다(25 페이지 참조).

티 생산 과정에서 나온 옅은 갈색의 섬유질이나 줄기 등의 폐기물은 모아서 퇴비로 재활용한다. 일부 경우에 현지 시장에 적합하다고 여겨지면, 찻잎을 절단 및 가공해 품질이 낮은 티를 생산하여 싼값에 거래하기도 한다.

◀ 중국 일부 지역에서는 여전히 수작업으로 녹차를 건조시킨다. 한 여성이 큰 냄비에 열을 가해 찻잎을 건조하고 있다(초청 방식).

▲ 선별 과정은 대개 기계로 이루어지지만, 일부 지역에서는 여전히 수작업으로 진행된다. 태국의 매살롱(Mae Salong)에 위치한 한 공장에서 여성들이 손으로 줄기, 섬유질, 잎맥 등을 제거하고 있다.

▼ 인도 타밀나두(Tamil Nadu)의 한 공장에서 찍은 사진. 분류 기기에서 포대로 찻잎이 떨어지고 있다. 인도는 중국 다음으로 세계에서 가장 큰 티 생산 국가이다.

바나나와 사과

티를 가공하는 절차는 바나나와 사과에 발생하는 일을 떠올리면 이해하기가 쉽다.

나무에서 바나나와 사과를 따서 보관하면, 시간이 지날수록 갈색으로 변하게 된다. 이는 티 가공 과정에서 위조 단계에 해당한다.

바나나를 기름에 튀겨 칩을 만들거나 사과를 잘라 가열하여 파이로 만들면, 그 과일들의 색상은 갈색으로 변하지 않고 천연의 색상을 그대로 유지된다. 이는 티 가공 과정에서 건조나 살청 과정에 해당한다.

바나나를 하루 종일 두면 껍질에 멍이 들면서 갈색으로 변화하고 공기 중의 산소와 반응이 일어난다. 이는 티 가공 과정에서 유념 및 산화 과정에 해당한다.

◀ 모든 단계를 거친 뒤 티를 포장해 라벨을 붙이고 있다. 이제 전 세계의 소비자들을 만날 준비가 된 것이다.

포장(包裝, packing)

마지막으로 찻잎을 포장실로 옮겨 알루미늄박으로 안감을 댄 종이 포대에 담고, 포대에는 등급, 무게, 포장일, 공장 위치, 원산지 정보가 담긴 도장을 찍는다. 중앙에서 소유, 운영, 관리하는 티 협동조합이나 국가에서는 보통 포대에 채워야 하는 표준 무게가 정해져 있다.

녹차 공장의 포장실에서는 2~3시간 동안 기계로 찻잎을 연마하여 거의 은색으로 빛날 정도로 깔끔해진 찻잎을 볼 수 있다. 이렇게 정교한 연마로 다듬어진 녹차는 맛과 향이 전혀 변하지 않아 수요가 더 높다.

우마미(うまみ, umami)

최고급 맛차는 쓴맛이 전혀 없으며, 환상적인 우마미(감칠맛이라고도 한다)가 난다. 우마미는 단맛, 짠맛, 신맛, 쓴맛과 더불어 5대 기본 맛으로 일본에서는 이 맛을 특히 선호한다. 더 달달하면서 쓴맛과 짠맛이 동시에 나는 이 우마미는 일본에서는 글루타민산염(glutamate)이라고 하는 특정 아미노산이 포함된 음식에서 나는 독특한 맛과 향을 표현하는 데 사용한다. 발효 식품이나 숙성된 음식에 우마미가 높게 나며, 맛을 보았을 때 강렬한 느낌이 있다. 우마미가 풍부한 식품으로는 고등어, 다시마, 마마이트(marmite), 표고버섯, 파르메산(parmesan) 치즈, 간장 등 효모균을 이용한 음식과 녹차(특히 맛차) 등이 있다.

맛차(抹茶, matcha) 생산

일본 녹차인 맛차는 가루 형태로서 특별한 다도회에서뿐 아니라 일상생활에서도 즐겨 마신다. 맛차는 건강에 좋은 효능이 있는 것으로 알려지면서 최근 몇 년 사이에 인기가 전 세계적으로 급증하였다. 온전한 찻잎을 그대로 빻아 항산화 물질, 비타민, 미네랄 성분이 매우 풍부하고, 뜨거운 물에 녹차를 우렸을 때보다 훨씬 효능이 높다.

일본에서 맛차는 대부분 일본의 고대 수도였던 교토 인근의 우지시에서 생산된다. 맛차를 만드는 데 활용되는 차나무는 수확하기 전 2~6주간 응달에 두는데, 나무 위에 짚을 깔거나 대나무들을 펼쳐 두어 그늘을 만든다. 오늘날에는 검은색 천을 사용하기도 한다. 이렇게 하면 햇빛이 차단되면서 찻잎의 성장이 늦춰지는데, 이때 두 가지의 효과가 생긴다. 먼저 찻잎에서 엽록소와 아미노산이 증가하고, 아주 순하고 부드러운 새싹이 돋아난다. 이렇게 돋아난 찻잎을 채엽해 티로 가공하면 더 밝은 녹색을 띠게 되며, 수분 함량도 높고 향미가 풍부하며 쓴맛이라고는 전혀 느낄 수 없다.

최고급 맛차는 수작업으로 수확하며, 수확한 뒤 선별 및 분류 과정을 통해 약간 건조시킨 다음에 냉장 보관하는데, 이때의 찻잎을 '덴차碾茶, tencha'라고 한다. 맛차에 적합한 찻잎은 일 년에 한두 번만 수확할 수 있기 때문에 48시간 이내에 냉장 보관하는 것이 중요하다. 그래야만 덴차를 사용해 일 년치의 맛차를 만들 수 있다.

맛차를 생산하려면 덴차의 찻잎에서 수분을 3%만 남겨 놓고 다시 건조해야 한다. 그런 다음에 전통적으로는 맷돌로 손수 갈았는데, 20분 정도 천천히 갈면 맛차 가루를 10g 정도 얻을 수 있다. 찻잎을 가는 속도를 높일 수는 없다. 빨리 갈면 마찰열이 발생하여 곱게 정제된 가루의 형태를 얻을 수 없기 때문이다.

현대에 이르러 맛차 공장에서는 기계 장비를 사용해 다량의 덴차를 빻는다. 공장의 제분실은 항상 어둡고 온도를 일정하게 유지하여 가공 과정에서 색상과 향미가 손상되지 않도록 한다.

티 종류별 가공 방식

백차

백차는 자연 건조(위조) 과정만 거치기 때문에 전체 가공 과정이 매우 단순하다. 찻잎을 매우 섬세하게 손으로 채엽한 다음에 공기 중에 자연 건조시키는데, 날씨가 습하거나 추운 경우에는 드럼통에 넣어 아주 낮은 온도로 살짝 열을 가한다. 찻잎을 진주 모양으로 말거나 플라워링 티를 만들지 않는 한, 산화나 유념 과정은 거치지 않는다. 백차의 가공 과정은 손으로 섬세하게 이루어지기 때문에 찻잎과 새싹이 가볍고 보들보들하며, 티로 우려냈을 때 매우 섬세한 맛과 향이 난다.

녹차

녹차는 일본, 중국, 타이완, 한국 등에서 주로 생산된다. 녹차는 '살청'이라는 별도의 건조 과정을 거치는데, 찻잎을 말아 모양을 유념 및 성형하기 전에 주로 팬에 가열하거나 뜨거운 증기를 쪄서 산화를 중단시킨다(52페이지 참조). 초청 방식으로 가열할 때는 금속성 소재의 큰 팬에 찻잎을 펼쳐 놓고 뒤집어 주며, 증청 방식으로 뜨거운 증기를 가할 때는 30~120초 정도 증기실로 찻잎을 통과시킨다. 건조 과정 초반에 팬으로 가열하는 과정에서 구운 향이 가해지거나 증기실을 통과하는 도중에 자연의 향이 스며드는 방식으로 녹차에 매우 특별한 향이 생기기도 한다. 그런 다음에 찻잎을 최종적으로 건조시켜 완벽하게 말린다.

우롱차

우롱차는 모든 가공 과정을 거치지만, 산화 과정은 부분적으로만 거친다. 이 산화 과정은 홍차와 비슷하지만, 살청 과정 전에 짧은 시간 동안만 산화시킨다. 우롱차는 마지막 건조 과정에 앞서 찻잎을 말아서 모양을 만드는데, 경우에 따라서는 여러 번 반복한다. 우롱차는 녹차와 홍차의 특징을 모두 갖고 있으며, 맛도 녹차보다 진하지만 홍차보다는 약하다. 우롱차의 종류는 산화 정도 5~80%에 따라 천차만별이며, 찻잎을 마는 방법도 매우 다양하다.

홍차

홍차는 CTC 기기나 로터베인rotorvane 등 자동화된 기계를 사용해 대량으로 생산되며, 모든 가공 과정을 거친다. 홍차는 홀 리프 형태로나 찻잎을 잘게 절단해 공기와 닿는 표면적을 넓혀 산화 과정을 거친다. 이 과정에서 진한 홍차의 맛이 탄생하며, 서양인들은 우유를 타서 밀크 티로 즐겨 마신다.

보이차

보이차 또한 모든 가공 과정을 거친다. 다만 떡이나 벽돌 형태로 압축시켜 포장하는데, 판매하기 전까지는 어둡고 습한 곳에 오랫동안 보관한다. 이 과정을 '후발효'라고 하는데, 숙성과 비슷한 과정을 거치면서 복합적인 흙 맛과 보리향이 난다. 일부 보이차는 위스키나 와인과 같이 몇 년간 숙성시키기도 한다.

센차 / 녹차

백호은침 / 백차

백모란(白牡丹, Bai Mu Dan) / 백차

맛차 / 녹차

일본의 한 다원에서 검은 천으로
그늘을 만들었다. 수확 전에 그늘을 만들어
몇 주간 두면, 찻잎에서 엽록소 성분이 증가하여
녹색의 색상이 진해지고, 맛과 향도 진해진다.
맛차에 사용되는 교쿠로와 덴차 등
일본의 고급 녹차를 생산하는 차나무는
모두 이와 같은 방식으로
그늘에서 재배된다.

티의 역사

티는 매우 풍부하고도 극적인 역사를 지니고 있다.
티의 기원은 지금으로부터 약 7000년 전 중국의 어느 깊은 산속의 한 수도원에서 시작되었다.
티는 매우 오래전부터 사람의 건강과 영혼, 그리고 문화에 큰 영향을 주었으며,
그 후로 위험천만하고도 대담무쌍한 무역 경로를 따라 전 세계 곳곳으로 전파되었다.
이 과정에서 티를 둘러싼 다양한 전쟁들이 벌어졌으며,
티로 인해 왕국이 무너지는 일도 있었을 정도로 수많은 나라들이 티에 크게 의존하였다.
일상적으로 티를 마시는 오늘날에 이르기까지 매우 다양한 사건들이 있었는데,
최근에는 스페셜티 티, 허브티, 티 블렌드 등으로
티 문화에 큰 변화가 일고 있다.

티의 발견

티의 발견을 둘러싸고 여러 설들이 있지만, 가장 유명한 것은 중국 전설상의 황제인 신농神農의 이야기일 것이다. 이에 따르면, 신농은 자신의 정원에서 매일 같이 뜨거운 물을 마셨다. 그런데 하루는 그가 잠을 자고 있는데, 옆에 있던 카멜리아 시넨시스 나무의 잎 몇 장이 끓인 물이 담겨 있던 주전자로 떨어졌다. 이것이 티의 유래가 되었다는 것이다. 기원전 28세기에 태어난 신농 황제는 그 당시 쟁기를 발명하고 백성들에게 보급하여 땅을 일구어 농사를 짓는 법을 알려 준 것으로 유명하다.

이 전설이 사실인지는 알 수 없지만, 차나무의 재배에 관한 가장 오래된 기록은 약 7000년 전 중국 동부의 톈뤄 산田螺山의 일까지 거슬러 올라간다. 티는 원래 수도원의 정원에서 재배되어 의약품으로 처방되었는데, 주로 구토나 피로 등의 증상을 제거하고, 정신을 고양시키며 체질을 개선하기 위한 것이었다. 이때부터 티는 줄곧 몸과 마음의 기력을 회복시키는 약재로 사용되어 왔다. 7~10세기의 당나라 시대에는 오늘날 후난성湖南省의 톈먼 산天門山에 살던 육우陸羽, Lu Yu, 733~804가 티에 관한 내용을 집대성하여 처음으로 책을 발간하기에 이르렀다. 육우가 저술한 『다경茶經』(Cha Ching)이라는 책에는 중국 내 티의 기원에 관한 다양한 신화와 차나무의 재배, 찻잎의 수확, 티의 가공과 소비, 티를 우려내 마시는 방법 등이 소개되어 있다.

이 시기에 티는 약용으로서뿐 아니라 그 맛으로도 인기가 높았지만, 극히 소규모로 생산되었기 때문에 영적으로 수양하는 승려들이나 귀족 엘리트들만이 향유하는 문화로 오랜 기간 동안 자리를 잡았다. 티를 제공하고 보관하는 관습은 점차 중국 지배 계층의 부와 문화를 과시하는 중요한 수단이 되었으며, 외국에서 온 손님을 환영할 때도 티를 대접하였다.

일본에 티가 전래된 것도 이 시기였다. 중국으로 유학을 온 한 일본인 승려가 차나무의 씨앗을 가지고 고국으로 돌아갔다. 다시 말하지만, 티는 승려들과 고위층들의 전유물로 공유되었으며, 일본으로 전파되어 다도 등 일본 문화에서 중심 역할을 하게 되었다.

아시아 전역으로 퍼지다

12세기 일본 선불교의 승려였던 에이사이榮西, 1141~1215는 중국의 티 문화에 깊이 매료되었다. 그는 『끽차양생기喫茶養生記』(티를 마시며 건강을 유지하는 방법)라는 제목의 책을 저술하면서 티의 신체적·영적 효능을 설명하고, 이를 균형과 조화를 중시한 선불교

▲ 전설에 따르면, 기원전 2737년에 물을 떠 놓은 주전자에 우연히 차나무의 잎이 떨어진 것을 중국의 신농 황제가 처음 발견하였는데, 이것이 티의 기원이 되었다는 것이다.

의 교리에 접목시켰다. 에이사이 승려는 무사 계급인 사무라이들에게도 이 교리와 함께 당시 중국에서 인기가 있었던 가루차를 소개하였는데, 머지않아 영적인 균형을 추구하는 사람들 사이로 널리 퍼졌다. 오늘날의 일본 다도는 16세기의 선불교 승려였던 센노리큐千利休, 1521~1591라는 인물에 의해 정립되었으며, 이는 지금까지도 전승되고 있다. 18세기에는 우지 방식 등의 티를 생산하는 새로운 방법이 발견되고 점차 발전되면서 티 문화에 일대 혁명이 일어났다(212페이지 참조). 또 다른 혁명적인 발견은 천으로 햇빛을 가려 티의 부드럽고 달콤한 향미를 더해 최고급 교쿠로와 맛차를 개발했다는 점이다. 이 티들은 일본뿐만 아니라, 오늘날 전 세계적으로도 인기가 높다.

유럽을 넘어

17~18세기 무렵, 프랑스, 영국, 네덜란드는 극동 아시아 국가들과 무역을 하고 있었는데, 곧 중국과 일본의 티 문화에 대해서도 알

게 되었다. 유럽의 상인들은 러시아를 통과하는 육로 무역 경로와 인도네시아를 경유하는 해상 무역 경로를 통해 티를 전 세계로 전파하였다. 당시 유럽의 여러 나라에서 티는 상류 계층이 향유하는 호화사치품이면서 부를 과시하는 수단으로 여겨졌다.

특히 영국에서 티는 인기가 많았는데, 어떤 자리에서든 티를 마시는 분위기가 자연스럽게 형성되었다. 또 '티 가든tea garden'이라는 아름답게 가꾼 정원에서 산책과 함께 티를 마시는 새로운 문화도 생겼다. 이 시기의 또 다른 발견은 애프터눈 티이다(29페이지 참조). 1842년 영국은 중국과의 아편 전쟁이 종료되면서 티 공급에 막대한 차질을 빚었지만, 그 무렵 인도 북부에 차나무와 아주 유사한 품종의 식물이 자란다는 사실을 발견하고, 그곳에 대규모의 다원과 재배지를 건설하게 된다.

이 시기에 영국이 극동 아시아의 나라들과 무역을 하면서 많은 어려움에 직면했지만, 티 산업에 있어서 고도의 상업적 도약을 이룬 것도 사실이다. 여기에는 중국과의 아편 전쟁이 촉매제의 역할을 하였다. 또한 영국이 인도에서 사용한 차나무의 재배 방식은 카멜리아 시넨시스의 변종으로 새롭게 발견된 아사미카 품종의 차나무가 수많은 나라들에서 재배되는 계기를 마련하였다. 19세기 동안에 인도와 스리랑카 등의 다원은 모두 영국이 관할하였으며, 인도네시아는 네덜란드가, 베트남은 프랑스가 다원을 전적으로 관할하였다. 이와 함께 터키와 이란도 차나무의 재배에 나섰는데, 과거 오스만 제국이 주도하였던 것을 훗날 이란 왕족인 모함마드 미르자Mohammad Mirza가 대를 이었다.

20세기에 이르러 케냐, 태국, 아르헨티나는 독자적으로 티 산업을 발전시켰고, 국제적으로도 중요한 위상을 차지하고 있다.

오늘날의 티 거래 방식

티 무역의 절차는 다음과 같다.

1. 차나무의 재배
2. 가공 공장과의 거래(다원과 공장을 함께 소유한 경우에 공장에서 거래함)
3. 블렌딩
4. 중개인과 거래
5. 포장 업체와 거래(일부 국가의 중개인들은 티를 판매하기 전에 블렌딩과 포장을 담당함)
6. 도매업자와 거래
7. 소매업자와 거래
8. 최종 소비자에게 판매

서너 단계만 거쳐 도매업자 또는 소매업자와 거래하는 경우도 많으며, 티를 상품 투자의 형태로 거래하기도 한다.

국제 티 시장에도 업계를 주도하는 몇몇 대기업이 있다. 네덜란드와 영국의 합작기업인 유니레버Unilever와 인도의 기업인 타타Tata는 차나무의 재배에서부터 티 무역을 이끄는 중개업, 티의 유통과 하우스 블렌딩에 이르기까지 모든 영역을 주도한다. 이외에 시장에서 주요 역할을 차지하는 기업들도 전 세계로 상품을 수출하며 교역하는데, 이 티가 슈퍼마켓에 진열되기까지는 보통 수십 단계의 유통 과정을 거친다.

유엔식량농업기구FAO와 같이 전 세계의 티 무역을 조사하는 일부 국제기구도 있지만, 티 무역을 규제하는 기관은 없다. 스리랑카 등 일부 국가에서는 중앙 정부 차원에서 티 무역을 규제하고 중개인들을 제한하지만, 대부분의 국가에서는 그러한 시스템이 없다.

◀ 1892년 런던의 동인도 부두에 티를 싣기 위한 범선이 줄지어 정박해 있다. 이 쾌속 범선은 유럽에서 급증하는 티의 수요를 충당하기 위한 중요한 운송 수단이었다.

▶ 몇몇 여성들이 화사하게 핀 벚꽃 아래에서 티를 즐기고 있는 모습. 일본의 화가인 기타오 시게마사(北尾 重政, 1739~1820)의 목판화 그림.

해상을 통한 티 무역

1610년 네덜란드의 동인도 회사는 선박을 통해 중국에서 유럽으로 티를 처음으로 소개하였다. 이와 비슷한 시기인 1600년에 설립된 영국의 동인도 회사는 처음에 아시아산 향신료를 운송하였다. 그리고 1669년에 이르면서 중국에서 인도네시아 항구로 들어온 티를 다시 영국으로 운송하였다. 티는 17세기 후반에는 값비싼 호화사치품으로 다루어졌지만, 19세기 초반에 이르면서 영국인들이 사랑하는 대중 음료로 자리를 잡았다.

1800년경 영국의 동인도 회사의 거대 화물선이었던 동인도 무역선은 영국과 중국을 왕복하는 데 무려 2년이라는 시간이 걸렸다. 당시 동인도 회사는 티 무역을 독점하고 있었기 때문에 빠르게 운송하는 것보다 운송비를 낮추는 것이 오히려 더 중요하였다. 그런데 1834년부터 1860년대까지 티가 자유롭게 거래되기 시작하면서 티 클리퍼 (tea clipper)라는 쾌속 범선이 등장하였는데, 중국에서 영국까지 2만 2500km에 이르는 항로를 100일 만에 운항할 정도였다. 그런데 당시에 증기기관선이 도입되기 시작하였고, 1869년에는 수에즈 운하도 개방되었다. 이 운하로 인해 유럽과 인도양을 잇는 항로도 대폭 줄어들었지만, 범선이 통행하기에는 적합하지 않았다. 이로 인해 쾌속 범선의 티 운송 시대도 막을 내렸다.

지도 설명

- – – – 티 클리퍼 동쪽 항로
- —— 티 클리퍼 서쪽 항로
- —— 그레이트 티 로드
- – – – 차마고도

모스크바

런던
영국 암스테르담
네덜란드
파리
프랑스

수에즈 운하 ▲

**남아프리카
공화국**
케이프타운

육로를 통한 티 무역

7세기부터 티는 차나무의 재배지인 중국의 쓰촨성(四川省)과 히말라야 산지인 라싸(拉薩)를 잇는 2200km 거리의 육로로 거래되었다. 차마고도로 알려진 이 육로를 통해 티 무역 상인들은 쓰촨성 야안시(雅安市)에서 출발해 68~90kg의 티가 든 가방을 둘러메고 라싸 지역까지 와서 티베트의 조랑말과 교환하였다. 또한 중국 윈난성 푸얼시에서 출발하여 미얀마를 경유해 인도의 벵골로 이동하는 티 무역 육로도 있었는데, 이 육로는 20세기 중반까지도 이용되었다.

한편 18~19세기에는 티가 중국 베이징에서 출발하여 몽골과 시베리아를 거쳐 러시아의 모스크바를 지나 서유럽까지 낙타로 대륙을 이동하면서 거래되었는데, 이 육로는 그레이트 티 로드(Great Tea Road)라고 불렸다. 오늘날에 이 육로는 시베리아 횡단철도로 대체되었다.

러시아
옴스크
이르쿠츠크
캬흐타
베이징
몽골
중국
라싸
쓰촨성
야안
상하이
인 도
캘커타
벵골
윈난성
푸얼
갈레
스리랑카
바타비아(자카르타)
인도네시아

지속 가능성의 문제

티는 생활필수품이라고는 할 수 없지만,
전 세계 수백만 명의 사람들이 매일 같이 애용하는 기호품이다.
티의 생산과 무역을 통해 음료로 소비되기까지 국내외적으로,
사회경제적으로 티가 미치는 영향은 매우 크다. 그러나 티 산업의 미래가 밝지만은 않다.
안타깝게도 일부 티 주요 생산지들이 기후 변화, 정치적 불안정성, 질병 및 인구 증가 등의
변화에 매우 취약하기 때문이다. 여기에 더해 소비자들도 식품을 구입할 때
비용 편의성만을 고려하는 경우가 많아 티 산업을 크게 위협하고 있어,
앞으로는 지속 가능성이 그 무엇보다도 중요한 시점이다.

티의 경제적, 사회적 영향

차나무는 35개국에서 재배되고, 이곳에서 생산된 티는 더 많은 곳으로 거래되면서 수백만에 달하는 일자리를 제공하고 있다. 티 한 잔이 만들어지기까지 긴 시간 동안 수반되는 다양한 사람들을 생각해 보라. 밭을 갈고 찻잎을 따고 차나무의 가지를 쳐 주고 다원을 손질하고 공장에서 가공 과정을 거쳐 찻잎을 유념, 분류, 거래, 블렌딩해 도매업자와 소매상들이 판매하기까지, 심지어 티를 마시는 사람까지이다.

티 산업에 부정적인 변화가 일어날 경우에 미칠 파급 효과는 불을 보듯 뻔하다. 매일 티 한 잔을 마시지 못하게 되는 정도를 넘어서 훨씬 더 치명적인 결과를 초래할 것이다. 미시적인 관점에서 볼 때, 티 공장과 다원은 마을 전체의 경제를 책임진다. 대개 세계에서 가장 열악한 지역에 차나무의 재배지가 많기 때문에 티는 그 지역의 수출과 전체 경제를 도맡는 하나의 국가 기간산업인 것이다.

티 산업이 사람과 경제에 미치는 영향을 계속적으로 지탱하려면 지속 가능성과 관련해 긍정적인 변화를 모색해야 한다. 노동자의 임금, 협동조합, 기술 등 작업장의 변화뿐만 아니라, 다원의 티 생산 방식, 더 나아가 토양과 기후 등 지구를 보존하고 시장 경제를 보호해야 한다.

과제 1 : 기후

티를 생산하려면 물과 에너지가 충분히 공급되어야 한다. 그러나 가까운 미래에 일부 지역에서는 둘 다 어려워질 전망이다. 기후 변화의 영향으로 현재 차나무의 재배에 이상적인 조건을 갖춘 지역이 기온과 강우량의 변화에 취약하다는 보고가 있다. 기후 변화는 농업 전체에 영향을 미칠 것이며, 티 공급에 직접적인 타격을 줄 뿐만 아니라, 차나무의 재배도 이제 비옥한 토양과 자원을 선점하기 위해 주요 농작물과 겨뤄야 할 수도 있다.

이미 인도나 스리랑카 등에서는 기후 변화로 인해 그동안 티 생산을 자연적으로 조절해 왔던 건기와 우기가 달라지고 있다. 강수량이 많아지면 토양이 부패하게 되고, 기온이 올라가면 가뭄이 생기면서 차나무에 병충해가 생길 수 있다.

과제 2 : 인구

티를 생산하는 국가에서 인구가 급속히 증가함에 따라 티의 수요도 함께 증가하였다. 티의 인기가 높아졌다는 점에서 좋은 일인 것은 분명하다. 그러나 인구의 증가는 도시화의 증대를 의미한다. 이로 인해 과거 차나무를 재배하는 데 사용되었던 토지는 이제 주택 건설과 다른 상업 작물의 생산을 위해 사용되는 것이다.

티 생산 국가들에서 티 수요가 증가하면서 티를 수출하기보다 국내에서 소비하기 시작했다. 중동 국가와 아프리카 등 신흥 경제국도 티에 대한 수요가 그 어느 때보다 많아졌으며, 공급을 맞추기 위해 애를 쓰고 있다. 또 심각하게 생각해 보아야 할 점은 찻잎을 따고 가공하는 과정이 수작업으로 이루어지지만, 일에 대한 품삯이 현저히 낮다는 점이다. 인구는 증가하는데 사람들은 기회를 찾아 도시로 몰려들면서 다원과 티 가공 공장에서는 인력이 부족해지고 있다. 이로 인해 티 생산 과정이 자동화·기계화되면서 생산 효율은 높아지는 반면, 티 산업에서 꼭 진행되어야 할 적절한 기술 훈련은 이루어지지 않고 있다.

저소득 식량 부족 국가(LIFDC)

저소득 식량 부족 국가(The Low-Income Food-Deficit Countries, LIFDC)는 유엔식량농업기구(FAO)가 정한 소득 대비 기본 식량이 부족한, 전 세계에서도 가장 가난한 국가이다. 소득이나 기본 식량 수준이 허용치보다 현저히 낮은 국가의 경우에 유엔(UN)과 그 산하 금융 기관인 세계은행(World Bank)에서 LIFDC로 지정한다.

2015년 기준, LIFDC 국가는 총 54개국으로 그중 22개국은 티를 생산하며, 33개국은 티를 수출한다. 이것이 의미하는 바는 세계에서 가장 가난한 나라의 60%가 티에 의존하며, 경제력이 매우 취약하다는 것이다. 더욱 주목할 점은 세계 주요 티 생산국으로 홍차 생산 1위국인 인도와 티 수출 1위국인 케냐도 저소득 식량 부족 국가이며, 티 수출 세계 3위인 스리랑카도 2015년에서야 비로소 LIFDC에서 제외되었다는 사실이다. 일단 명단에 오르면, 최소 3년 이상 연속으로 식량 부족 수준을 웃돌아야 명단에서 제외될 수 있다.

LIFDC는 티 산업에 관한 몇 가지의 주요 사실을 강조한다. 세계적으로 매년 216만 1931톤에 달하는 티가 생산되지만, 실제 작업 환경은 매우 가난하고 열악하며, 저임금에 시달리고 있는 것이다. 티 산업은 현재 최저 생계가 어려운 수백만 명에 이르는 가난한 사람들의 삶을 긍정적 또는 부정적으로 변화시킬 수 있는 열쇠를 지녔다는 점은 명백하다.

소비자 책임성(Consumer Responsibility)

오늘날에 특히 서구 사회에서는 식품을 선택하는 문화가 가격과 편리함을 추구하고 있다. 이로 인해 소비자들은 점점 더 자신들이 먹는 식품의 원산지에 대한 관심을 덜 갖게 되었다. 원산지 정보나 제품의 생산 비용, 원재료명, 심지어 잠재적으로 건강에 줄 영향에 대한 지식도 거의 갖지 않게 되었다. 티가 사람들의 일상 생활에 깊숙이 침투하는 일은 물론 매우 좋은 일이지만, 이는 티는 항상 준비되어 있어야 하며, 저렴해야 한다는 인식으로 이어진다. 따라서 주요 티 관련 업체는 슈퍼마켓에 낮은 가격으로 티를 판매하기 위해 고군분투하는 반면, 전체 공급망의 관점에서 볼 때는 맞춰야 하는 일정한 수요가 있다. 낮은 가격으로 공급하다 보니 품질이 낮은 티를 생산하게 되며, 그 과정에서 노동자들은 열악한 노동 환경에 시달리고, 저임금을 받는다.

노동자들의 작업 환경을 보호하고, 양질의 티가 지속적으로 생산되는 환경을 조성하기 위해서는 티를 소비하는 소비자에게도 티의 생산 과정과 가격을 꼼꼼히 따져 봐야 하는 책임이 따른다. 윤리적으로 올바르게 생산된 티 한 잔에 더 많은 금액을 지불할수록 더 나은 작업 환경을 만들 수 있고, 티의 품질도 좋아지면서, 결과적으로 우리 모두가 건강해지는 것이다.

파트너십 및 인증(Partnership & Certification)

이러한 신념을 기반으로 티 업계에는 더 나은 작업 환경을 마련하기 위한 제도, 기관, 파트너십, 인증 등의 다양한 시스템이 마련되어 있다.

공정무역(Faretrade)

공정무역의 기본 목표는 제품에 공정한 가격을 지불하여 생산자와 농부가 스스로 자립할 수 있도록 하는 것이다. 공정무역 제품의 가격은 나라마다 다르지만, 티에서는 보통 공정무역에서 지정한 가격대인 1kg당 1~15달러 사이에서 거래된다.

공정무역을 통해 판매 가격이 보장됨으로써 생산자와 농부들은 자녀들의 교육, 작업 환경, 지역 공동체에 투자할 수 있는 여유가 생긴다. 또한 티를 생산하는 지역에서 자영농을 육성하고, 지원하는 중요한 역할도 한다.

그러나 공정무역 또한 손해를 볼 수도 있는 자유 무역의 일종으로 보는 입장도 있다. 공정무역의 가장 큰 문제는 가격을 결정하고 다원을 관리하는 주체가 생산자가 아닌, 티의 구입과 거래, 판매에 적용되는 유통 시스템이라는 점이다. 제품에 최종적으로 브랜드가 매겨지고 판매되는 시점에서, 결과적으로 티 거래자에게 가장 큰 돈이 지불되고, 생산자에게는 가장 적은 돈이 지불되기 때문이다. 따라서 단순히 가격을 조금 더 올리는 것보다 제품에 생산의 전 과정을 명시하고, 생산자와 최종 소비자를 직접 연결해 보다 균형을 맞추는 것이 더 의미 있다고 할 수 있다.

열대다우림연합(Rainforest Alliance)

열대다우림연합의 주요 목적은 티의 생산 과정에서 생산자들이 야생 동식물을 해치지 않도록 교육하고 지원하는 일이다. 이를 위해 지속가능한 농법을 가르치고 평가하며, 직원 훈련과 교육을 지원하고, 살충제의 사용과 토양의 침식 정도를 감시한다.

미래 농업이라는 거시적인 관점에서 농장과 다원을 돌보기 때문에 농부뿐만 아니라 인류 전체에도 유익하지만, 열대우림연합의 회원이 되려면 비용이 많이 든다. 결국 대규모 농장이나 기업만이 회원이 되고, 열대다우림연합의 인증이 표시된 제품은 시장에서 높은 가격에 판매된다. 따라서 회원이 될 수 없는 사람들에게는 부정적인 영향을 끼칠 수 있다.

윤리적 티 파트너십(The Ethical Tea Partnership, ETP)

윤리적 티 파트너십은 공정무역과 열대다우림연합에서 하는 일을 결합한 것이라고 보면 된다. 마찬가지로 생산자와 판매자가 정해진 규격을 준수하는지 감시하고, 인증을 제공하여 티 산업 전반의 개선을 이끌어 내기 위해 노력하고 있다. 생산자에게 각종 지원과 교육을 제공하며, 기후 변화에 대비하는 등의 일을 한다.

윤리적 티 파트너십에 가입을 원하는 티 판매자와 소매업자의 경우에는 가입비를 내야 한다. 또한 윤리적 티 파트너십에서 규정한 다양한 기준들을 준수하고, 윤리적으로 생산된 티를 구입하였다는 사실을 입증해야만 가입의 승인을 받을 수 있다. 이 조건에는 작업장의 환경과 안전, 지속가능한 재배 훈련 및 기타 유사 규정이 포함된다. ETP는 멤버십 및 기타 자선 기부금을 통해 모금 된 돈을 사용하여 지역의 공동체에 환원하고, 표준 규정을 교육하면서 사람들의 인식을 높일 수 있는 워크숍 및 현장 실습도 진행한다.

▶ 서인도 타밀나두(Tamil Nadu) 지역의 닐기리(Nilgiri)의 구릉지에 위치한 참라즈(Chamraj) 다원에서 한 여성이 찻잎을 따고 있다. 이곳에서는 윤리적인 기준을 준수하면서 티를 생산하고 있으며, 공정무역과 열대다우림연합 인증도 모두 갖추고 있다.

PART 2

티 우리기
&
마시기

티를 우리는 기본

완벽한 티 한 잔을 우리려면 기억해야 할 몇 가지의 기본적인 사항이 있다.
물의 상태, 온도, 티의 양, 우려내는 시간 등이다.
티 한 잔이라고 하면 비교적 간단해 보이지만,
미세한 차이를 만들어 내는 것이 기술이며,
어떤 다기를 사용하는지에 따라 맛과 향, 티의 최종 결과가 달라진다.
이제부터 소개할 몇 가지의 기본 사항과 티를 우리는 기술을 익히면
매일 마시는 티의 준비 과정이 달라질 것이다.
또한 티소믈리에가 다양한 티 중에서도
최고를 선별하는 기준과 방법도 알게 될 것이다.

기본 사항

물

물이라 하면 단지 일반적인 물로만 생각한다. 그러나 꼭 그렇지만도 않다. 티 한 잔의 99%는 물이다. 따라서 사용하는 물의 품질과 맛은 최종 티 한 잔에 큰 영향을 줄 수밖에 없다. 물속에 포함된 산소는 찻잎을 우려내면서 맛과 향을 추출하는 아주 중요한 역할을 한다. 물의 미네랄 성분은 티를 우려내는 과정과 티의 품질에도 큰 영향을 준다.

자연에서 길어 올린 신선한 물을 사용하는 것이 가장 좋지만, 일반 수돗물을 사용해야 한다면, 그리고 수돗물이 경수(센물)이어서 염소, 불소, 석회질이 많이 포함되어 있다면 주의해야 한다.

물은 처음 끓인 신선한 물을 찻주전자에 넣어야 한다. 정수기에서 뜨거운 물을 받거나 끓인 물을 재탕해 사용하면 뭔가 빠진 듯한 맛이 나거나 티 표면에 거품이 뜬다. 끓인 물을 다시 끓이면 산소 함량이 낮아져 티를 충분히 우려낼 수 없다.

잎차 vs 티백

잎차의 훌륭한 맛이냐, 티백의 편의성이냐를 두고 오랜 논쟁이 있었다. 1900년대 초 미국인 토머스 설리번Thomas Sullivan이 우연히 발견한 뒤로(74페이지 참조) 티백은 잎차의 형태로 패스트푸드 음식점에서 자주 사용되었지만 그 품질은 매우 좋지 않았다. 이와 같은 이유로 인해 설리번이 개발한 실크 주머니에 담은 티백은 미국 외에는 채택되지 않았다. 그러던 것이 1950년대 실과 태그가 달린 사각형 모양의 종이 티백이 사용되면서 티백 안에 낮은 품질의 티를 담아도 문제시되지 않았다. 아마도 생활용품으로 티백의 사용이 급증함에 따라 사람들도 점차 받아들이게 되었다고 볼 수 있다.

최근에는 슈퍼마켓 진열대에 놓여 사람들이 선택할 수 있게 되면서 티백의 품질도 크게 향상되었다. 티 업계에서 주도한 소비자의 교육이 성공함에 따라 티백에 요구하는 바들이 높아졌으며, '잎차의 티백' 시장이 크게 성장하였다. 티백은 더 이상 단순한 일상용품으로 받아들여지지 않으며, 소비자들도 이제 높은 품질의 티를 구입하는 데 비용을 아끼지 않는다.

티백이 아무리 편리할지라도 전문 티 숍에 방문해 느긋하게 시간을 보내며 선호하는 취향의 잎차를 선택하고 특별한 때에 찻주전자를 사용해 티를 우려마시는 사람들도 많다.

◀ 1932년 영국 켄트(Kent) 지역의 호프(Hop) 농장에서 일하던 여성 노동자들이 찻잎을 딴 후 티를 우려내 함께 마시며 쉬고 있다.

온도

물의 온도 또한 티의 맛을 결정하는 매우 중요한 요소이다. 물이 너무 뜨거우면 티에 쓴맛이 나고, 너무 차가우면 티의 향미를 충분히 내지 못한다.

가장 좋은 조건은 신선한 물을 갓 끓인 것이다. 그러나 티를 종류별로 완벽하게 우리는 온도는, 홍차는 96~98도, 백차, 녹차, 우롱차는 80~85도이다. 참고로 루이보스, 마테 등의 티잰에는 끓는 물을 사용해도 맛에는 변함이 없다.

녹차와 백차 등의 가벼운 향미의 티에서 쓴맛과 타닌의 떫은맛이 난다고 이야기하는 사람들이 있다. 이는 오해에서 비롯된 것으로서 티를 제대로 우려내면 결코 그렇지 않다. 간단히 설명하면, 티의 쓴맛은 물의 온도가 너무 높아 찻잎이 익어서 생기는 결과이다. 물의 온도에 따라 찻잎의 다양한 성분이 우려지는데, 단맛은 주로 60℃에서 아미노산 성분이 용해되면서 생긴다. 반대로 쓴맛과 떫은맛은 약 80도에서 타닌 성분이 용해되면서 생긴다. 녹차를 완벽한 균형을 이루도록 우리는 핵심적인 열쇠는 녹차의 각 성분이 고르게 어우러져 용해되도록 하는 것이다.

이 밖에 찻잎의 종류나 찻잎을 수확하는 시기에 따라 우리는 물의 최적 온도도 달라질 수 있다. 다시 한 번 강조하지만, 물의 온도를 조정하는 일은 찻잎에 포함된 아미노산 성분과 기타 화합물이 용해되는 수준을 적절하게 유지하기 위한 것이다. 티의 종류별로 우리는 일반적인 물의 온도는 77페이지의 표에 제시해 두었다.

티의 양

티는 보통 티스푼에 수북이 담았을 때(머그잔에 담았을 때 충분한 양) 350ml의 물이 필요하다. 어떤 사람들은 찻주전자로 티를 우릴 때 찻주전자용으로 1티스푼을 여분으로 더 넣기도 한다. 강한 맛을 좋아하거나 큰 머그잔이나 컵을 사용하는 경우에는 그렇게 해도 좋다.

우롱차와 같은 일부 티의 경우에는 찻잎을 찻주전자나 인퓨저에 넣고 여러 번 우려낼 수 있다. 차가운 물에 찻잎을 헹구고 접시 같은 다른 용기에 두었다가 나중에 다시 사용하면 된다.

맛의 세기

모든 사람들은 각자 좋아하는 티의 맛의 세기가 있는데, 그 세기는 종종 우려낸 티의 색상으로 결정된다. 맛의 세기는 색상이나 향의 강도뿐 아니라 향미의 깊이를 나타내기 위해서도 사용될 수 있다.

티를 대량으로 우려낼 경우에는 물의 온도를 높이거나 우려내는 시간을 달리함으로써 맛의 세기에 변화를 줄 수 있다. 만약 티에 우유를 넣는다면, 나중에 우유로 인해 티의 향이 희석되지 않도록 충분한 양의 찻잎을 넣고 긴 시간 동안 우려내야 한다.

▶ 티백은 20세기 초 뉴욕의 티 상인 토머스 설리번이 발명했는데, 이 물품은 오늘날 티 시장에서 95% 이상을 차지한다.

우려내는 시간

티백을 우려내 마시는 경우에는 우리는 시간은 그다지 중요하지 않다. 티백 자체가 빠르게 우려낼 수 있도록 고안되었기 때문이다. 티백 속에 든 찻잎의 입자는 매우 작아서 빠르게 우려낼 수 있다. 홀 리프 등급이 든 티백이나 잎차가 든 티백을 사용하는 경우에는 시간을 조절해 가며 티를 우려야 한다.

백차, 녹차, 우롱차는 3분 이상 우리면 안 된다. 물의 온도를 너무 높게 맞추면 쓴맛이 우러나오는 것과 같기 때문이다.

홍차나 보이차는 3~5분 정도 우려내며, 우유를 넣을 경우에는 더 긴 시간 동안 우린다. 일부 홍차는 긴 시간에 걸쳐 우려낼 경우에 떫은맛이 강해지기 때문에 주의해야 한다.

허브티, 프루트 티, 루이보스, 마테는 오래 우려냈을 경우에 쓴맛이 나는 폴리페놀 성분이 함유되어 있지 않아서 원하는 만큼 우려내도 된다. 보통 4분 이상 우려내지만, 강한 향미를 원하면 더 긴 시간 동안 우려내도 된다.

우유, 설탕, 레몬

티에 우유와 설탕을 넣은 것은 1700년대 후반의 영국에서부터 시작되었다. 그 이전까지는 티에 아무것도 넣지 않고 순수한 상태로 우려내 마셨다. 물론 예외도 있다. 아시아 북부 산간 지역에서는 열량의 소모가 많아 체온을 따뜻이 유지하기 위해 동물성 버터나 우유를 티에 넣어 마셨다는 기록이 있다. 또한 탈수 증세를 막기 위해 소금을 넣었다는 기록도 있다(162페이지 참조).

이것이 훗날 티에 우유를 넣어 마시는 영국인들의 문화에 영향을 주었다고는 할 수 없지만, 가능성이 있는 또 다른 가설도 있다. 도자기 잔에 뜨거운 티를 붓기 전에 우유를 먼저 넣으면 찻잔이 얼룩지거나 금이 가는 일을 방지할 수 있기 때문이라는 것과 우유를 넣으면 건강에 좋기 때문이라는 이유이다. 이 밖에도 영국인들은 홍차에 레몬을 얇게 저며 넣고 우린 다음에 다시 건져 내고 마셨다. 이렇게 티에 우유나 레몬을 넣는 풍습은 영국의 독자적인 문화로 자리를 잡았다.

반면 티에 설탕을 넣는 풍습은 영국만의 독자적인 문화가 아니다. 동유럽이나 러시아에서도 홍차를 아주 달게 해서 마셨다는 기록이 있다. 영국에서 티에 설탕을 넣었던 이유는 일부 티의 쓴맛과 떨어지는 품질을 감추기 위해서였다. 특히 제2차 세계대전 때 티의 배급이 거의 어려웠던 시기에는 더욱더 그랬다. 최근에는 미국인들도 즐겨 마시는 아이스티를 아주 달게 마신다(117페이지 참조).

개인의 취향에 따라 우유나 감미료를 첨가할 수 있지만, 녹차, 백차, 우롱차에는 아무것도 첨가하지 않고 즐기는 것이 좋다.

◀ 제2차 세계대전 중 영국의 워킹(Woking)에 있는 한 사원 앞에서 티를 마시고 있는 인도 군인들. 이동식 물통에서 티와 물을 보급받았다.

티를 우리는 용도의 차트

티	섭씨온도(화씨온도)	우리는 시간	우유 사용 여부
백차	80℃ (176℉)	3분	사용 안 함
녹차	80℃ (176℉)	3분	사용 안 함
우롱차	80~90℃ (176~194℉)	3분	사용 안 함*
홍차	90~97℃ (194~207℉)	3분 이상**	사용/사용 안 함
마테	97~100℃ (207~212℉)	4분 이상	사용 안 함
루이보스	97~100℃ (207~212℉)	4분 이상	사용/사용 안 함
허브티	97~100℃ (207~212℉)	4분 이상	사용 안 함
프루트 티	97~100℃ (207~212℉)	4분 이상	사용 안 함

* 대부분의 우롱차는 녹차와 마찬가지로 우유를 넣지 않는다. 간혹 연한 홍차에 가까운 우롱차의 경우에 소량의 우유를 첨가하기도 한다. 우유를 넣은 우롱차는 우유 향이 특히 세다.

** 홍차에 우유를 넣을 때는 홍차를 더 긴 시간 동안 진하게 우려야 한다.

사교 활동에서 티를 마셨던 문화는
'깁슨 걸(Gibson Girls)'의 사진에 잘 나타나 있다.
20세기 초 미국의 화가 찰스 다너 깁슨
(Charles Dana Gibson, 1867~1944)의
이름을 딴 깁슨 걸은 당시 여성들의 트렌드로 뷰티,
패션, 에티켓의 절정을 추구했다.

MISS CARLYLE

& MISS CLARKE "THE GIBSON GIRLS"

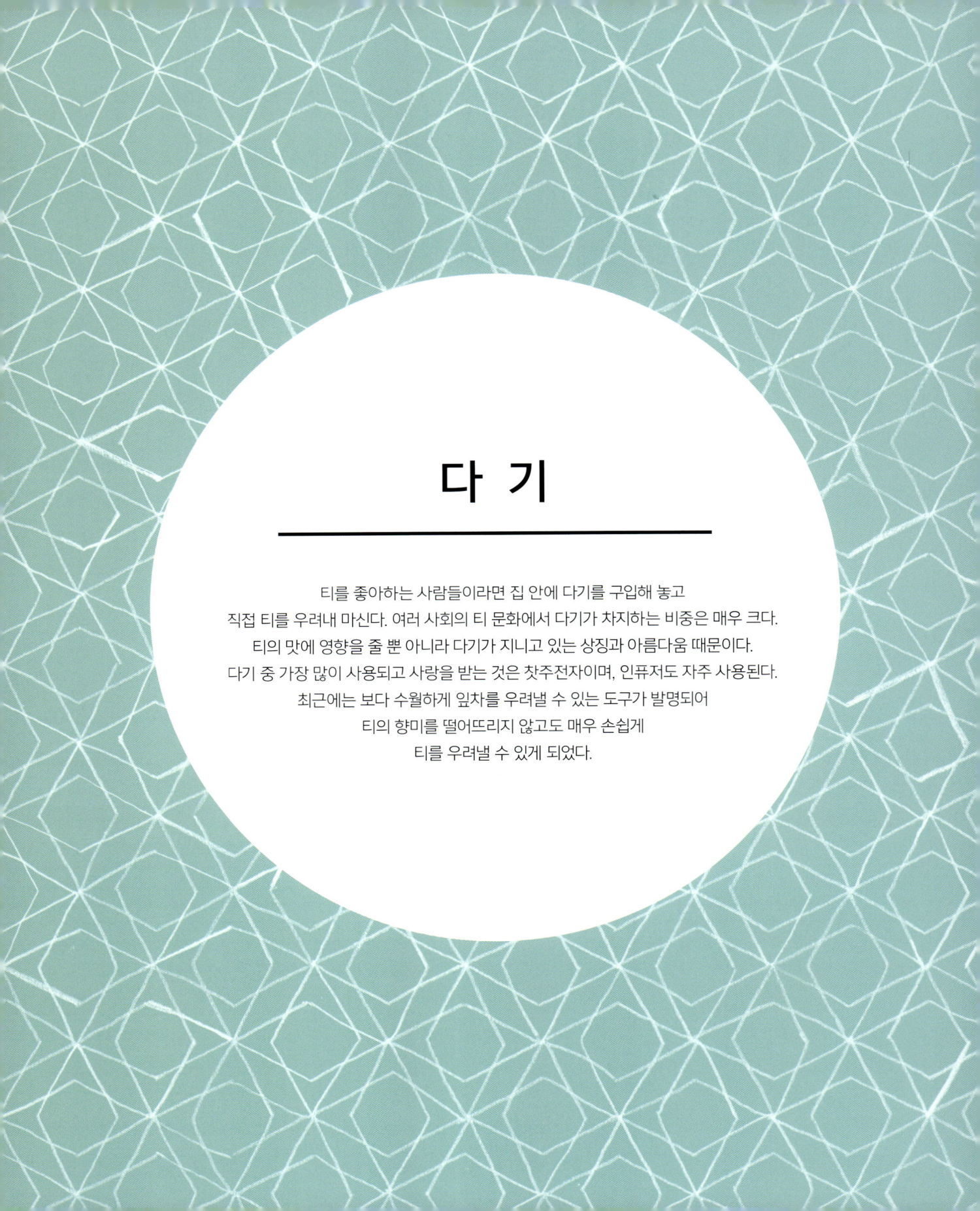

다 기

티를 좋아하는 사람들이라면 집 안에 다기를 구입해 놓고
직접 티를 우려내 마신다. 여러 사회의 티 문화에서 다기가 차지하는 비중은 매우 크다.
티의 맛에 영향을 줄 뿐 아니라 다기가 지니고 있는 상징과 아름다움 때문이다.
다기 중 가장 많이 사용되고 사랑을 받는 것은 찻주전자이며, 인퓨저도 자주 사용된다.
최근에는 보다 수월하게 잎차를 우려낼 수 있는 도구가 발명되어
티의 향미를 떨어뜨리지 않고도 매우 손쉽게
티를 우려낼 수 있게 되었다.

적절한 다기 선택하기

찻잎을 우려낼 때 사용하는 사발 모양의 우묵한 용기는 수천 년 전 중국에서 개발되었지만, 이후 티를 마시는 문화를 지닌 거의 모든 나라로 퍼져 나갔다. 전통적으로 사발 모양의 찻주전자에는 찻잎을 넣고 뜨거운 물을 부어 티를 우려내는데, 이때 그물망이나 스트레이너로 찻잎이 걸러지기 때문에 찻잎은 찻주전자 안에 남게 되고, 오롯이 신선하게 우려진 티만 찻잔에 담긴다. 오늘날 찻주전자에는 손잡이와 뚜껑, 티를 따르는 긴 주둥이가 달려 있으며, 간혹 인퓨저나 스트레이너가 내장된 형태는 16세기에 발명되었다.

찻주전자는 여러 문화에서 사교 활동이나 티 의식 때 자주 사용하였는데, 티를 완벽하게 우리기 위한 것일 뿐 아니라 의식의 뜻을 전달하는 데도 중요한 역할을 하였다. 손으로 정교하게 그림을 그려 넣은 것이라든지, 복잡하고 섬세한 문양이 새겨져 있는 찻주전자는 극동 아시아 지역을 넘어서 훗날 유럽에서도 상류 계층의 신분과 호사스러움을 상징하는 수단이 되었다.

찻주전자를 선택할 때 기능적인 면을 우선할 것인지, 미적인 측면을 우선할 것인지와 함께 크기에 대해서도 깊이 고려해야 한다. 또한 마시는 티가 잎차인지, 티백인지도 함께 고려하여 찻주전자를 선택해야 한다. 기능적인 면이 중요하다면, 인퓨저나 스트레이너가 내장된 찻주전자도 권장한다(85페이지 참조).

찻주전자의 디자인은 천차만별이며, 주방 인테리어나 계절에 맞춰 다양하게 선택할 수 있다. 예를 들면, 일본에서 다도에 사용되는 찻주전자는 시기를 반영하는데, 벚꽃이나 낙엽 등의 디자인으로 계절을 표현하기도 한다.

찻주전자를 만들 때 사용되는 재료도 매우 다양하다. 유약을 바르지 않은 사기 그릇이나, 도자기, 유리, 주철, 은, 스테인리스강 등이 있으며, 어떤 재료를 사용하는지에 따라 티의 맛에도 큰 영향을 준다. 특정 재료로 제작된 찻주전자에는 그에 어울리는 티가 따로 있다.

▼ 19세기 후반 파리에서 활동하였던 미국의 화가 메리 커샛(Mary Cassatt, 1844~1926)의 그림인 「더 티(The Tea, c.1880)」. 은으로 된 다기가 눈에 띈다.

19세기 중반 중국 청나라 시대의 이싱 차호(宜興茶壺). 뚜껑과 주둥이, 손잡이에 옥이 달려 있는데, 납땜으로 고정시켰다.

청나라 시대에 양팽년(楊彭年, 1767~1831)이 만든 이싱 차호. 찻주전자의 글씨는 진홍수(陳鴻壽, 1768~1822)가 새겼다.

꽃 그림이 그려진 중국 도자기의 찻주전자(1890).

점토

중국에서는 점토와 같은 재료로 빚어 직접 불에 구워 도자기로 만든 찻주전자가 수천 년 전부터 사용되었다. 일반적으로 불의 온도가 높을수록 도자기가 경화된다. 점토는 열을 오래도록 보관하기 때문에 찻주전자의 재료로 주로 사용된다. 유약을 발라 광택을 내거나 바르지 않고 그대로 사용하기도 한다.

공식적인 첫 점토 찻주전자는 16세기 중국 장쑤성江蘇省의 이싱시宜興市에서 만들어졌다(이싱 차호라고 한다). 당시 이싱 차호는 다공성 점토로 만들었는데, 광택을 내지 않아 티의 향과 맛을 고스란히 간직할 수 있었다. 이싱 차호와 같이 점토로 만든 차호는 녹차의 구운 향과 보이차의 보리 향, 홍차의 훈연 향을 강화하는 효과가 있다. 대신에 점토의 흡수력이 강하여 찻주전자가 티의 향을 간직하기 때문에 티마다 찻주전자를 달리하여 사용해야 한다.

같은 이유로 유약을 바르지 않은 도자기 찻주전자를 사용하는 경우에도 절대로 세제로 세척하면 안 된다. 찻주전자에 세제 냄새가 배기 때문이다. 그 대신에 찻잎이 제거될 때까지 찬물에 여러 번 헹군 뒤 건조한다. 이 점으로 인해 찻주전자는 세제로 닦아내서는 안 된다는 편견이 생긴 것으로 보이지만, 요즘 출시되는 도자기로 만든 찻주전자는 매일 세제로 세척하여도 문제가 없도록 디자인되어 있다.

도자기

고온에서 가열하는 백색의 반투명 도자기 찻주전자도 중국이 시초로 13~14세기경부터 만들어졌다. 중국 점토로도 알려진 고령토에 중국산 광물석을 갈아 혼합해 만든다. 본차이나bone china 도자기는 1800년경에 영국 중부의 스태퍼드셔Staffordshire에서 처음 개발되었는데, 고령토에 중국의 자토磁土 성분과 골회骨灰를 섞어 만든 형태이다. 도자기와 매우 닮았지만 무게와 투명도, 두께에 미세한 차이가 있다.

도자기로 만든 찻주전자는 녹차, 우롱차, 다르질링과 같은 세기가 약한 홍차 등 맑은 티에 매우 적합하다. 본차이나는 가장 훌륭한 찻주전자의 소재로 여겨진다. 프리미엄 가격에도 불구하고 그것의 섬세하고 우아한 디자인으로 인해 애프터눈 티 세트의 최고급품으로 사랑을 받고 있다.

독일의 산업 디자이너인 빌헬름 바겐펠트(Wilhelm Wagenfeld, 1900~1990)가 설계한 투명 유리 재질의 찻주전자. 중앙에 유리로 된 인퓨저가 들어 있다.

가정에서 흔히 볼 수 있는 일반적인 스타일의 찻주전자.

일본 에도 시대(江戸時代, 1603~1868)의 철 주전자 또는 쇠 주전자. 우박 무늬로 디자인되었다.

유리

유리로 만든 찻주전자는 열이 쉽게 손실되고, 또한 얼룩지고 깨지기 쉽기 때문에 비실용적이라고 이야기한다. 그러나 티를 우렸을 때 마치 최면에 걸린 듯 아름답게 퍼지는 색감을 그대로 보여주기 때문에 플라워링 티 등을 우리는 데에는 최적이다. 또한 눈으로 보면서 티의 세기를 조절할 수 있다는 장점도 있다. 유리 찻주전자의 경우에는 워머warmer와 함께 사용하기도 하는데, 찻주전자 아래에 양초를 두어 티를 따뜻하게 유지할 수 있다.

주철

일본에서 테츠빈鉄瓶이라고 하는 주철 찻주전자는 17세기경에 처음 만들어졌다. 일본에서 주철은 열에 직접 가열할 수도 있고, 물을 빠르게 끓일 수 있으며, 원하는 온도에 보관할 수 있다는 장점으로 인해 그보다 훨씬 이전부터 다양한 용기의 재료로 사용되었다. 그러다 일본에서 센차(가루로 된 맛차가 아니라 잎차)가 유명해질 때 잎차를 우리는 용도로 주철 찻주전자를 사용하기 시작했다. 주철로 만든 찻주전자도 역시 점토로 만든 무광택 찻주전자와 마찬가지로 티의 향을 일부 흡수한다. 따라서 세척할 때 세제를 사용해서는 안 되며, 사용한 뒤에도 잘 말려야 한다. 물기가 남아 있으면, 찻주전자가 녹슬 수 있다.

외면에 간혹 복잡한 무늬가 새겨져 있는 것도 있는데, 이 주철 주전자는 일본 사회에서 신분 계층의 상징으로 급격하게 자리를 잡아 고급 선물로 활용되었다. 오늘날까지도 매우 높은 가격에 거래되며, 고급 수제품으로 평생 동안 사용할 수 있다.

티를 완벽하게 우리는 방법

1. 수도꼭지에서 신선한 물을 받아 주전자에 채운다. 기호에 따라 샘물을 사용해도 된다.

2. 주전자에 물을 끓인 뒤 그 물을 찻주전자에 약간만 담아 흔들어서 살짝 데운 뒤 버린다. 이렇게 하는 이유는 찻주전자를 따뜻하게 유지하기 위한 것이다.

3. 찻주전자에 필요한 양만큼 잎차를 티스푼에 수북이 떠서 담거나 찻잔 수에 해당하는 수의 티백을 꺼내 담는다.

4. 찻주전자에 적당한 온도의 물을 필요한 양만큼 채우는데, 이때 찻잎이 물에 완전히 잠기도록 붓는다. 물과 찻주전자의 적정 온도는 97~98도이다. 이보다 낮은 온도로 우려낼 경우에는 온도 조절 기능이 있는 전기 찻주전자를 사용하거나, 아니면 찻주전자에 5분의 1 정도 용적의 찬물을 부은 뒤 끓는 물을 부어 가면서 온도계로 정확하게 온도를 맞춘다.

5. 물 위로 떠다니는 찻잎이 생기면 티스푼으로 휘저어 주면서 물에 가라앉힌다.

6. 찻주전자의 뚜껑을 닫고 원하는 시간만큼 티를 우린다(77페이지의 차트 참조).

7. 다 우려졌으면, 인퓨저가 내장되어 있지 않은 일반적인 찻주전자인 경우에는 찻잔에 티를 따를 때 스트레이너로 찻잎을 걸러낸다.

8. 취향에 따라 우유를 넣는다. 우유를 넣지 않는다면, 티를 약간 식힌 다음에 마신다.

인퓨저

잎차에 갓 입문했다면 비용 대비 가장 효과적인 도구인 컵 인퓨저infuser를 사용하는 것이 좋다. 인퓨저는 모양과 크기가 다양하며, 그물망으로 찻잎과 따뜻하게 우려낸 티를 분리시킨다. 티가 다 우려지면 인퓨저를 건져 내기만 하면 된다. 아주 완벽한 티가 우려져 있을 것이다.

최근 들어서 잎차를 즐겨 마시는 유행이 부활하면서 보다 사용이 간편해진 다양한 다기와 티 용품들이 개발되고 있다. 예를 들면, 컵의 한쪽에 클립으로 거치하는 인퓨저 바구니를 사용하면 계속 걸쳐 둔 상태로 티를 마실 수 있다. 따라서 티의 세기도 시험할 수 있고, 시간이 되면 인퓨저를 꺼내기만 하면 되어 티를 완벽히 우려내는 데 필요한 시간을 엄수할 수 있다. 또는 찻잎을 제거하지 않고 그대로 둘 수도 있다. 허브티를 좋아하는 사람들은 대개 티를 마시는 동안 찻잎이 그대로 남아 있기를 바란다.

저렴하게 잎차를 우리는 또 다른 방법은 종이로 된 일회용 주머니를 사용하는 것이다. 원하는 티의 찻잎을 한 스푼 가득 담아 주머니에 담고 나만의 DIY 티백을 만든다. 일부 주머니는 티백과 같이 실이 연결되어 있으며, 컵 테두리에 걸치도록 디자인된 긴 직사각형 모양도 있다. 전자의 경우에는 찻잎이 바닥에 가라앉지 않고 찻물 속에서 자유로이 움직이기 때문에 더 잘 우려진다.

티 스트레이너를 사용할 수도 있다. 스트레이너는 인퓨저와 달리 찻주전자에서 찻잔으로 티를 부으면서 맛이 전체적으로 고르게 우려지는 효과가 있다. 스트레이너가 찻잎을 붙들고 있는 상태에서 티가 찻잎을 통과하기 때문이다. 스트레이너는 대형 스푼같이 보이며, 스테인리스강으로 만들어져 디자인이 화려해 보인다.

인퓨저 머그잔과 보온병

인퓨저 머그잔은 내부에 인퓨저 통이 장착되어 있어서 점차 인기를 얻고 있다. 찻주전자와 스트레이너의 사용이 귀찮을 때 한 컵에 사용할 수 있어 매우 편리하다는 장점이 있다. 인퓨저 머그잔은 상부 바로 아래 가장자리에 붙박이 형태로 인퓨저 통이 장착된 형태와 딱 들어맞는 뚜껑의 형태, 두 가지로 구성되어 있다. 인퓨저 통은 다른 인퓨저와 마찬가지의 기능을 하지만 뚜껑이 있어 티를 우리는 동안 물을 따뜻하게 유지해 준다. 또한 티를 우린 뒤에 인퓨저 통을 꺼내 올려 둘 받침으로도 사용할 수 있다. 인퓨저 머그잔은 매우 실용적인 현대 발명품으로 찻주전자가 없는 직장이나 학교에서도 손쉽게 사용할 수 있다.

티 시장을 강타한 또 다른 혁신적인 발명은 인퓨저가 장착된 진공 보온병이다. 수년간 진공으로 된 보온병은 미리 만든 티나 뜨거운 물을 옮기는 데 사용되었다. 그러나 잎차 전용 진공 보온병을 사용하면 도구 하나로 티를 우려내 이동할 수 있다. 뜨거운 물을 몇 시간이고 보관할 수 있고, 이동 중에 티를 우려낼 수 있다.

볼식 인퓨저   접이식 인퓨저   클립식 인퓨저

홍콩의 주룽(九龍) 지역의 시장에 전시된 다양한 형태의 찻주전자. 점토로 빚었으며, 각기 다른 방식으로 광택을 내었다. 점토로 만든 찻주전자는 수천 년 전 중국에서 처음으로 직접 불에 구워 만들었다.

그래비티 스티퍼

그래비티 스티퍼gravity steeper는 잎차를 제대로 즐길 수 있도록 한 현대적인 발명품이라고 할 수 있다. 모양은 일반 찻주전자와 비슷하지만, 뜨거운 물과 찻잎을 동시에 담아 둘 수 있어서 티를 우려내거나 찻잔에 따르는 용도로 사용한다. 일반적인 찻주전자와 다른 점은 물을 따를 때 내부에 우리는 용기가 있어 물을 스트레이너에 통과시키는 것과 같은 원리로 작동하는데, 그 용기 아래쪽에 거름망이 있다는 사실이다. 그래비티 스티퍼의 가장 훌륭한 점은 우려낸 티를 찻잔에 따를 때의 방식이다. 찻잔 위에 그래비티 스티퍼를 올려 둔 상태에서 티를 따르면, 티만 거름망을 통과하고 스티퍼 내부에는 찻잎만 남는 것이다.

그래비티 스티퍼를 들어 올리면 물이 자동으로 차단되어 여분의 물이 뚝뚝 떨어지는 일이 없고 찻잎도 새어 나오지 않는다. 다 우려낸 찻잎은 쓰레기통에 버리거나 퇴비로 사용하고, 그래비티 스티퍼는 여러 번 헹군다. 부품은 분리해서 씻거나 식기 세척기 등에 넣어 손쉽게 세척할 수 있다.

그래비티 스티퍼로 티 우리는 방법

1. 그래비티 스티퍼에 찻잎을 넣는다.

2. 끓은 물을 채우고 찻잎을 필요한 만큼 넣어 티를 우린다(77페이지 참조).

3. 머그잔 위에 그래비티 스티퍼를 올려 둔다.

잎차 전용 찻주전자

티를 우려내는 장비 중 프리미엄 제품은 단연 전기 주전자이다. 특정 온도로 물을 데울 수 있을 뿐만 아니라 찻잎도 우려낼 수 있는 장점 때문이다. 온도 조절식 주전자도 나와 있는데, 특정 온도를 유지해야 하는 일부 좋은 티에도 유용하게 활용할 수 있다. 잎차 전용 찻주전자는 가장 최근에 발명되었는데, 티를 우리는 온도와 시간을 설정할 수 있게 하여 다기에 새로운 지평을 열었다고 할 수 있다.

찻주전자에 온도를 설정하면 유리로 된 내부 공간에 열이 가해지면서 물이 데워진다. 또한 설정한 시간이 지나면 내부에 찻잎을 담는 용기가 가라앉는다. 티가 다 우려지면 찻잎이 들어 있는 용기는 들어내고 일반 찻주전자에서 물을 따르는 것처럼 티를 그냥 따라 마실 수 있다.

이 찻주전자를 사용하면 티를 정교하게 우려낼 수 있지만, 다른 특수한 다기와 마찬가지로 깨끗하게 보관하는 데 주의를 기울여야 한다. 티는 다섯 잔까지 우려낼 수 있지만, 다섯 명이 동시에 한 번에 마셔야 하는 번거로움이 있다. 따라서 다른 종류의 티를 마시고 싶다면, 일반적인 찻주전자 한 대와 개별 인퓨저 여러 개를 사용하는 것이 더 좋다.

상업용 다기

커피숍을 운영하는 사람들에게는 아마도 커피 머신과 장비의 종류가 가장 큰 고려의 대상일 것이다. 반면 현재 판매되고 있는 상업용 다기는 그다지 화려하거나 필수적이지는 않다. 수많은 티룸에서도 훌륭한 주전자 하나와 그리고 찻주전자와 인퓨저 통을 다양하게 갖춘 것이 전부이다. 가정에서 티를 우려 마시는 것과 마찬가지로 티 숍에서도 물의 품질과 우리는 온도, 그리고 우리는 시간이 중요하다. 따라서 티 숍이나 커피숍에서는 항상 필터로 불순물을 걸러 낸 좋은 품질의 물을 주전자에 담아 끓이고, 타이머와 온도계를 사용해 최적으로 티를 우려내 제공한다.

최근에 들어서는 일부 상업용 티 머신들이 발명되어 전 세계의 시험 무대에 올랐다. 이들 머신을 사용하면 정밀도를 절대적으로 보장할 수 있으며, 빠른 서비스를 기반으로 티 라테tea lattes, 버블 티bubble tea, 아이스티 등의 티 중심 음료를 만들 수 있다. 제조업체에서는 또한 가정에서 인기 있는 캡슐 커피 머신과 같이 티 한 잔만 우러나오게 하는 기기를 개발 중이다.

▲ 수많은 커피숍과 티 숍에서는 수도꼭지를 틀어 끓는 물을 주전자에 곧바로 받는다. 이로 인해 티를 우리는 일도 이제는 매우 빠르고 간편해졌다.

티 구입과 보관

티는 슈퍼마켓에서부터 티 전문 상점에 이르기까지
다양한 장소에서 구입할 수 있어 그 선택의 폭이 넓다.
그러나 자신에게 맞는 티를 구입하는 데 혼란스러워 할 필요는 없다.
가장 중요한 점은 자신이 좋아하는 맛과 향이 무엇인지 기준을 세우고,
티 공급자가 믿을 만한지 조사해야 하며, 새로운 티에 과감히 도전할 줄 알아야 한다.
일단 구입하였다면, 가정에서도 제대로 보관해야 한다.
티에 대한 기호가 없다면, 맨 처음 구입한 티가 마음에 들지의 여부는 장담할 수 없다.
따라서 지금부터는 티의 다양한 맛에 관해 알아본다.

티의 구입처 : 슈퍼마켓, 티 상점, 온라인

자신이 무슨 티를 좋아하는지 모른다면 주위의 슈퍼마켓을 둘러보라. 좋은 품질의 브랜드가 한두 개 정도는 진열되어 있을 것이다. 그러나 항상 염두에 두어야 할 점은 그 품질이 반드시 좋은 것만은 아니라는 사실이다. 예를 들면, 특정 브랜드의 잉글리시 브렉퍼스트 티백이 좋다고 하여, 같은 브랜드의 잎차 센차도 반드시 좋으리라는 법은 없기 때문이다. 보통 슈퍼마켓에서는 바로바로 공급이 가능한 티 브랜드로 특화되어 있어 등급이 낮은 경우도 있다. 또한 포장이 아름답다고 해서 반드시 고품질의 티를 보증하는 것도 아니다.

슈퍼마켓의 진열대에 놓인 대부분의 사전 포장된 티의 포장지에는 티의 세기, 맛과 향, 티를 우리는 방법 등의 정보가 표기되어 있어 소비자들이 구입할 때 도움을 준다. 해당 정보는 또한 온라인 매장의 상품 페이지에서도 확인할 수 있다. 인터넷에 접속하여 다른 티 애호가들이 달아 놓은 리뷰를 검토해 보는 것도 좋다. 그 리뷰는 미래의 구입자들에게 티의 실제 맛과 향을 정확하게 짚어 주기 때문이다.

품질이 좋고, 보다 더 특별한 티를 구입하고 싶다면, 제대로 된 푸드 마켓을 방문해야 한다. 고급 백화점의 식품 매장이나 티 전문 상점을 온라인이든 매장이든 방문해 보는 것이 좋다. 좋은 티 상인들은 대부분의 티를 구비하고 있으며, 폭넓은 지식을 바탕으로 티에 관해 친절하게 설명해 줄 것이다. 간혹 샘플로 티를 테이스팅해 볼 수 있도록 하는데, 이때 샘플 티가 어떻게 우려졌는지를 물어 보고, 설탕 등의 다른 재료가 들어가지는 않았는지 확인해 보아야 한다. 티 상점에서는 티의 수확 시기, 원산지, 신선도, 유통 과정, 향과 맛 등에 관한 질문에 대답해 줄 것이다. 만약 상점에서 설명해 주지 않는다면, 다른 상점에 들러 문의하면 된다.

등급 및 품질

온라인에서든 실제 매장에서든 건조 찻잎을 검토할 수 있어야 한다. 건조 찻잎을 보면 사용된 재료와 품질을 확인할 수 있기 때문이다. 둥글고 색상이 일관되게 밝으면 대개 좋은 품질이다. 더 작

▼ 1930년대 국산판매국(Empire Marketing Board)의 포스터. 국산판매국은 대영제국이 무역을 촉진하기 위해 1926년에 설립한 위원회로 소비자들이 실론 티와 캐나다산 연어를 구입하도록 장려하였다.

은 찻잎의 등급을 선호한다면 찻잎의 입자성이 고른 크기인지, 가지나 줄기가 포함되지 않았는지를 확인해야 한다. 색상이 선명한 갈색이라면 가지임이 분명하다.

원산지 및 신선도

티 전문 상점에서 문의해야 하는 가장 중요한 질문 중 하나는 현지 다원과 직접 거래하는지의 여부이다. 그렇지 않다면 티 상점도 또한 티 블렌딩 하우스나 중개인이 배포한 카탈로그를 보고 주문하였을 가능성이 높다(62페이지 참조). 이는 티가 신선도가 떨어질 수도 있다는 것을 뜻한다. 티가 소매업자에게 전달되는 도중에 중개인이 장기간 보관하였을 수도 있기 때문이다. 또한 티 상점 주인이나 티 업체에서도 제품에 대한 충분한 지식이 없을 가능성도 있다.

티 구입비

티는 보통 무게로 판매한다. 경험으로 보건대, 자신의 취향을 제대로 파악하려면 다양한 종류의 티를 소량씩만 구입하는 것이 좋다. 특별하거나 비싼 티도 마찬가지다. 적은 양을 주기적으로 구입하여 신선도를 유지하는 것이 좋다. 단 한 해에 한 번씩 생산되는 티를 구입하는 경우에는 가장 최근에 생산된 티를 대량으로 구입한다. 모든 티가 그러하듯이 가정에 가져 왔을 때 티로 제대로 보관하는 것이 가장 중요하다.

가정에서 티의 보관법

1. 밀폐 용기에 보관하기

밀폐된 용기에 담아 상하지 않도록 잘 보관하는 것이 중요하다. 대부분의 티는 비닐 주머니나 밀폐된 통에 진공 상태로 판매되며, 일부는 한 번 열면 다시 밀봉할 수 없다. 원래 다시 밀봉할 수 없도록 포장된 티는 밀폐 용기에 담아 보관해야 한다.

2. 어두운 장소에 보관하기

티는 빛에 민감하여 햇빛이 드는 곳에 두면 향이 날아가 버린다. 따라서 유리병에 담는 일은 아름답게 보일 수는 있지만 보관에 적절하지 않다. 주석 통이나 플라스틱 용기가 더 좋다.

3. 서늘하게 보관하기

티는 햇빛뿐 아니라 열에도 영향을 받는다. 찬장 같은 서늘한 곳에 두어야 하며, 그렇다고 냉장고 안에 둘 필요는 없다.

4. 건조된 상태로 보관하기

밀폐된 주석 통을 서늘한 찬장에 두면 티를 건조한 상태로 잘 보관할 수 있다. 습한 곳에 두면 곰팡이가 슬기 때문에 유의해야 한다.

5. 강한 향이 나는 곳 피하기

티는 향에 민감하여 요리나 담배 냄새 등 강한 향이 나는 곳에 둘 경우에는 그 향을 흡수해 버린다. 따라서 용기는 항상 뚜껑을 닫고 향이 나지 않은 장소에 보관한다.

◀ 독일의 광고 포스터. 일본의 전통 복장인 기모노를 입은 여성이 티를 마시고 있다. 포스터에 표시된 시와(Siwa)는 독영 티 수입 회사였다.
▶ 중국 베이징의 가장 오래되고 유명한 쇼핑 거리인 다스런널(大柵欄)에서 티를 항아리 째로 판매하고 있다. 톈안먼(天安門) 광장 인근에 있다.

1932년 영국 티 무역 업체의 내부 모습.
노동자들이 포장을 하느라 바삐 움직이고 있다.
대부분이 여성 노동자이다.

티 테이스팅

많은 사람들이 친구와의 사교 모임, 사람들과의 미팅,
업무적인 약속 등 일상생활의 매우 다양한 때와 장소에서 티를 마신다.
그러나 사람들은 자신이 진정으로 좋아하는 티와 향미가 무엇인지 깊이 생각해 본 적은 없을 것이다.
찻잎은 어떤 모양이며, 티를 한 모금 마셨을 때 코끝으로는 전달되는 향은 무엇인지 등이다.
티 테이스터와 중개인들은 매일 같이 이와 같은 질문을 한다. 엄밀한 티 테이스팅을 통해
향미와 방향성 성분의 완벽한 균형을 찾기 위한 것이다.
티를 단순히 마시지 않고, 진정으로 음미하려고 노력하면
티의 향미와 즐거움을 선사하는 감각적인 세계에 눈을 뜰 것이다.

전문 티 테이스팅

전문적인 티 테이스터만큼 이상적인 직업도 없다. 항상 티를 마신다고 상상해 보라. 사실 티 테이스터가 되려면 차나무의 재배에 대한 깊은 지식과 맛에 대한 탁월한 감각적 인식력, 예민한 미각 등을 배양하기 위해 다년간의 경험을 쌓아야 한다.

티 테이스팅은 찻잎에서 티 한 잔이 만들어지기까지 다양한 과정에서 이루어진다. 다원과 농장에서 찻잎의 수확이 이루어질 때마다 찻잎의 등급과 품질을 평가하기 위해 티 테이스팅은 매번 진행된다. 대규모로 판매가 이루어지는 티 시장에서는 모든 판매자들이 수출용 티를 선별하기 위해 티 테이스팅을 하며, 티 전문 업체에서는 티 테이스터를 파견하여 고객에게 판매할 완벽한 티를 발견하도록 지시한다.

티 전문 업체와 여기에 소속된 티 테이스터들은 매번 판매되는 티가 맛이 일정한지 확인하기 위해 모든 물품을 시험적으로 테이스팅한다. 이는 숙련된 기술을 요하는 상당히 복잡한 작업이다. 더

▼ 전문 티 테이스터는 슬러핑 기술로 티의 맛과 향을 테이스팅하고 동시에 우려낸 찻잎의 상태도 확인한다.

욱이 티 테이스터는 거의 비슷한 종류의 티와 등급 사이의 미세한 차이도 판별할 수 있어야 한다. 따라서 티 테이스팅의 전 과정은 매우 정밀한데, 이때에는 찻잎의 무게, 물의 품질, 온도와 용량, 다구, 기술, 우리는 시간 등의 조건을 매번 동일하게 유지해야 한다.

'슬러핑' 기술

티의 향미를 테이스팅할 때는 '커핑 세트cupping set'를 사용하는데, 항상 색상이 흰색이다. 이는 찻물과 찻잎의 정확한 테이스팅을 위한 것이다. 커핑 세트는 뚜껑이 있는 작은 컵(가장자리가 톱니

모양)과 작고 둥근 볼로 구성되어 있다. 뚜껑은 물에 우린 찻잎을 올려놓는 데 사용하고, 볼은 우린 티를 맛을 보기 위해 담는 데 사용한다. 티를 다 우리면 우려낸 찻잎을 뚜껑 위에 올려놓고 우려낸 티를 테이스팅한다. 테이스팅 방법은 킁킁 향을 맡고 후루룩 소리를 내며 홀짝 마신다. 이는 후루룩거리다는 뜻의 '슬러핑 slurping' 기술로 숨을 들이쉬며 티를 한 모금 들이마셔 혀 전체에 맛과 향이 고루 퍼지도록 하는 것이다. 테이블 매너로는 그다지 좋지 않지만, 크게 후루룩거릴수록 그 효과가 커진다. 티의 맛을 보았다면 삼키지 않고 뱉는다. 후루룩거리며 맛을 볼 때는 컵에 입을 직접 대고 하거나 스푼으로 떠서 할 수도 있다.

전문적으로 티를 테이스팅할 때는 가정에서 티를 즐길 때보다 훨씬 더 진하게 우려낸다. 찻잎을 더 많이 넣고, 더 긴 시간 동안 진하게 우려내는데, 티의 복잡한 맛과 향을 극대화하기 위한 것이다.

테이스팅 프로필

테이스팅 과정에서는 찻잎의 모양(건조된 상태, 물에 젖은 상태 모두), 찻잎과 티의 향, 티를 입에 머금었을 때의 입맛과 향미 등의 모든 요소를 감별한다. 다음은 티 테이스팅 과정에서 기술을 위해 사용되는 표준 용어이다.

덜(Dull) – 밝은 색상의 반대.

딥(Deep) – 맛과 색상이 모두 깊이 있음.

라운디드(Rounded) – 부드럽고 완벽하게 입안을 감도는 맛.

멜로(Mellow) – 색상은 밝지 않지만, 맛이 부드럽고 풍부함.

몰티(Malty) – 맥아 향, 진하고 깊은 향.

바디(Body) – 맛과 향이 풍성함.

베지털(Vegetal) – 채소 향, 신선한 흙 향.

브라이트(Bright) – 밝은 색상.

브리스크(Brisk) – 생기 있고 상쾌한 맛.

씬(Thin) – 맛이 강하거나 풍부하지 않음.

코퍼리(Coppery) – 구릿빛 색상, 맛을 지칭하지 않음.

타닌(Tannin) – 떫은맛이 나고 쓴맛이 있음.

티피(Tippy) – 실버팁이나 골든팁이 있는 상태.

펀전트(Pungent) – 떫은맛이 나고 쓴맛이 없음.

플랫(Flat) – 맛과 향이 풍부하지 않고 평범함.

플로럴(Floral) – 꽃 향.

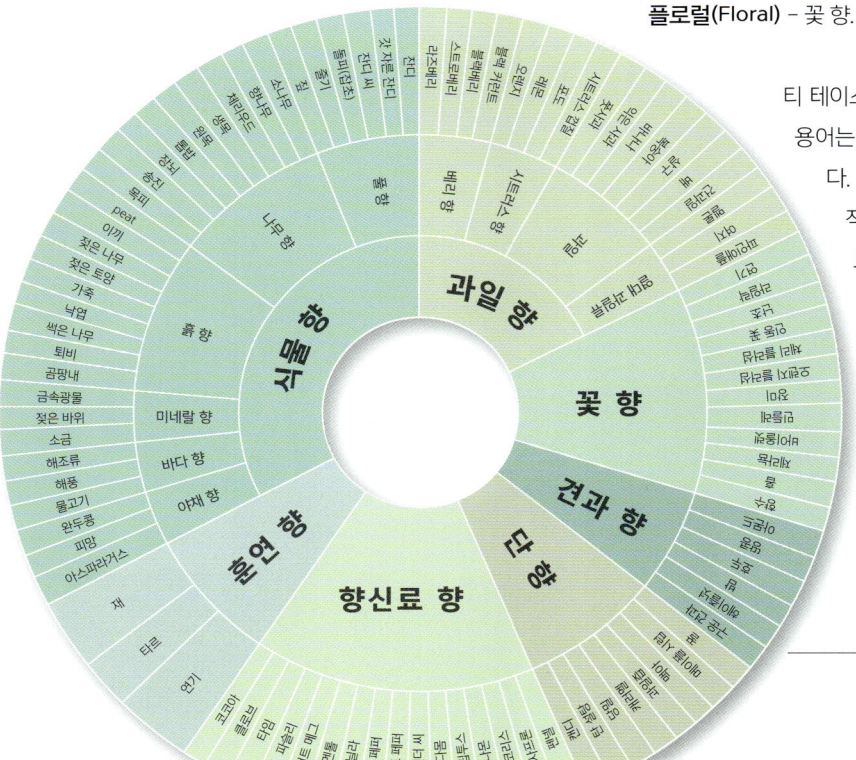

티 테이스터가 실제 테이스팅 기록지에 사용하는 용어는 위의 일반적인 용어보다 훨씬 더 다양하다. 테이스팅 휠을 바탕으로 맛과 향의 긍정적인 면과 부정적인 면을 모두 기록한다. 모든 티는 테이스팅 휠 상의 다른 맛을 지녔으며, 하나의 기준에 대해 긍정적인 맛을 지니면 다른 기준에서는 부정적인 맛일 수 있다.

▶ 인도의 다르질링 티나 스리랑카 고지대에서 생산된 실론 티나 홍차 블렌드인 잉글리시 브렉퍼스트는 과거에 애프터눈 티와 함께 제공되었던 케이크나 샌드위치와도 매우 잘 어울린다.

◀ 티를 테이스팅할 때 유용한 테이스팅 휠.

티와 음식의 페어링

티는 수많은 음식에 매우 잘 어울린다. 저녁 파티나 테이스팅 클럽에서는 흥미로운 논의도 창조해 낼 수 있다. 와인과 마찬가지로 티에도 음식의 종류별로 페어링을 잘 이루는 것들이 따로 있다. 한 음식과는 상호 보완적이지만, 또 다른 음식과는 상극일 수 있으며, 특정 향미의 경우에도 마찬가지이다.

티와 음식의 좋은 페어링의 예를 다음의 표에 소개한다. 물론 자신에게 맞는 티와 음식의 페어링을 작성해 보는 것도 좋다.

음식	티
젤라토 또는 아이스크림	얼 그레이 또는 라벤더 가향 홍차
튀긴 음식	보리 향이 나는 아삼, 랍상소총, 케냐산 홍차
매운 음식	튀긴 음식에는 진한 티가 좋지만, 재스민 녹차와는 상극
초콜릿	저지대에서 생산된 실론, 다르질링 또는 히비스커스 티(프루트 티)
훈연 치즈	겐마이차, 중국식 초청 녹차 또는 사과 티(프루트 티)
연어	다르질링, 얼 그레이, 산뜻한 우롱차
애프터눈 티	다르질링, 밝은 고지대에서 생산된 실론 티 또는 홍차 블렌드인 잉글리시 브렉퍼스트

티의 효능

티는 수천 년 동안 전 세계 여러 나라의 다양한 문화권에서
사람들의 건강과 여유 있는 삶을 유지하는 데 중요한 역할을 담당해 왔다.
중국에서는 티를 맛으로 즐기는 음료 차원이 아니라 오랜 세월 약재로 사용했으며,
피로와 두통, 심지어 폐결핵의 치료제로도 처방되었다.
최근에 와서는 카페인의 섭취를 줄이기 위해 허브티를 찾는 경향이 높아지고 있지만,
사실 티의 효능은 허브티의 효능을 뛰어넘는다. 특히 녹차, 홍차, 백차 등 티의 효능과 관련해서는
상당한 연구가 진행되었는데, 특히 항산화 물질이 다량 함유된 것으로 밝혀졌다.
티는 95% 이상이 물이어서 수분을 공급하고,
신체와 정신의 기능을 촉진하는 효능이 있다.

연구 결과

앞서 살펴본 내용과 같이 티에는 항산화 물질과 마그네슘, 아연, 칼륨 등의 미네랄이 함유되어 있다(20페이지 참조). 항산화 물질은 인체의 세포를 손상시키는 활성 산소free radicals를 제거하기 때문에 노화를 방지하는 등 건강에 매우 좋다. 항산화 물질을 다량으로 섭취할수록 심장 질환, 뇌졸중, 일부 암 발병을 줄일 수 있다는 연구 결과도 있다.

티에는 플루오린(불소) 성분이 풍부하여 치아와 잇몸 건강에 좋으며, 구강 내 세균의 수를 줄일 수 있다.

또한 티는 오래전부터 콜레스테롤 수치를 낮추고, 소화를 도와주며, 노화 특히 피부의 노화를 막아 준다고 알려졌는데, 이에 대한 다양한 연구들이 현재 진행되고 있다. 지금까지 입증된 여러 사실들 외에도 인간의 몸에 영향을 주는 다양한 효능들을 밝히려는 노력들이 계속되고 있다.

카페인

최근까지 커피가 붐을 이루면서 커피와 티에 동시에 함유된 천연 성분인 카페인의 부작용에 대해서 우려의 목소리도 높아지고 있다(21페이지 참조). 카페인은 적정량만 섭취하면 위험하지 않다. 카페인에는 에너지를 활성화하고, 사고력을 향상시키는 등의 긍정적인 효능도 있다. 카페인의 하루 권장 섭취량은 400mg으로 커피 4잔, 에너지 드링크 3개, 티 10잔 정도이다.

커피와 티에 함유된 카페인의 효과를 비교해 보면, 다소 흥미로운 측면을 발견할 수 있다. 앞서 살펴보았듯이(20페이지 참조), 티에서 발견된 천연 화합물 중 일부가 체내 흡수율에 영향을 주어서 인체에 미치는 효과도 달라진다. 예를 들면, 폴리페놀에서 발견되는 카테킨, 항산화 물질, 아미노산 L-테아닌 성분이 대표

> ### 녹차에는 좋은 성분이 모두 들어 있다?
> 녹차는 카페인 함량이 적은 대신에 항산화 물질이 많아 건강 티로도 유명하다. 티의 가공 과정에서 산화 과정이 없고, 부가적인 건조 과정을 거치면서(52페이지 참조) 찻잎의 기본 화학 성분을 온전히 간직하고 있다. 그 결과 다량의 항산화 물질이 함유되어 있으며, 카페인 함량도 높지 않다.

적이다.

여기서 주목해야 할 것은 티의 종류에 따라 카페인 함량도 다르다는 점이다. 일반적으로 가공 과정을 오래 거칠수록 카페인 성분이 많아지며, 위조와 산화 과정에서 주로 생성된다(46~47페이지 참조). 일반화할 수는 없지만, 백차(57페이지 참조)는 가공 과정이 최소화되어 있기 때문에 카페인 함량이 가장 적은 편이다. 물론 예외도 있다. 일부 백차는 차나무의 가장 어린 찻잎과 새싹만을 따서 만들기 때문에 카페인의 함량이 높다. 곤충과 초식 동물은 보통 가장 영양이 높은 어린잎을 먹으려 하는데, 차나무의 어린 싹 세포에 카페인이 다량으로 들어 있어 이들로부터 보호될 수 있는 것이다.

▼ 카페인의 하루 권장 섭취량은 최대 400mg으로, 이는 커피 4잔, 에너지 드링크 3개, 또는 티 10잔에 해당한다.

PART 3

티 블렌딩

티 블렌딩

상업용 티 블렌딩의 주요 목적은 완벽한 향미, 모양,
그리고 소비자들이 좋아할 만한 티를 만들어 계속해 생산할 수 있도록 하는 것이다.
가정에서도 비교적 쉽게 티를 블렌딩할 수 있으며,
자신만의 티 블렌드를 만들어 보는 것도 즐거운 일이 될 것이다.

티 블렌딩에는 세 가지의 주요 목적이 있다.

1 상업용 티 블렌딩은 티를 대용량으로 생산해 꾸준히 공급할 수 있어야 한다.
2 중국과 인도에서는 역사적으로 오랜 기간 건강을 위해 허브나 향신료를 티와 함께 블렌딩했다.
3 가향차, 티 블렌드는 복합적인 향미로 보다 더 큰 흥미로움을 고객에게 전해 주기 위해 자주 사용되는 방법이다.

상업적 티 블렌딩

티 블렌딩은 티 산업에서 필수적인 부분으로 티 테이스팅과 밀접한 관련이 있다. 둘 다 티 중개업 또는 블렌딩 하우스의 전문가에게 막중한 책임이 지워진다는 점이다. 티의 생산량은 기후 변화, 질병의 발생, 채엽 및 가공 방법, 심지어 같은 수확철에도 언제 채엽이 이루어지는지, 또는 동일한 다원에서도 어디에서 자라는지에 따라 달라진다. 이와 같은 이유로 여러 지역에서 생산된 다양한 티를 섞어 블렌딩하는 것이 보다 안정적이다. 따라서 간혹 다른 기간에 수확된 티를 블렌딩하기도 한다. 따라서 티 블렌딩은 티 산업에서 아주 중요한 부분이라고 할 수 있다. 판매자들은 소비자들에게 지속적으로 티를 공급할 수 있도록 티 블렌더tea blender와 중개업자에게 크게 의존하는 것이다.

▲ 티 블렌더는 여러 지역에서 생산된 티를 혼합하여 고객에게 맛이 일정한 티가 공급되도록 한다. 고객은 언제나 같은 맛의 티를 기대하기 때문이다.

티 블렌딩 기술

허브 재료들을 혼합해 티 블렌드를 흥미롭게 창조하는 방법은 오래전부터 있었다. 오늘날의 티 애호가들은 티 공급자에게 방대한 향미와 선택권을 요구하고 있어, 허브의 블렌딩은 점점 더 인기를 끌고 있다.

티 블렌딩 기술에는 크게 허브 블렌딩, 첨가재 추가, 가향(또는 착향)·가미의 세 가지가 있다. 티 블렌드를 창조하려면 이 세 가지 방법 중 하나를 선택하거나 두 개 이상을 조합해 원하는 맛과 향을 만들어야 한다.

1. 허브 블렌딩

블렌딩에 가장 일반적으로 사용되는 허브 재료는 장미, 캐모마일, 페퍼민트, 히비스커스, 생강, 민트이다. 이 재료들은 목적한 티 블렌드를 창조하기 위해 다양한 양으로 찻잎과 블렌딩된다. 전통적으로는 맛을 내거나 약용으로 나무의 뿌리, 향신료, 과일, 허브 등을 블렌딩하였다. 또는 찻잎을 제외하고 허브만으로 블렌딩하여 카페인이 함유되지 않은 순수한 음료로 만들 수도 있다. 이런 종류의 음료를 티잰 또는 허브티라고 한다.

블렌딩할 때는 손으로 직접 할 수도 있고, 시멘트 혼합기와 비슷한 대형 혼합 통에 넣어 할 수도 있다. 블렌딩의 재현성을 유지하기 위해서는 각 재료의 무게와 비율을 기록해 두어야 한다. 그래야만 다시 블렌딩하였을 때도 동일한 향미의 블렌드를 만들 수 있다.

2. 첨가재

첨가재는 티 블렌드의 맛과 향에 변화를 주기 위한 것이 아니라, 미학적 또는 건강적인 요소를 더해 주는 재료이다. 일반적으로 사용되는 첨가재는 보통 건강적인 목적으로 블렌딩되며, 맛과 향은 부차적이다. 이는 첨가재가 훌륭한 티 블렌드의 향미를 만들 수도 있고, 무너뜨릴 수도 있다는 뜻이며, 혁신적인 티 블렌더는 첨가재를 매우 신중하게 사용한다. 설사 첨가재가 맛의 성분에는 전혀 변화를 주지 않더라도 색상에 미학적인 요소를 더해 주어 그 맛을 시각화하여 우리의 마음을 속이면서 티를 더 맛있게 즐기도록 하는 것이다.

예를 들면, 스트로베리 티 블렌드는 착향료를 대량으로 사용하지 않으면 그 맛을 내기 어렵다. 그런데 만약 건딸기 큰 조각을 넣거나 붉은색의 감미로운 첨가재를 선택하여 넣어 두면, 소비자들은 티 블렌드를 보기만 해도 딸기 맛이 난다고 상상할 것이다.

구기자(Goji berrie)는 티 블렌드에 첨가재로 사용될 수 있다. 티의 맛에 영향을 주지는 않지만, 시각적으로 미학적인 요소를 더해 준다.

얇게 썬 오렌지는 티 블렌드에 색상뿐 아니라 향과 질감도 더해 줄 수 있다.

3. 가향

티의 흥미로운 점은 주변의 향을 빨아들인다는 점이다. 예를 들면, 일본의 바다에 인접한 다원에서 생산된 티는 우렸을 때 바다 향과 채소 향이 난다. 같은 논리로 가공 과정이나 블렌딩 과정에서 원하는 재료를 선택하여 가향할 수 있다. 주로 사용되는 가향 재료는 재스민으로 오랜 기간 섬세한 백차나 녹차에 사용되었다. 그리고 베르가모트 오일bergamot oil은 현대식 얼 그레이 티 블렌드에 사용된다.

가향 과정은 수천 년 전에 중국 푸젠성에서 처음 시작되었다. 티의 가공 과정에서 재스민, 난초, 장미 등의 신선한 꽃을 사용하는데, 가공 과정이 완료된 건조된 찻잎 위로 층층이 꽃송이를 쌓고, 최대 4시간 정도 기다리면 된다. 꽃이 일찍 개화하는 것을 방지하기 위하여 보통 저녁에 작업이 진행된다.

고급 가향차의 경우에는 가향 과정에서 신선한 꽃으로 교체하기도 한다. 결과적으로 향이 한층 더 풍성해지며, 최고급 가향차가 만들어지는 것이다. 티에 향이 입혀지면 다시 건조해 티 한 잔이 만들어질 때까지 신선한 상태로 유지할 수 있다.

장미 꽃잎이나 재스민꽃, 라벤더꽃 등의 가향 재료는 건조된 상태로 티 블렌딩 과정에서 추가할 수도 있지만, 이 경우에는 최종 티 블렌드에 장미 꽃잎이 남는다.

최근에 시도된 새로운 가향 방법은 베르가모트 오일과 같이 정유essential oil를 사용하는 것이다. 오일은 주로 블렌딩 과정에서 사용하며, 원을 그려 가며 전체적으로 향이 잘 배도록 찻잎에 고루 뿌린다. 티에서 나는 과일 향 대부분은 첨가재와 오일을 적절히 혼합해 맛과 향을 고루 배가시킨 결과이다. 티 산업에 사용되는 가향(착향) 오일에는 천연 오일, 유사 천연 오일, 합성 오일의 세 가지가 있다.

천연 가향제는 오렌지나 장미 등의 천연 재료에서 추출하여 제조한 향이나 오일, 에센스를 의미한다. 유사 천연 가향제는 천연 성분과 분자 구조가 동일하지만, 사람이 인위적으로 만들었다는 점에서 다르다. 가향 티의 대부분은 제조비를 감안하여 유사 천연 가향제로 향을 내는데, 계절의 변화에도 영향을 받지 않아 천연 가향제에 비해 공급이 안정적이다. 마지막 합성 가향제는 인공적으로 제조되었으며, 천연 성분과는 분자 구조가 완전히 다르다.

찻잎과 건조 콘플라워(cornflower)의 꽃잎을 블렌딩하면 향긋한 티 블렌드가 된다.

이스탄불 므스르 차르슈(Mısır Çarsısı)
시장에서 판매 중인 다양한 블렌딩 재료들.
색깔이 울긋불긋 매우 다채롭다.

가정에서 티 블렌딩

수많은 티 애호가들은 가정에서 직접 티를 블렌딩하기도 한다. 티 애호가들은 기본적으로 맛의 특별한 취향이 있는 데다, 가정에서 비교적 빠르고 쉽게 블렌딩할 수 있으며, 비용 면에서도 티 블렌드를 구입하는 것보다 저렴하기 때문이다. 또 다양하게 티 블렌딩에 나서 자신만의 완벽한 티를 창조하는 과정이 큰 즐거움을 선사하기 때문이다. 블렌딩 재료는 별도로 구입하거나 뒤뜰이나 안마당에 허브나 식물을 재배해 사용하여도 좋다. 구입하거나 재배한 재료들을 적절히 배합하는 것도 즐거운 일이다.

블렌딩 재료의 구입처

블렌딩 재료로 자주 사용되는 허브나 향신료는 주위의 슈퍼마켓 진열대에서도 쉽게 구입할 수 있다. 보다 특별한 재료는 건강식품 상점이나 인터넷을 통해 구입할 수 있으며, 보통 적절한 가격으로 소량으로 구입할 수 있다.

시나몬, 클로브, 스타 아니스, 카르다몸, 건후추는 가정에서 만드는 블랙 차이 티black chai tea에 매우 잘 어울리며, 생강, 코코넛 조각, 건코코넛, 카카오 배유, 리코리스 뿌리, 고추는 다양한 티에 사용되어 향미를 북돋워 준다. 보다 맑고 연한 티를 블렌딩하고 싶다면, 꽃이나 과일을 사용하는 것이 좋다. 허브나 향신료는 말린 상태로 구입하며, 현지 시장이나 인터넷으로 구입하는 것이 가장 좋다.

블렌딩 재료는 대부분 포장하지 않은 상태로 판매하고 있어 구입할 당시에 밀폐 용기에 반드시 담아 가져와야 한다. 비닐봉지에 담겨 판매된 재료도 일단 개봉하면 반드시 밀폐 용기에 담아 보관한다.

▼ 라벤더 코코넛-리셔스 루이보스 티는 매우 특별하고 우아한 재료들로 블렌딩한다. 레시피는 114페이지를 참조.

루이보스

라벤더

카카오 씨의 떡잎(배유)

건코코넛

안마당 재료 활용하기

가정에서 티를 블렌딩할 때 좋은 점이 집 안마당이나 뒤뜰에 있는 재료를 사용할 수 있다는 점이다.

민트 잎이나 장미 꽃잎 등 정원에서 갓 따서 '수분으로 생생한' 재료로 사용하거나 같은 재료를 정원에서 채취한 뒤 말려서 '바짝 건조된' 재료로도 사용할 수 있는데, 취향이나 보유한 다기에 따라 적절히 선택하면 된다. 수분으로 생생한 재료에서 가장 많이 사용되는 것은 민트이다. 그런데 민트에도 매우 다양한 종류가 있다. 가장 효과가 좋은 것이 파인애플 민트, 리코리스 민트이

레몬과 민트

다. 이 밖에 캐모마일, 장미, 고수(잎이나 씨앗), 네틀nettle, 레몬 밤lemon balm, 레몬 버베나lemon verbena, 펜넬fennel의 잎이나 씨앗 등이 있다. 신선한 잎이나 꽃, 식물의 뿌리나 씨앗을 딴 다음에 손바닥으로 으깨 세포벽을 파괴하여 향이 나도록 한 뒤 머그잔에 담기만 하면 된다. 끓인 물에 띄워 8분 이상 두었다 찻잔에 부어 마신다.

건재료는 진한 티를 블렌딩할 때 좋은데, 리코리스, 생강, 치커리, 펜넬 뿌리를 사용하면 좋다. 건조할 때는 먼저 찻잎, 씨앗, 뿌리를 말려야 하는데, 방법은 다양하지만 식물의 줄기 전체나 뿌리 전체든지 크게 자르는 것이 좋다. 그런 다음 틀에 펼치거나 묶음으로 묶어 따뜻하고 바람이 잘 통하는 곳에 보관한다. 부엌 찬장이나 실내의 따뜻한 곳에 두는 것이 좋다. 5일 정도 지난 뒤에 찻잎과 씨앗을 제거하고, 다시 건조기에 넣어 보관한다.

보다 빠르게 건조하는 방법은 철제 구이판에 황산지를 깔고 찻잎, 씨앗, 뿌리 등을 넓게 펼쳐 4시간 정도 오븐에 약한 불로 굽는 것이다. 가장 빠르고 쉬운 방법은 단연 식품 건조기를 사용하는 것인데, 전기를 많이 사용하는 단점이 있다.

가정에서 가향차 만들기

가정에서 가향차를 만들기는 쉽지만, 긴 시간과 큰 인내력이 필요하다. 훈연 향이 나는 랍상소총이나 꽃 향이 나는 재스민 티 등 이미 가향된 티를 블렌딩하거나 꽃잎, 바닐라 열매, 커피 빈 등 향기가 강한 재료들을 사용해 블렌딩할 수도 있다.

기존의 가향차와 블렌딩하는 경우에는 기존의 향보다 더 좋은 향을 창조하기 위해 무수히 다양하게 작업을 시도해 볼 수 있다. 자신이 좋아하는 향미를 발견할 때까지 몇 번이고 시행착오를 거치기 때문에 소량씩 블렌딩하는 것이 좋다.

찻잎에 향을 가하는 데 자신만의 재료를 사용하고 싶다면, 일단은 기본 베이스가 되는 티의 품질이 좋아야 한다. 가향을 위한 가장 좋은 티로 홀 리프 등급의 실론 티나 중국 녹차와 같은 최상급의 티를 준비하는 것이 좋다. 이러한 티들이 가향 재료의 향을 잘 흡수하고 원하는 향미도 살려 준다.

좋은 가향 재료로는 사과, 진피나 진피 오일, 바닐라 열매나 진액, 커피 빈, 건조하거나 수분이 깃든 꽃잎, 스타 아티스, 고추 등이 있다.

이 재료들을 사용하여 가향할 때는 찻잎에 블렌딩 재료를 부드럽게 혼합하거나 가향된 찻잎을 블렌딩하여 밀폐 용기에 48시간 이상 보관해야 한다. 자신이 원한다면 더 긴 시간 동안 그 혼합물을 보관해도 되는데, 이 가향 재료는 티를 우리기 전에 제거하기보다 그대로 남겨 두는 것이 좋다. 단 말린 재료가 아닌 갓 채취한 신선한 재료를 사용하는 경우에는 티 블렌드에 가향하고 난 뒤에는 완전히 제거해야 부패되지 않는다. 쉽게 분리하려면 모슬린muslin 재질의 얇은 천에 블렌딩 재료를 넣으면 나중에 통째로 꺼내 제거할 수 있다. 어떤 방법으로 가향하든지 간에 가향차는 그 향미로 매우 맛이 좋다.

티 블렌딩 6단계

티 블렌딩을 시작하기 전에는 반드시 고려해야 할 사항이 있다. 티 블렌딩의 목적이 건강에 좋은 티를 만드는 것인지, 아니면 단순히 맛과 향을 좋게 하는 것인지 분명히 해 두는 것이다. 건강에 좋은 티를 블렌딩하는 경우에는 그 목적을 달성하기 위해 어떤 재료들을 사용해야 하는지 검토해야 한다.

맛과 향을 좋게 하는 블렌딩인 경우에는 상호 보완하는 블렌드이든, 상호 충돌하는 블렌드이든지 간에 과일 향, 향신료 향, 꽃 향 등과 같이 구체적으로 어떤 향미를 창조할 것인지 정확히 파악해야 한다. 상호 보완하는 꽃 향을 창조하고 싶다면, 장미나 재스민 등의 꽃잎이나 캐모마일이나 라벤더 등의 꽃송이가 좋다. 꽃 향미와 상호 충돌하는 독특한 향을 창조하고 싶다면, 향긋한 꽃 향을 베이스로 하고, 여기에 코코넛이나 카르다몸, 시나몬과 같은 향신료를 블렌딩하면 좋다. 블렌딩 재료는 필요한 만큼만 소량씩 사용한다. 일단 목적이 정해졌으면 티 블렌딩을 시작한다.

재료

주재료
특정한 종류의 티, 허브류, 루이보스와 같은 식물류.

블렌딩하는 허브들
수분이 있거나 건조한 허브 : 캐모마일, 페퍼민트, 히비스커스, 생강, 장미 등.
향신료 : 시나몬, 카르다몸, 클로브 등.

첨가재
건조된 꽃, 리코리스나 베리류 등 건과일.

가향(착향)제
신선한 꽃송이, 정유.

1. 지퍼락 백이나 밀폐 용기에 베이스 티를 5티스푼 분량으로 담는다. 베이스 티는 티 블렌드의 주재료로 특별한 티를 사용한다. 인도의 아삼 티가 될 수도 있고, 카르다몸과 같이 허브티가 될 수도 있다.

2. 티 블렌딩할 허브를 선택하고 1티스푼 한가득 담아 베이스 티에 넣는다. 블렌딩된 허브티는 기본 맛이 되며, 강한 맛을 원하면 허브의 양을 더 늘려도 된다.

3. 티 블렌딩할 두 번째 재료를 티스푼 한가득 담아 베이스 티에
   담는다. 추가로 블렌딩하려는 재료가 있다면, 마찬가지로 1티
   스푼을 넣는다. 티의 주요 향이 무엇인지 확인하고, 블렌딩했
   던 허브 중 어떤 것이 무엇을 보완하는지, 예를 들면 꽃 향이
   과일 향을 보완한다든지 등의 정보를 파악한다. 보통 허브는
   최대 3종류까지만 사용하며, 일반적으로 허브티는 맛이 단순
   할수록 좋다.

4. 원하는 경우에는 첨가재를 넣고 잘 혼합한다. 첨가재를 추가
   함으로써 향미는 달라지지 않지만, 미관상의 효과나 건강상
   의 효능을 높일 수 있다.

5. 가향차의 경우에는 향을 첨가한 뒤 밀폐 용기에 담아서 차고
   건조한 장소에 48시간 이상 보관한다.

6. 티를 맛보고 만족할 때까지 다양하게 실험해 본다.

베이스 티
+
블렌딩할 허브 1
+
블렌딩할 허브 2 / 첨가재 추가 / 가향제
+
첨가재 추가 / 가향제

블렌딩의 사례들

스파이스 오렌지 차이(Spiced Orange Chai)

· 홍차 5티스푼
· 클로브 1티스푼
· 카르다몸 깍지 1티스푼
· 크게 다진 건생강 1티스푼
· 얇게 다진 오렌지 껍질 1티스푼

베이스 티 옵션 : 루이보스 또는 예르바 마테
블렌딩 옵션 : 초콜릿 향을 원하는 경우에는 카카오 씨의 떡잎 1티스푼 또는 약간 특별한 맛을 원하면 크게 다진 시나몬 스틱

라벤더 코코-리셔스 루이보스
(Lavender Coco-Licious Rooibos)

· 루이보스 5티스푼
· 말린 라벤더꽃 1티스푼
· 건코코넛 1티스푼
· 카카오 씨의 떡잎 1티스푼

베이스 티 옵션 : 캐모마일, 녹차, 홍차
기타 옵션 : 말린 캐모마일 1티스푼이나, 꽃 향을 원하는 경우에는 장미 꽃잎 1티스푼 추가

웨이크 업 가든 블렌드(Wake-Up Garden Blend)

· 녹차 5티스푼
· 다지거나 저민 레몬그라스 2티스푼(생것이든 건조한 것이든 무관)
· 레몬 타임 잎 1티스푼(생것이든 건조한 것이든 무관)
· 장미 꽃잎 1티스푼(생것이든 건조한 것이든 무관)
· 히비스커스 꽃잎 1티스푼(생것이든 건조한 것이든 무관)

베이스 티 옵션 : 루이보스, 페퍼민트, 캐모마일, 녹차 블렌드
기타 옵션 : 말린 캐모마일 ½티스푼이나 꽃 향을 원하는 경우에는 말린 라벤더꽃 ½티스푼 추가, 은은한 향미를 느끼고 싶다면 말린 시나몬 1티스푼 추가

그린 민트 고지(Green Mint Goji)

· 녹차 3티스푼
· 민트 잎 3티스푼(생것이든 건조한 것이든 무관)
· 구기자 1티스푼
· 장미 꽃잎 1티스푼(생것이든 건조한 것이든 무관)
· 히비스커스 꽃잎 1티스푼(생것이든 건조한 것이든 무관)

베이스 티 옵션 : 페퍼민트, 캐모마일, 레몬그라스
기타 옵션 : 구기자의 과일 향보다 더 시원한 민트 향을 원하면 히비스커스를 빼 민트향이 배가되도록 한다.

▶ 중국 서단에 위치한 고대 도시 카슈가르(Kashgar)의 한 길거리 상인. 찻잎과 건과일, 허브로 티 블렌드를 만들고 있다.

티 믹솔로지

티는 티 라테에서 차이 로프까지 다양한 음료와 음식에 사용되는
그야말로 환상적인 재료이다.
예로부터 티를 베이스로 한 가장 일반적인 음식은
달콤한 아이스티와 애프터눈 티 케이크이다.
오늘날 티를 이용한 다채로운 음식이 개발되고 있지만,
동시에 과거로부터 내려온 티를 활용하는
전통적인 방식도 사랑을 받고 있다.

최근 몇 년간 기능성 식품 즉, 영양을 보충하고 건강을 증진시키는 식품이 하나의 큰 트렌드로 자리를 잡았다. 그중 항산화 물질이 다량으로 함유된 티는 다양한 종류의 음식과 음료에 혼합할 수 있는 흥미로운 재료로 각광을 받게 되었다. 맛차 티 칵테일과 얼 그레이 포치드 페어Earl Grey poached pear, 그리고 랍상 훈제 연어에서 슈퍼 티 스무디까지 티는 현대식 요리에 차원을 높여주는 재료이다. 다음은 가정에서도 즐길 수 있는 티를 베이스로 한 몇 가지의 레시피이다.

아이스티(iced tea)

아이스티는 1800년대 미국을 시작으로, 특히 남부 등 따뜻한 지역에서 티를 즐겁게 마시기 위해 만들어졌다. 기본적으로 아이스티는 아주 달게 만들며, 간혹 레몬이나 복숭아, 민트를 넣기도 한다. 아이스티를 제대로 만들려면 신선한 찻잎을 티로 우려내고 설탕을 넣은 다음에 얼음을 집어 넣는다. 여기에 신선한 과일이나 과일 시럽을 첨가할 수도 있다. 슈퍼마켓에서는 아이스티가 병에 담겨 판매되지만, 실제로는 티가 전혀 들어가 있지 않을 수도 있다.

아이스티는 티를 준비하는 속도와 시간에 따라 만드는 방법이 달라진다. 아이스티를 미리 만들어 두려는 경우에는 티를 뜨겁게 우린 다음에 냉장고에 넣어 차게 만든다.

빠르게 아이스티를 만들고 싶다면, 평소 물의 양의 절반으로 티를 두 배 진하게 우린 다음에 컵이나 얼음 컵에 한가득 담는다. 얼음이 녹으면서 강하게 우려진 티가 연해지고 차가워진다.

마지막으로 일명 '선 브루잉sun brewing'이라고도 하는 콜드 브루cold brew 티를 만드는 데는 여러 방법들이 있다. 뜨거운 물이 아닌 찬물에 오랜 시간 두고 우리는 방식이다(냉침 방식). 물의 온도가 낮으면 단맛이 높아지며, 영양 성분과 항산화 성분 또한 더 많이 우러나온다.

간단한 아이스티
▶ 1잔 기준

레시피 : 홍차 잎차 2티스푼 가득 또는 티백 2개를 뜨거운 물 200ml에 5분간 우린다. 기호에 따라 꿀, 설탕, 감미료를 첨가해 달게 만든다. 큰 얼음 잔에 붓는다. 잎차를 사용한 경우에는 유리잔에 담을 때 찻잎을 걸러 낸다.

팁 : 특별한 향미의 아이스티를 만들고 싶다면, 레몬 녹차와 같은 가향차를 사용할 수도 있다. 또는 일반 녹차를 우려내고 식힌 다음에 레몬주스나 레몬 슬라이스를 첨가해도 된다. 직접 설탕 시럽을 만들어 넣을 수도 있는데, 팬에 설탕 한 컵과 물 반 컵을 풀어 중간 세기의 불로 은근하게 녹인 다음에 식히면 된다. 그런 다음에 과일 주스에 시럽을 몇 방울을 넣고, 과일 퓌레나 좋아하는 과일을 아이스티에 넣어 잘 섞어 주면 된다.

▶ 상쾌한 아이스티 한 잔을 만들려면 진하게 우려낸 티를 얼음 잔에 붓기만 하면 된다.

맛차(抹茶, matcha)

맛차는 가루로 된 일본의 전통 티로 녹차 잎을 곱게 갈아 만든 것이다. 전통적으로 맛차는 뜨거운 물을 부어 가볍게 저은 뒤 걸쭉한 음료로 만들어 마셨다. 맛차는 일본 다도의 일부분으로 수백 년간 일본인들의 사랑을 받아 왔다. 원래는 승려들이 명상이나 금식을 하는 동안 정신을 일깨우는 예식에서 맛차가 사용되었다. 맛차를 마실 때는 찻잎 전체를 먹는 것과 동일하기 때문에 찻잎에 함유되어 있는 카페인, 미네랄, 항산화 물질을 섭취하는 것과 다름이 없다. 이 점 때문에 맛차는 강력한 슈퍼 푸드이기도 하다. 맛차에 관한 56~57 및 218페이지를 참조하길 바란다.

맛차는 다양한 요리에 사용될 수 있는 다채로운 재료이다. 아이스크림이나 슈거 비스킷, 버터크림, 스폰지 크림 케이크에 맛차를 믹스할 수 있다. 맛차는 스무디나 칵테일에도 잘 어울린다.

맛차 준비하기
▶ 1잔 기준

레시피 : 안이 우묵한 작은 사발인 차완茶碗에 맛차 가루 ½티스푼을 담는다. 그릇에 찬물을 25ml 붓고 뜨거운 물을 75ml 담는다. 대나무로 된 거품기인 차선茶筅을 사용해 가볍게 젖고, 차완 내부에 덩어리가 남지 않도록 가장자리와 바닥을 문지른다. 그런 다음에 표면에 거품이 일어날 때까지 'W'자 모양으로 휘저어 준다. 차선이 없다면 포크나 배터리로 작동하는 전동 거품기를 사용해도 된다. 단, 이 방법으로는 고품질의 맛차를 만들 수는 없다.

차선을 잘 헹군 다음에, 맛차를 사발 채로 즐긴다.

팁 : 식후에 보다 연한 맛차를 마시고 싶다면, 맛차 위에 뜨거운 물을 200ml 더 붓고 휘저어 주면 된다.

일본에서는 전통적으로 맛차를 준비할 때 차선(茶筅)이라고 하는 대나무로 된 거품기를 사용한다.

맛차 티 라테를 만들려면 거품이 일어난 우유를 붓고 맛차 가루를 위에 뿌리면 된다.

차이(chai)

인도 거리에서는 향신료를 가한 홍차인 차이를 쉽게 볼 수 있다. 차이는 오랜 기간 인도인들의 사랑을 받았으며, 우유를 넣어 아주 달콤하게 즐기는 티이다. 차이를 직접 만들 때는 전통적인 방식에 따라 향신료를 가미한 우유에 찻잎을 직접 우리거나 간편하게 차이 티 블렌드에 데운 우유를 추가할 수도 있다. 차이 티를 만드는 전통적인 방식은 다음과 같다.

차이를 만드는 전통 방식
▶ 머그잔 2잔 기준

레시피 : 중간 크기의 냄비에 우유 400ml를 붓고 물 200ml를 추가한다.

잎차로 된 홍차 3티스푼 또는 향신료가 가미된 홍차 티백 3개를 넣는다. 향신료는 어떤 것을 사용해도 되지만 기본은 시나몬 스틱 1개, 다진 카르다몸 꼬투리 4개, 클로브 4개, 2cm 정도의 생강 1개, 건후추 열매의 껍질을 까서 슬라이스한 것 ½티스푼이다. 원하는 재료를 다 넣었다면 10분간 끓인다. 그런 다음 각설탕 2티스푼, 꿀 또는 흑설탕을 넣고 3분간 더 끓인다. 이어 건더기를 걸러내면 차이가 완성된 것이다.

티 라테(tea lattes)

커피 열풍이 불면서 카페 라테는 매일 마시는 매우 친숙한 메뉴가 되었다. 라테의 달콤하고 크리미한 맛이 커피 맛을 높이며, 원하는 경우에는 시럽을 넣어 다양하게 마실 수 있어 많은 사람들에게 사랑을 받는 것이다. 그러나 커피만 라테로 만들 수 있는 것이 아니다. 사실 '라테'는 '스팀 우유'를 뜻하며, 커피 대신에 티를 추가하면 훨씬 더 건강하고 맛있는 음료를 만들 수 있다. 티 라테를 만들 때는 원하는 향신료를 얼마든지 사용할 수 있지만, 데운 우유에 어울리는 티는 차이와 맛차 정도로 몇 안 된다. 맛차 라테나 차이 라테는 전 세계 곳곳의 매장에서도 흔히 볼 수 있는 메뉴이다.

차이 티 라테 만드는 방법
▶ 머그잔 1잔 기준

레시피 : 차이 라테를 만들려면 좋아하는 차이 티 블렌드나 티백을 끓은 물 200ml에 넣고 6분간 더 끓인다. 끓이는 동안 우유 200ml에 꿀 또는 설탕을 2티스푼 넣고 막대기나 우유 거품기 또는 핸드 믹서를 사용해 거품을 낸다. 다 되었으면 거품이 인 우유를 차이에 붓고 맨 위에 거품을 올린다. 넛트 메그나 시나몬을 뿌리면 완성이다.

맛차 티 라테 만드는 방법
▶ 머그잔 1잔 기준

앞에서 설명하였듯이, 맛차는 모든 요리에 사용할 수 있는 매우 좋은 재료이다. 맛차를 즐기는 가장 간단한 방법 중 하나는 맛차 티 라테이다. 녹차의 채소 맛에 거품이 일어난 우유가 가미되면 약간 달고 크리미한 맛이 적절히 어우러진다. 맛차 티 라테는 특히 무거운 맛에도 큰 거부감이 없이 맛차를 즐겨 찾는 사람들이 마신다.

레시피 : 앞 페이지에 설명된 대로 맛차 100ml를 준비하고, 차선이나 우유 거품기 또는 전동 믹서를 사용해 우유 200ml에 거품을 낸다. 단맛을 원하는 경우에는 아몬드 밀크를 사용하거나 우유에 꿀이나 설탕을 2티스푼 정도 넣는다. 준비된 맛차에 우유를 붓고 맨 위에 거품을 올린 다음에 맛차 가루를 뿌려 완성한다.

한 길거리 상인이 자전거에 컵과 찻주전자,
가재도구 등을 가득 싣고 하노이 거리를 걷고 있다.
베트남의 기후는 차나무의 재배에 매우 적합하며,
국가적으로도 티 산업과 관련하여
거대한 성장 잠재력을 갖고 있다.

PART 4

티의 세계

아프리카

아프리카는 차나무의 재배에 있어 역사가 오래되지는 않았지만
최근 50년간 특히 동아프리카 해안국에서는 급속한 성장을 이루었다.
아프리카는 전 세계 티 생산량 면에서 아시아 다음으로 두 번째를 차지하고 있으며,
그중 62%가 케냐에서 생산된다. 비율상으로 아프리카는 연중 티 수출량이 가장 많은 지역으로
전 세계 티 생산의 12%를 담당하고 있다. 아프리카에서 생산되는 티는 향미가 풍부하고,
풀 바디감(full body)이 강해 CTC 홍차 시장에서 독보적인 우위를 차지하고 있다.
이러한 고급 티는 우유와 함께 아침에 즐기는 티로 자주 음용되며, 대부분 유럽, 중동, 북미 시장으로 수출된다.

티 생산 국가

(생산량 기준 순서)

케냐(Kenya)

아프리카에서 가장 많은 티가 생산되는 국가로 전 세계적으로는
3위를 차지한다. 케냐는 CTC 홍차 분야에서 단연 으뜸으로 전
세계 수출량의 22%를 점하고 있다. 다른 아프리카 국가들은 매
주 케냐 몸바사(Mombasa)에서 열리는 경매를 통해 수출 길을 확
보하고 있다.

생산량 : 43만 2400톤
수출량 : 23만 4181톤
수입량 : 8만 6893톤
소비량 : 8만 1257톤
1인당 연간 소비량 : 1.83kg
특징 : 진한 맛, 풀 바디감, 구릿빛의 CTC 홍차, 백차도 약간 생산됨

말라위(Malawi)

아프리카에서 1800년대 후반에 차나무가 처음으로 재배된 곳은
말라위이다. 말라위는 아프리카에서 케냐 다음으로 두 번째로 티
생산량이 많은 국가로 티는 케냐와 마찬가지로 대부분 홍차 블렌
드로 사용된다. 일부 전문 농장에서만 생산되는 프리미엄 티도
물론 있지만, 변화무쌍한 날씨와 차나무의 재배에 이상적이지 않
은 기후 탓에 말라위에서 생산된 티는 비교적 저가에 거래된다.
최근에는 말라위 특유의 기후에 맞는 품종을 개발하기 위해 다
양한 연구와 실험을 진행하고 있다.

생산량 : 5만 4000톤
수출량 : 3만 4679톤
수입량 : 60톤
소비량 : 6000톤
1인당 연간 소비량 : 0.40kg
특징 : 진한 맛, 풀 바디감, 구릿빛의 CTC 홍차

◀(앞페이지) 말라위 남부 지역에 위치한 해발 3000m의 물란제
(Mulanje) 산의 다원.

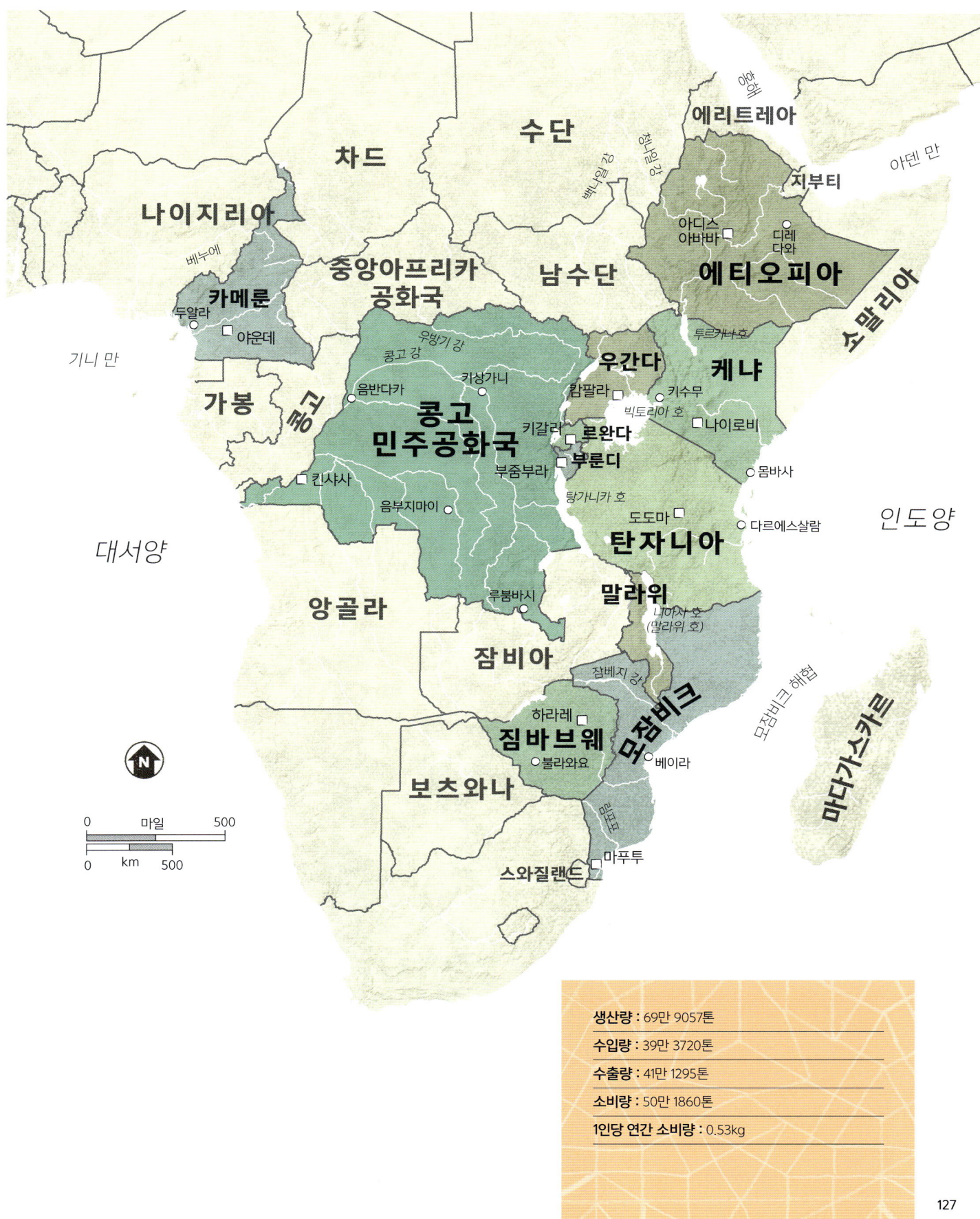

기니 만

대서양

나이지리아

차드

수단

에리트레아

아덴 만

카메룬

중앙아프리카
공화국

남수단

지부티

에티오피아

소말리아

두알라

베누에

야운데

아디스
아바바

디레
다와

우방기 강

콩고 강

우간다

케냐

투르카나호

가봉

음반다카

키상가니

캄팔라

키수무

빅토리아 호

나이로비

콩고
민주공화국

키갈리

르완다

킨샤사

부줌부라

부룬디

탕가니카 호

몸바사

음부지마이

도도마

다르에스살람

인도양

탄자니아

앙골라

루붐바시

말라위

니아사 호
(말라위 호)

잠비아

잠베지 강

모잠비크 해협

마다가스카르

짐바브웨

하라레

잠베지 강

모잠비크

벨리라

불라와요

보츠와나

림포포

스와질랜드

마푸토

생산량 : 69만 9057톤
수입량 : 39만 3720톤
수출량 : 41만 1295톤
소비량 : 50만 1860톤
1인당 연간 소비량 : 0.53kg

우간다(Uganda)

우간다에서는 티가 상당 부분이 수출되지만, 전쟁, 노동력 부족, 낮은 생산량, 부채 등의 이유로 수많은 어려움에 당면해 있다. 차나무의 재배에 적합한 기후와 지형으로 1980년대부터 티 생산량이 15배나 증가했지만, 앞서 말한 문제들로 인해 우간다산 티는 현지 바깥 시장에서는 인기가 좋지 않다. 생산된 티는 주로 케냐에서 판매되며, 고품질의 티 블렌드용으로 사용된다.

생산량 : 5만 3000톤

수출량 : 5만 톤

수입량 : 350톤

소비량 : 1800톤

1인당 연간 소비량 : 0.05kg

특징 : 진한 맛, 풀 바디감, CTC 홍차에는 부합하지 않아 케냐산 고품질 티와 혼합하기 위해 판매된다

부룬디(Burundi)

부룬디는 다른 지역에 비해 다소 늦게 1970년부터 티를 생산하였지만, 이곳의 티는 동아프리카 국가에서 생산되는 티 중에서도 두 번째로 높은 가격에 거래된다. 이는 케냐산 티보다 높은 가격이다. 티는 부룬디 경제를 지탱하는 효자 작물로 대개 시골 마을에서 생산되며, 고용 효과도 창출하고 있다. 열대 기후와 높은 산간 지대 덕분에 티의 품질 또한 좋아 차나무의 재배지로 이상적이다.

생산량 : 4만 1817톤

수출량 : 9700톤

수입량 : 없음

소비량 : 데이터 없음

1인당 연간 소비량 : 데이터 없음

특징 : 진하고 향이 풍부하다

탄자니아(Tanzania)

탄자니아산 티는 지역별 편차가 크고 생산량도 일정치 않아 케냐산이나 르완다산 티에 비해 현저히 낮은 가격에 거래된다. 찻잎의 수확이 일정하지 않고, 가공 과정에 대한 표준도 정해져 있지 않은 데다 노동력도 적어 안정적인 티 공급을 기대하기 어렵다.

생산량 : 3만 3700톤

수출량 : 2만 7100톤

수입량 : 60톤

소비량 : 6800톤

1인당 연간 소비량 : 0.14kg

특징 : 진한 CTC 홍차, 복잡한 과일 향이 풍부하다

모잠비크(Mozambique)

모잠비크산 홍차는 주로 국내 시장에서 판매되지만, 정치적 불안으로 인해 티 생산이 마비된 상황이어서 티의 거래 가격에도 영향을 미치고 있다.

생산량 : 2만 3000톤

수출량 : 2500톤

수입량 : 250톤

소비량 : 2만 700톤

1인당 연간 소비량 : 0.80kg

특징 : 진하고 향기로운 홍차

르완다(Rwanda)

르완다에는 단 11곳의 다원이 있으며, 이곳에서 생산되는 티는 동아프리카 국가산 티 중에서 가장 높은 가격에 거래되며, 수출 경쟁력도 높다. 기후와 지형 등 환경이 우수하고, 강우량도 많으면서 토양에는 영양이 풍부하다. 최근 10년 동안에는 정치적 불안으로 생산량이 줄어들었지만, 전방위적으로 복원이 진행되고 있다.

생산량 : 2만 2185톤

수출량 : 2만 11톤

수입량 : 250톤

소비량 : 2500톤

1인 연간 소비량 : 0.29kg

특징 : 고품질의 CTC 및 오서독스 홍차가 생산된다

짐바브웨(Zimbabwe)

짐바브웨는 연간 강수량이 600mm도 채 되지 않아 관개 시설에 크게 의존하고 있다. 차나무를 재배하는 곳은 두 곳으로 치핑Chipping과 혼데 밸리Honde Valley이다

생산량 : 1만 9000톤

수출량 : 1만 1500톤

수입량 : 350톤

소비량 : 7600톤

1인당 연간 소비량 : 0.54kg

특징 : 진한 향미와 찻빛이 매우 짙다

에티오피아(Ethiopia)

에티오피아산 티는 에티오피아 남부 케냐 국경 지대에서 생산된다. 기후와 지형이 케냐와 비슷하기 때문에 맛과 향 등 케냐산 티의 품질을 빠르게 따라잡고 있다.

생산량 : 7400톤

수출량 : 318톤

수입량 : 없음

소비량 : 7119톤

1인당 연간 소비량 : 0.08kg

특징 : 진한 맛, 풀 바디감의 향미와 깊은 맛이 있다

카메룬(Cameroon)

카메룬에서 차나무를 재배하는 곳은 톨레Tole(저지대), 응두Ndu(고지대), 드주팃사Djuttitsa의 단 세 곳이다. 모두 소규모로 티를 생산하지만 고품질을 자랑하며, 산지마다 다른 향미의 티를 생산하고 있다.

생산량 : 4700톤

수출량 : 없음

수입량 : 230톤

소비량 : 4700톤

1인당 연간 소비량 : 0.22kg

특징 : 밝은 색상, 향미가 좋은 CTC 홍차로 우유와 함께 즐긴다

콩고민주공화국
(Democratic Republic Of The Congo)

콩고민주공화국산 티는 르완다 접경 지대 중에서도 기후와 지형이 차나무의 재배에 특히 적합한 고산 지대에서 주로 생산된다.

생산량 : 2900톤

수출량 : 65톤

수입량 : 180톤

소비량 : 2500톤

1인당 연간 소비량 : 0.25kg

특징 : 밝은 색상, 상쾌한 향미, CTC 및 오서독스 방식으로 티가 모두 생산된다

◀ 브룬디의 중심지인 무람비야(Muramvya)에 위치한 테자(Teza) 티 가공 공장에서 수출용으로 포장한 티. 커피 및 티는 수출되며, 국가의 해외 수입원에서 대부분을 차지한다.

케냐

케냐는 전 세계 3위의 티 생산 국가로 아시아 국가들이 장악하다시피 하는 티 산업에서 아프리카를 대표하는 국가이다. 아프리카 대륙에서는 매년 70만 톤에 육박하는 티가 생산되며, 그중 62%가 케냐산이다. 수출 비율로만 따지면, 케냐는 티를 가장 많이 수출하는 나라로 전 세계 수출 시장에서 무려 22%를 차지한다. 뿐만 아니라 케냐는 풀 바디감이 있는 CTC 홍차를 생산함에 있어 압도적인 우위를 차지하며, 블랙 브렉퍼스트 블렌드(black breakfast blend)는 유럽, 캐나다, 중동, 일본 등의 주요 수출 시장에서 큰 인기를 끌고 있다.

차나무의 재배는 두 가지의 형태로 이루어지는데, 샴바(shamba)라고 하는 농촌 지역의 소규모 농지에서 이루어지거나, 대기업에서 직접 농장을 운영하는 형태이다. 소규모의 농가 모델은 여러 장단점이 있지만, 케냐가 세계에서도 단연 으뜸이다.

티의 역사와 발전

케냐에 티가 처음 유입된 것은 1900년대 초로 영국의 케인즈 Caines 형제가 인도에서 가져온 차나무를 케냐의 고산 지대에 심은 것이 시초이다. 그 후로 케냐의 티 산업은 1963년 독립되기 이전까지 꽤 오랫동안 영국의 지배를 받았다. 또한 독립과 동시에 케냐 농민의 차나무 재배를 장려하는 법이 통과되었고, 케냐 티 발전 위원회Tea Development Authority, KTDA도 설립되었다.

이 무렵 티는 케냐의 중요한 수출품이 될 만한 잠재력을 충분히 갖추고 있었으며, 여러 국가 기구의 전폭적인 지원과 관리가 이루어지면서 티 산업이 육성되었다. 관련 단체에서는 생산량을 늘리고 지속적으로 좋은 품질을 유지하기 위해 많은 노력을 기울였고, 경작 가능한 토지에도 자원을 투자하였다.

생산량 : 43만 2400톤	
수출량 : 23만 4181톤	
수입량 : 8만 6893톤	
소비량 : 8만 1257톤	
1인당 연간 소비량 : 1.83kg	

◀ 케냐 애브데어 산맥의 시원한 날씨와 비옥한 토양은 차나무를 재배하여 홍차를 생산하기에 이상적인 환경이다.

케냐는 고산 지대에서 일부 소규모의 자작농이 차나무를 재배하기 시작하였지만, 오늘날에는 전 세계에서도 가장 많은 자작농들이 밀집해 있다. 그 재배 면적도 6만 9000헥타르에 달하며, 13개 지역 60개 이상의 가공 공장이 운영되고 있다. 케냐에는 기업이 운영하는 대규모의 다원도 많이 있지만, 소규모 자작농가의 수는 이를 훨씬 뛰어넘는다.

기후와 지형이 수확에 미치는 영향

케냐에서 차나무가 주로 재배되는 곳은 그레이트 리프트 밸리 Great Rift Valley 양쪽 고산 지대이다. 이 대지구대는 에콰도르에 걸쳐져 있으며, 고도가 1500m~2700m로 높고, 맑고 화창한 날이 오래 지속되며, 연간 강수량이 일정해 차나무의 재배 환경으로는 최적이다. 거기에 더해 붉은 화산토는 영양이 매우 풍부하여 연중 내내 찻잎을 수확할 수 있다.

찻잎을 수확하여 가공하는 과정은 일부 대규모의 다원을 제외하고는 여전히 수작업으로 이루어진다. 맨 위의 새싹과 그 아래의 두 찻잎을 따는 일아이엽 방식으로 매주 또는 격주로 일 년 내내 수확하며, 1월 말이나 7월에 생산된 것이 가장 품질이 좋다.

소규모의 자작농들은 주로 중앙의 공장을 함께 공유하여 그 지역에서 생산된 티를 가공하는데, 대부분 CTC 홍차를 생산한

다. 또한 KTDA에서는 좋은 품질의 찻잎을 수확하여 티를 생산할 수 있도록 자작농들에게 교육과 방침을 제공하고 있는데, 티표준을 준수하여 세계적으로 인정을 받는 티를 생산하도록 노력하고 있다.

케냐에서는 일부 필요한 경우를 제외하고 살충제의 사용을 엄격히 제한하지만, 붉은 토양에 영양을 보충하기 위해 비료는 사용하고 있다. 주로 유기농 비료를 사용하는데, 유기농 비료는 차나무를 가지치기하고 바닥에 떨어진 잔여물로 만든다.

소규모 농가를 지원하는 KTDA

케냐에서는 국가적 차원에서 소규모 자작농에게 차나무의 재배를 권장하고 지원한다.

케냐의 소규모 농가들에게 티는 매우 중요한 생계 수단이며, KTDA가 중앙에서 그 생산을 관리하기 때문에 티의 표준을 유지하고 있어 일반 다원에서 생산되는 티와 경매 가격이 비슷하게 유지된다. 또한 KTDA는 열대다우림연합 등 다양한 기관과 파트너십을 맺어(68페이지 참조) 자작농들에게 공장에 대한 소유권 일부를 제공하고 토지도 되돌려 주도록 하고 있다.

케냐에서 티는 국가적 차원의 주요 수출품이기 때문에 케냐의 티 산업계는 잠재적으로 성장 가능성이 높고 전망도 밝다. 현재 많은 수의 종사자들이 빈곤층인데, 이들의 생활수준이 앞으로 나아질 것이라 보는 사람이 있는가 하면, 전 세계 티 수요를 맞추기 위해 공급망 맨 아래에 있는 이들 하위층들이 더욱더 착취당할 것이라 보는 사람도 있다.

일반적으로 차나무의 재배 환경은 열악하며, 중앙 관리 시스템으로 인해 최종 구입자와의 가격 협상 등 의사 결정에서 소규모 농가들의 의견은 배제되고 있다. 또한 외부 자선 단체나 비정부기구(NGO)가 개입하지 못해 이들에게 도움을 주기도 어려운 실정이다. 다행히 경매에서는 대규모 다원에서 생산되는 티와 대등하게 공정한 가격이 매겨지지만, KTDA에 가입하려면 가입비를 내야 해서 소규모 농가들은 여전히 불리한 입장이다.

소규모 농가들과 중앙에서 관리하는 공장의 경우에는 이해관계가 팽팽하기 때문에 농부들은 자신이 생산한 티에 대한 소유권을 주장하기 어려운 경우도 있다. 그러나 최근 5년 전부터는 일부 지역에서 공장 소유권을 농가들과 공유하기 시작하여 변화의 바람이 불고 있다.

◀ 케냐 마사이족 여성들이 티를 마시고 있다. 케냐의 국내 티 소비량은 급속도로 증가해, 현재 1인당 평균 소비량은 1년 기준으로 대략 2kg 정도이다.

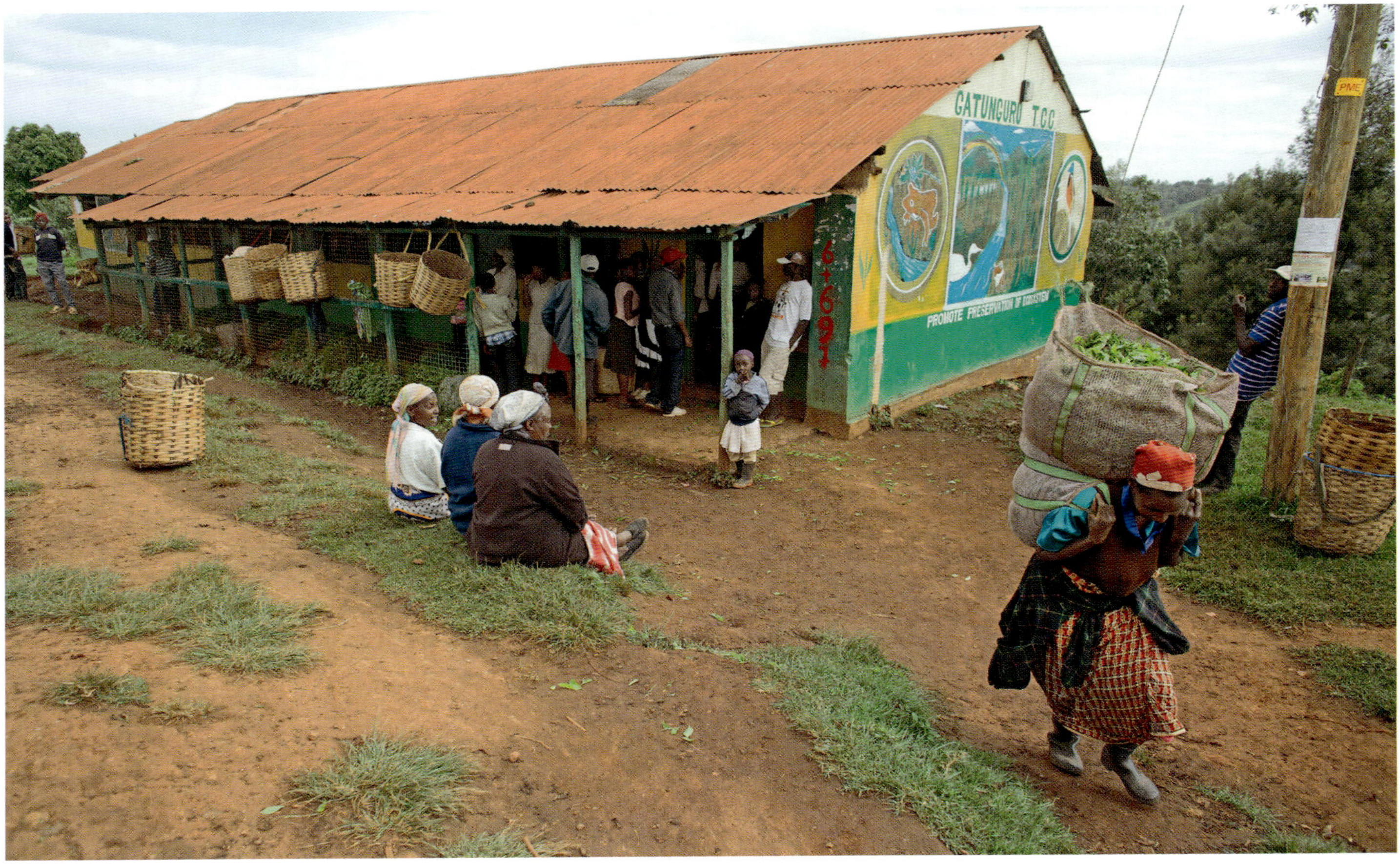
GATUNGURU T.C.C
6+691
PROMOTE PRESERVATION OF

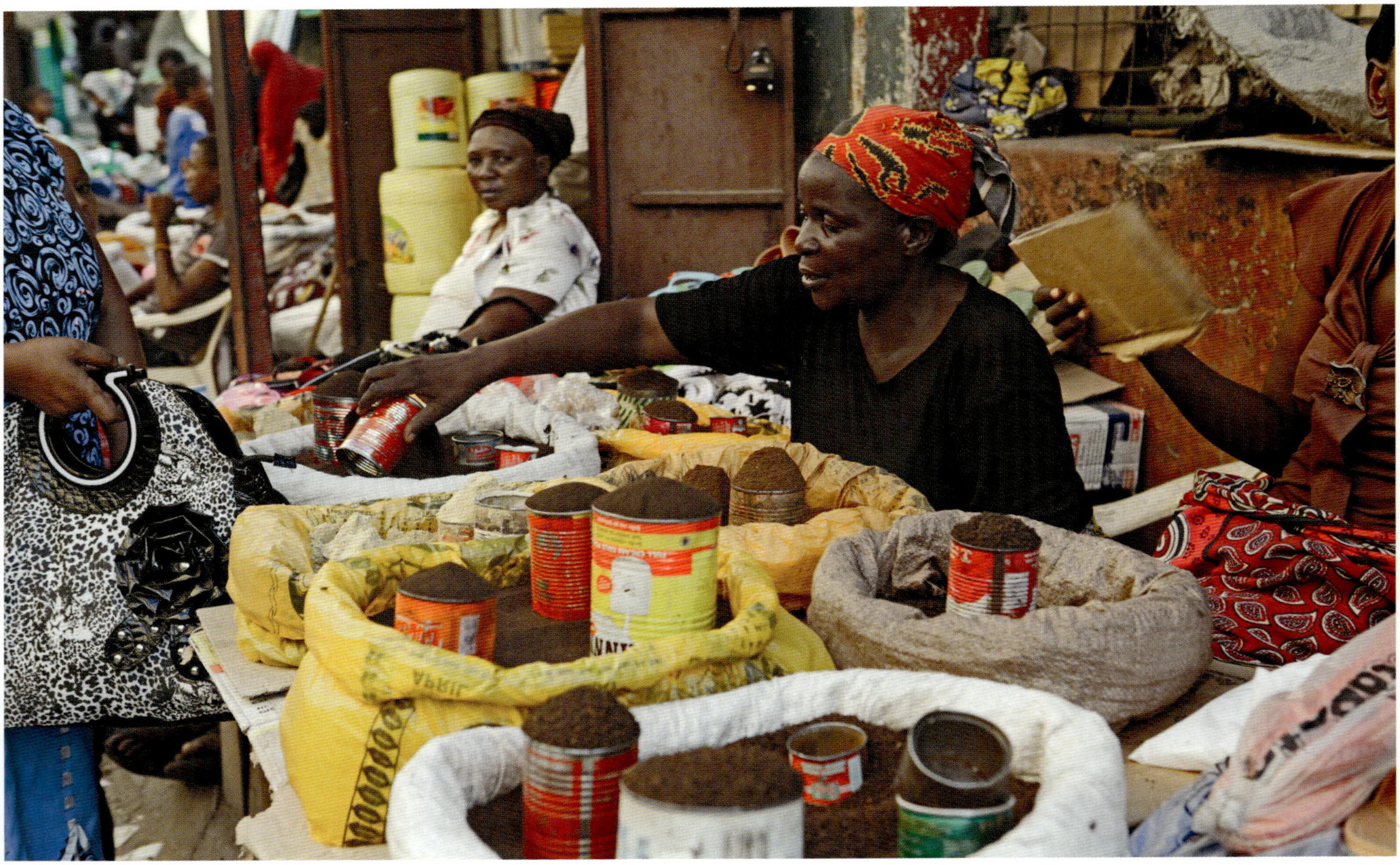

지역

애버데어 산맥(Aberdare Ranges)

티 종류 : CTC 홍차

기후/지형 : 구불구불한 언덕, 해발고도 1700m~2200m, 시원한 열대 우림 기후, 비옥한 토양

위치 : 나이로비 북서쪽 30km 지점

공장 : 캄바Kambaa, 마타라Mataara, 카그웨Kagwe, 테타Theta, 네게레 Negere, 기탐보Githambo

케냐 산(Mount Kenya)

티 종류 : CTC 홍차

기후/지형 : 해발고도 500m~2200m, 비옥한 화산토, 강우량이 많고 시원한 기후

위치 : 나이로비 북동쪽 152km 지점, 케냐 산 남동쪽 경사지

공장 : 응디마Ndima, 캉가이타Kangaita, 문가니아Mungania, 키문예 Kimunye, 투마이타Thumaita, 카탕가리리Kathangariri

냠베네 고원(Nyambene Hills)

티 종류 : CTC 홍차

기후/지형 : 해발고도 1500m~1950m, 점토가 많은 비옥한 토양, 강우량이 많고 시원한 기후

위치 : 케냐 중심부

공장 : 웨루Weru, 키노로Kinoro, 키오뇨Kionyo, 이멘티Imenti, 기통고 Githongo, 이젬베Igembe, 미침쿠루Michimikuru, 키고이Kiegoi

케리초 고원(Kericho Hillands)

티 종류 : CTC 홍차

기후/지형 : 해발고도 1500m~2150m, 빅토리아 호와 마우Mau 숲에 이르는 지역으로 강우량이 풍부

위치 : 마우 숲과 키시이 고원 사이

공장 : 토로르Toror, 테가트Tegat, 모물Momul, 리테인Litein, 글랄 Chelal, 캡카테트Kapkatet, 모고고시크Mogogosiek, 코벨Kobel

키시이 고원(Kisii Highlands)

티 종류 : CTC 홍차

기후/지형 : 해발고도 1500m~2150m, 빅토리아 호 유역으로 물이 많고 따뜻한 날씨, 미네랄이 풍부한 토양

위치 : 케리초 고원 서쪽에서 빅토리아 호 방향

공장 : 상가니Sanganyi, 톰베Tombe, 기안코레Gianchore, 냔시응고 Nyansiongo, 케비리고Kebirigo, 냔코바Nyankoba

난디 힐 및 서부 고원(Nandi Hills & Western Highlands)

티 종류 : CTC 홍차, 백차

기후/지형 : 해발고도 1600m~2000m, 따뜻하고 강우량이 많은 날씨, 미네랄이 풍부한 토양

위치 : 케냐 서쪽, 에콰도르 부근 카카메가Kakamega 국립공원 인근

공장 : 체부트Chebut, 캅투모Kaptumo, 무데테Mudete, 캅사라 Kapsara, 올렌구루온Olenguruone

케냐에서 생산되는 티의 종류

밝은 색상과 상쾌한 맛을 지니고 붉은 구릿빛을 띠는 케냐산 티는 거대한 블렌딩 기업에 대량으로 판매되어 블랙 브렉퍼스트 티 블렌드에 사용된다. 단일 다원의 케냐산 티를 찾기는 매우 힘들다.

케냐산 티는 수요가 높아 경매에서 높은 가격에 거래된다. 특히 다른 아프리카 국가의 티와 비교하면 월등히 높은 가격에 판매된다. 케냐에서 생산되는 블렌딩용 티는 풀 바디감이 강한 CTC 홍차로 색깔이 밝고 맛도 깔끔하여 대개 우유를 넣어 마신다. 이 밖에 백차와 녹차도 일부 생산한다.

▲ 케냐에서 티는 고용 효과를 창출하는 중대한 산업이다.

▼ 몸바사 구시가지의 시장에서 한 길거리 상인이 현지에서 생산된 다양한 티를 판매하고 있다.

실버백 화이트 티(Silverback White Tea)

지역 : 난디Nandi

기후/지역 : 해발고도 2000m의 고지대, 안개가 많고 습도가 높음, 맑고 화창한 날이 길게 지속되는 날씨, 화산토

가공 방법 : 수작업으로 찻잎을 수확하여 부드럽게 건조, 매년 600kg만 생산함

맛 : 달고 향이 가득함, 꿀향으로 부드러우면서 입안을 감도는 맛

밀리마 블랙 티(Milima Black Tea)

지역 : 케리초 고원

기후/지역 : 해발고도 1900m, 시원하고 암석이 많은 토양

가공 방법 : 오서독스 방식으로 티 생산

맛 : 자극적이고 따뜻하며, 약간의 향신료를 가미한 듯한 향

몸바사의 음바라키(Mbaraki) 항구에 위치한
티 저장고 내부. 인부들이 컨베이어 벨트에
티가 담긴 포대자락을 옮기고 있다.
티는 케냐의 주요 외화 수입원으로
케냐 최고의 항구 도시인 몸바사에서는
매주 티 경매가 열린다.

WARNING

DO NOT OPERATE
WITH COVER
OPEN*

루이보스

루이보스 또는 레드 부시red bush라고 하는 티잰은 루이보스나무의 잎으로 만든 카페인이 없는 천연 음료이다. 나무의 학명은 아스파라투스 리네아리스*Aspalathus Linearis*. 루이보스는 남아프리카 지역에서 자라며, 잎이 건조되면 특유의 붉은 빛깔을 띤다. 아프리칸스어로는 '루이보스', 영어로는 '레드 부시' 모두 잘 어울리는 이름이다.

남아프리카공화국의 사람들은 루이보스를 즐겨 마신다. 중국인들이 녹차를 사랑하고, 영국인들이 매일 같이 홍차를 마시는 것과 같다. 특히 카페인이 없고 항산화 성분이 다량으로 함유되어 있어 건강에 좋을 뿐만 아니라 피부에도 좋다. 루이보스의 효능이 알려지면서 최근 몇 년간 전 세계적으로 루이보스 음료의 인기가 높아졌다. 많은 사람들이 루이보스를 허브티 또는 티잰으로 분류하고 있다. 거의 모든 향미와 잘 어울리기 때문에 블렌딩 재료로도 탁월하다(110페이지 참조).

마시는 방법

루이보스는 건조된 잎을 끓는 물에 4분 정도 우려낸다. 예로부터 루이보스는 잎차의 형태로 사용했지만, 요즘에는 티백으로도 많이 사용한다. 카멜리아 시넨시스 품종의 일반적인 티와는 달리 오래도록 우려도 맛이 쓰거나 진해지지 않는다.

루이보스는 매우 다양하게 활용되는데, 그 인기가 높아지는 것도 이 다양한 활용성과 관련이 있다. 견과류 향과 흙 향이 약간 나며 색상이 진한 붉은빛을 띠기 때문에 우유와 설탕을 넣어 마시면 매우 잘 어울린다. 넣지 않고 그대로 마시는 것도 좋다.

루이보스는 특유의 맥아 향으로 인해 커피 대체품으로도 각광을 받고 있다. 특히 거품을 낸 우유와 꿀을 추가하여 만든 티 라테는 그 인기가 매우 높다(119페이지 참조).

재배, 수확, 가공

루이보스나무를 재배하고 잎을 수확하여 가공하는 과정은 티와 매우 유사하지만, 레드 루이보스red rooibos와 그린 루이보스green rooibos, 단 두 종류만 있을 뿐이다.

레드 루이보스는 주로 볼 수 있는 일반적인 루이보스로서 완전히 산화시킨 것이다. 반면 그린 루이보스는 녹차와 유사하게 산화 과정을 거치지 않았기 때문에 색상이 녹색이다. 그린 루이보스는 예르바 마테나 캐모마일과 같이 풀 향과 야채 향이 많이 나며, 레드 루이보스는 홍차와 유사하게 맥아 향과 약간의 흙 향이 난다.

역사

루이보스는 수백 년 전부터 남아프리카에서 생산되어 현지인과 여행자들 사이에서 즐겨 마시는 음료였다. 티와 달리 루이보스는 무역 상품으로 거래되지 않아 인기가 많지 않았으며, 18~20세기까지도 남아프리카를 제외하고 잘 알려지지 않았다.

그런데 최근에 와서는 티 산업에 주요 변화 중 하나로 인식될 정도로 루이보스의 인기가 높아지고 있으며, 슈퍼마켓에서도 쉽게 접할 수 있게 되었다.

▲ 루이보스 잎은 낫으로 일일이 벤 다음, 깔끔하게 묶어 가공 단계로 옮겨진다.

▼ 남아프리카공화국 웨스턴케이프에 위치한 세더버그(Cedarberg)에서 농부들이 햇빛에 잘 말린 루이보스 잎을 걷어 내고 있다. 루이보스나무는 남아프리카공화국에서만 유일하게 자란다.

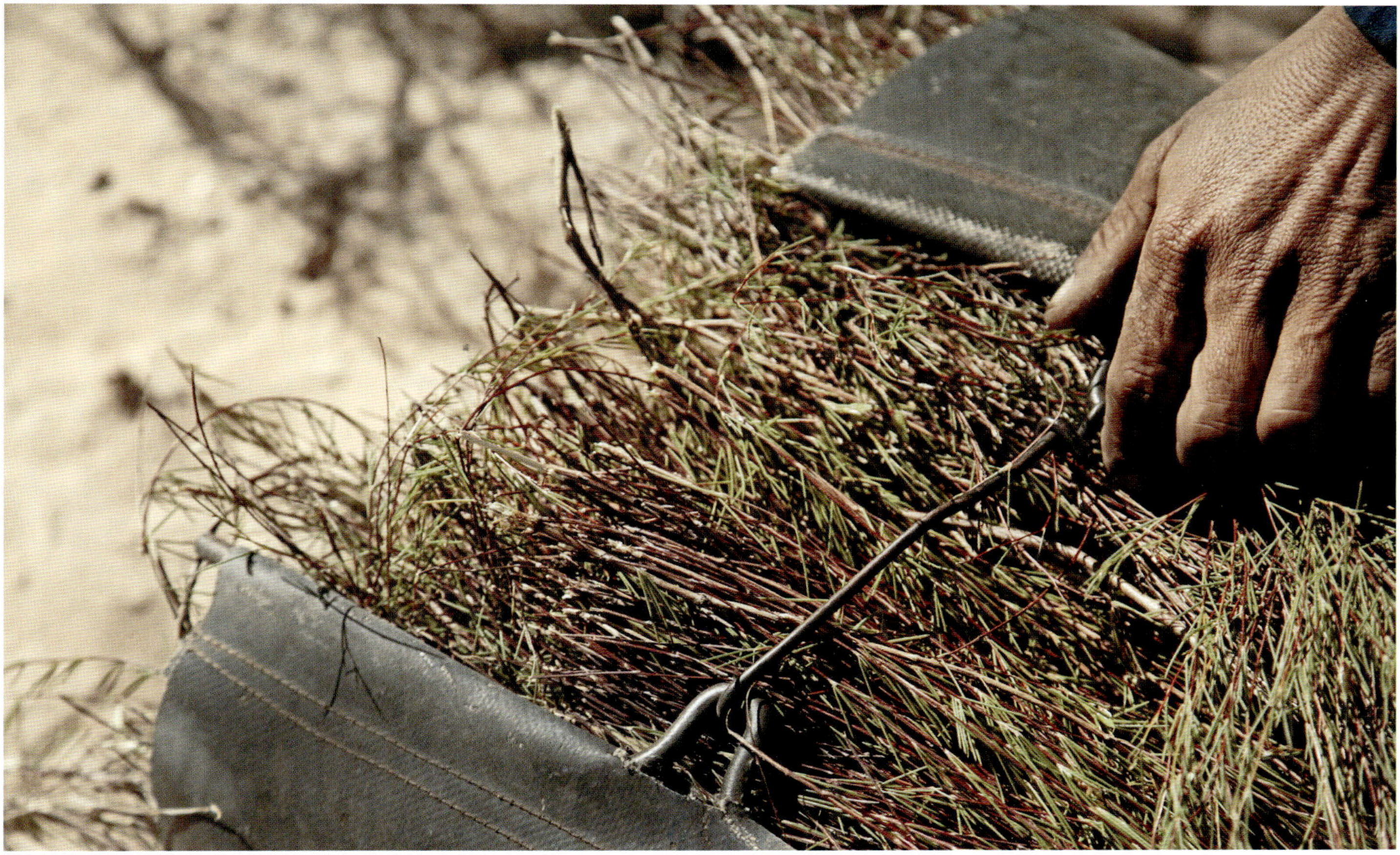

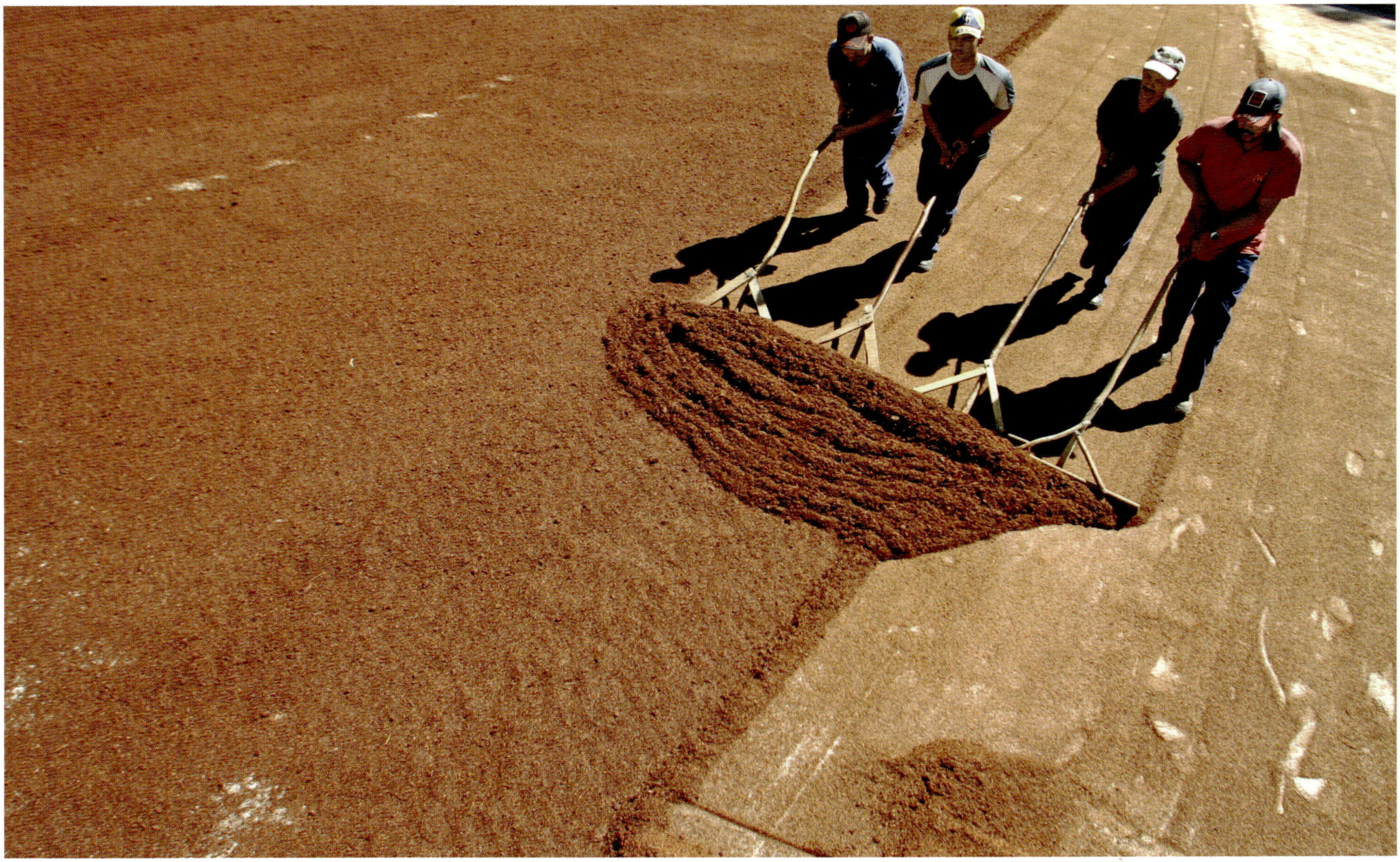

인도 아대륙

인도 아대륙은 티 산업의 본고장이라고 할 수 있는 주요 지역들이 밀집해 있으며,
티 애호가들도 가장 많이 거느리고 있다. 인도와 스리랑카는 티 생산량에서도 상위 10위국에 속한다.
인도 히말라야 산지에 그 기원을 두고 있는 아사미카 품종의 차나무는 19세기 영국의 식민지 지배에 놓인
이후로 상업적인 용도에 맞게 성공적으로 재배되고 있다.
영국은 유럽의 티 수요를 맞추기 위해 중국에서 티를 수입하지 않고 식민지에 다원을 설립하였는데,
이로써 인도 아대륙의 여러 국가들은 티 산업이 크게 번창하기에 이른다.

티 생산 국가

(생산량 기준 순서)

인도(India)

인도 아대륙 국가 중 가장 많은 양의 티를 생산하며, 전 세계 티 생산 국가 중에서는 2위(홍차는 1위)를 차지한다. 인도는 다양한 종류의 홍차를 생산하는데, 그중 일부는 이름만 들어도 알 정도로 유명하여 사람들이 즐겨 찾는다. 인도산 티는 계절별로 생산하며, 티 이름 다음에 차나무의 재배지 위치와 수확 시기, 티의 등급 등 정보가 적혀 있는 것을 흔히 볼 수 있다.

생산량 : 120만 8780톤
수출량 : 22만 5082톤
수입량 : 2만 1257톤
소비량 : 96만 1409톤
1인당 연간 소비량 : 0.77kg
특징 : 다양한 종류의 홍차, 가장 유명한 홍차는 다르질링, 아삼, 닐기리 지역에서 생산된 홍차이다

스리랑카(Sri Lanka)

스리랑카는 다른 지역에 비해 영토가 작지만 국가 경제와 사회 속에 티 산업이 뿌리 깊게 자리하고 있으며, 생산량에서도 세계 4위를 점하고 있다. 스리랑카산 티의 대부분은 해외 시장으로 수출되며, 특히 중동, 유럽, 일본으로 많이 수출된다.

생산량 : 34만 250톤
수출량 : 31만 8300톤
수입량 : 6700톤
소비량 : 2만 7600톤
1인당 연간 소비량 : 1.3kg
특징 : 다양한 종류의 홍차뿐만 아니라 녹차와 백차도 일부 생산한다. 티는 생산되는 지대의 높이에 따라 저, 중, 고지대 티로 분류된다

◀ (앞 페이지) 티는 방글라데시의 주요 산업으로 실렛(Sylhet)을 포함한 여러 지역에서 생산된다. 방글라데시에는 앞 페이지 사진 속 다원을 포함해 150개 이상의 다원이 있다.

파키스탄

중국

타르 사막

델리
뉴델리
파리다바드
아그라
야무나 강
러크나우
갠지스 고원
바라나시
갠지스 강

네팔
카트만두
부탄

브라마푸트라 강

방글라데시

버마
(미얀마)

아마다바드

나르마다 강
샛퓨라 산맥

나그푸르

인   도

마하나디 강

벵골 만

뭄바이
푸네
데 칸
하이데라바드
고다바리 강

아라비아 해

첸나이
벵갈루루

인도양

코치

인도양

스리랑카

콜롬보

생산량 : 163만 3618톤	
수출량 : 55만 4501톤	
수입량 : 2만 9011톤	
소비량 : 105만 7318톤	
1인당 연간 소비량 : 1.5kg	

방글라데시(Bangladesh)

인도 아삼 지역의 티가 전파되면서 방글라데시에서는 1800년대부터 차나무를 재배하기 시작했다. 당시 수출이 전혀 없었음에도 티 산업에서 강세를 보였다.

생산량 : 6만 4000톤

수출량 : 838톤

수입량 : 674톤

소비량 : 5만 8700톤

1인당 연간 소비량 : 0.38kg

특징 : 진하고 향이 좋은 홍차, 우유와 함께 마시면 최상이다

네팔(Nepal)

히말라야 산자락에 위치한 네팔은 차나무를 재배하기에 좋은 기후를 갖고 있다. 네팔 국내 시장에서도 티에 대한 관심이 높지만, 최근에는 해외에서도 네팔산 티의 인기가 높아지고 있다. 이는 수출로도 연결되어 좋은 성과를 나타내고 있다.

생산량 : 2만 588톤

수출량 : 1만 281톤

수입량 : 380톤

소비량 : 9609톤

1인당 연간 소비량 : 0.35kg

특징 : 고품질의 오서독스 홍차

◀ 방글라데시 다원 노동자의 75%는 여성이다. 몰비바자르(Moulvibazar) 지역에 위치한 한 다원에서 여성 노동자들이 수확한 찻잎을 등에 짊어지고 운반하고 있다.

인도

전 세계에서 티 애호가들이 가장 많은 국가는 단연 인도로 매년 인도인들은 전 세계 티의 23%를 소비한다. 환산하면 하루에 20억 잔이다! 또한 인도는 세계 2위의 티 생산국이기도 하다. 이는 겨울철에는 티를 생산할 수 없는 환경임을 고려하면 주목할 만한 점이다. 다른 국가들은 대개 연중 내내 티를 생산하기 때문이다. 그러나 티의 본고장 인도에서도 19세기까지는 음료가 아닌 약용으로만 사용되었다. 그러다 이 시기에 대영제국으로부터 식민지로 지배되면서 대규모 다원들이 조성되기 시작하였다. 급증하는

영국의 티 수요를 맞추기 위해서였다. 이에 따라 인도 전역으로 홍차가 확산되면서 마살라 차이와 같은 인도인들의 입맛에 맞는 레시피들이 등장하였다.

홍차에 향신료와 달달한 우유를 넣어 만든 마살라 차이는 낮에

▲ 차이왈라(chaiwallah)가 갓 만든 마살라 차이를 잔에 담고 있다. 인도에서는 차이의 조리사를 차이왈라라고 하며, 차이는 향긋한 티에 우유, 설탕을 넣어 만든 인도의 대표적인 음료이다.

파키스탄

중국

히마찰프라데시
암리차르

네팔

시킴

부탄

아삼

브라마푸트라 강

타르 사막

델리
뉴델리
파리다바드
아그라
야무나 강
갠지스
러크나우

평원

다르질링
파트나
바라나시

콜카타

방글라데시

미얀마
(버마)

아마다바드

나르마다 강
샛퓨라 산맥

나그푸르

마하나디 강

벵골 만

인　도

뭄바이
푸네
데칸

고다바리 강

비샤카파트남

아라비아 해

하이데라바드

크리슈나 강

닐기리
산맥

인도양

벵갈루루

첸나이

케랄라
코치

마두라이

인도양

스리랑카

| 생산량 : 120만 8780톤 |
| 수출량 : 22만 5082톤 |
| 수입량 : 2만 1257톤 |
| 소비량 : 96만 1409톤 |
| **1인당 연간 소비량** : 0.77kg |

는 더운 열기를 식히고, 저녁에는 몸을 데워 긴 하루를 함께하는 인도인들의 필수품이 되었다(마살라 차이 레시피는 119페이지 참조).

티의 역사와 발전

인도에서는 수천 년간 아사미카 품종의 차나무가 자생했으며, 인도인들은 적어도 500년 이상 티를 마셨을 것으로 추측된다. 인도 식민지 시대에 티는 대영제국의 최대 관심사였으며, 막대한 자본을 창출할 수 있는 잠재력을 지닌 상품이라고 평가되었다. 처음에는 콜카타(옛 이름 캘커타)의 작은 식물원에서 재배되기 시작했던 것이 티 산업에 붐이 일어나면서 인도의 독립이 이루어진 1947년에 이르러서는 한 해에 거의 30만 톤의 티를 생산하였다.

인도에서 티는 20개 주의 1만 2800곳의 다원에 종사하는 300만 인구의 생계를 담당할 만큼 아주 중요한 상품이다.

21세기 초까지는 인도가 주요 티 생산국이었다. 그러나 최근에는 중국이 급부상함에 따라 중국에 이어 두 번째를 차지하고 있다.

인도의 티 산업은 국내외 시장의 수요를 맞추기 위해 티를 대량으로 공급하고 있다. 흥미로운 점은 브렉퍼스트 블렌드에 사용되는 홍차를 대량으로 공급할 뿐만 아니라 세계적으로 유명한 일부 다원에서는 특별히 고급 티를 따로 생산한다는 점이다. 인도 티의 이러한 명성으로 인해 인도 티위원회Indian Tea Board에서는 특별히 품질 보증서를 만들어 해당 티가 다르질링이나 아삼에서 생산된 가장 좋은 품질임을 보증하고 있다.

기후와 지형이 수확에 미치는 영향

티로 유명한 아삼과 다르질링 지역의 기후를 잘 살펴보면 이곳의 티가 왜 탁월한 맛을 내는지 이해할 수 있다. 일 년에 1~2회 정도의 수확기에 다양한 환경 조건이 복합적으로 균형을 이루면서 이곳에서 생산된 티에는 특유의 향미와 방향성 성분들이 생긴다. 아삼 티와 다르질링 티는 해외에서 수요가 높으며, 시장에서도 프리미엄이 붙은 가격에 거래된다.

수확은 '플러시'라고 하는데, 퍼스트 플러시는 보통 초봄에 진행된다. 이 시기에는 비는 내리지만 겨울철 공기의 건조함이 아직은 남아 있다. 세컨드 플러시는 대개 6월 초여름에 진행되며, 강우량이 많아져 티의 품질도 좋다. 이 밖에 몬순 기후의 영향으로 인한 몬순 티monsoon tea 또는 인비트윈 티in-between tea도 있는데, 퍼스트와 세컨드 플러시 사이에 비가 많이 내린 경우에는 한 번 더 수확할 수 있다.

◀ 인도 라자스탄(Rajasthan)에서 한 남자가 휴대용 차이 받침대를 머리에 이고 이동하고 있다. 차이는 손잡이가 없는 테라코타 잔에 담아 마신다. 이 잔을 현지에서는 쿨후드(kulhud)라고 한다.

▶ 인도에서 다량의 녹차가 생산되는 케랄라의 한 다원. 인부들이 갓 딴 찻잎을 이동 차량에 싣고 있다.

지역

인도에서 티는 거의 20개 주에서 생산되고 있으며, 그 대부분이 북부 히말라야 산지에서 생산된다. 이 밖에 일부의 티는 뉴델리 북부를 비롯해 닐기리 산지의 서부에서도 생산된다. 주요 티 생산지에 대한 자세한 내용을 살펴보자.

아삼(Assam)

티 종류 : 여러 수확기의 아삼 홍차

기후/지형 : 히말라야 산으로 둘러싸인 높은 고도의 산과 골짜기, 몬순의 바람이 불 때는 특히 강우량이 많다. 우기에는 매우 습하다

위치 : 브라마푸트라 밸리Brahmaputra Valley, 중국, 미얀마(버마), 방글라데시와 접경을 이루는 다르질링 동쪽 193km 지점

다원 : 바몬푸크리Bamonpookri, 나푹Napuk, 쇼라Thowra, 콩게아Khongea

다르질링(Darjeeling)

티 유형 : 여러 수확기의 다르질링 홍차

기후/지형 : 고지대, 계절성 강우, 공기는 차갑고 건조하지만 습한 시기

위치 : 인도 북동쪽 히말라야 말단의 서벵골 주

다원 : 캐슬턴Castleton, 블룸필드Bloomfield, 푸타봉Puttabong, 마카이바리Makaibari

---

아삼 지역이 당면한 문제들

아삼 지역은 인도에서도 티를 가장 많이 생산하는 지역이며, 전 세계에서도 차나무를 가장 많이 재배하는 곳으로 2000여 개의 다원이 밀집해 있다. 이 지역의 티는 품질이 좋기로 유명하며, 고품질의 단일 다원의 티에 대한 시장의 수요도 높지만 CTC 홍차의 형태로 블랙 브렉퍼스트 티의 블렌딩에도 많이 사용된다.

그러나 티로 유명한 아삼 지역도 최근 큰 위기를 맞고 있다. 가장 큰 문제는 정치적인 불안정성으로 인해 머지않아 이 지역 티의 생산, 투자, 무역이 붕괴될 위기를 맞을 수도 있다는 불안감이다. 여기에는 노동력의 부족도 한 몫을 하고 있다. 두 번째 문제는 여러 나라에서 CTC 홍차를 대량으로 생산함에 따라 가격이 급락하고 있다는 점이다. 2000년대 들어서 아삼 지역에는 200여 개의 다원이 문을 닫았다.

닐기리 산지(Nilgiri Mountains)

티 종류 : 홍차, 녹차

기후/지형 : 해발고도 1800m의 고지대, 숲과 정글이 무성한 곳, 주변의 강에서 관개로 물을 공급해 비옥한 토양, 두 번의 몬순 기후

위치 : 인도 남서단

다원 : 글렌데일Glendale, 타이거힐Tigerhill, 퉁물라이Tungmullay, 하부칼Havukal

히마찰프라데시(Himachal Pradesh)

티 종류 : 녹차, 홍차, 우롱차

기후/지형 : 고산지, 매우 습한 기후

위치 : 인도 북서부

다원 : 캉그라Kangra

시킴(Sikkim)

티 종류 : 맛과 향이 다르질링 티와 유사한 홍차

기후/지형 : 고산지대, 계절성 강우, 공기는 차고 건조한 아열대 기후, 일부 습하기도 함

위치 : 인도 북동부 다르질링 위쪽

다원 : 테미Temi, 글렌번Glenburn

케랄라(Kerala)

티 종류 : 녹차, 백차

기후/지형 : 닐기리와 같은 산맥에 위치해 닐기리 지역과 유사

위치 : 인도 남서부 최남단

다원 : 오투Oothu, 콜루쿠말라이Kolukkumalai

인도에서 생산되는 티의 종류

인도에서는 대부분 홍차를 생산하며, CTC 티와 오서독스 티를 모두 생산한다. 특히 CTC 티를 가장 많이 생산하는데, 이는 전 세계 공급량의 60%를 차지한다. 최근에는 백차와 녹차, 우롱차 등도 일부 생산하고 있다.

인도는 스리랑카와 비슷하게 영국식 등급 체계를 따르며(25페이지 참조), 시장의 수요를 맞추기 위해 시기별로 생산 방식을 변경하기도 한다. 인도에서도 '퍼스트 플러시/세컨드 플러시'(148페이지 참조)를 표시하여 티의 수확 시기를 명시하며, 다원이나 지역의 이름을 따라 티의 이름을 짓는다. 인도의 대표적인 세 가지의 티인 아삼, 다르질링, 닐기리는 세계적으로 유명하여 시장에서 수요가 끊이지 않는다.

아삼
퍼스트 플러시, 세컨드 플러시 또는 블렌드로 생산

지역 : 아삼

기후/지형 : 습도가 높은 고산지

가공 방법 : 5~6월의 두 번째 수확기 때 최고 품질의 티를 수확할 수 있다

맛 : 진하고 풀 바디감, 티로 우리면 진홍색을 띠며 맥아 향이 난다

다르질링
퍼스트 플러시, 세컨드 플러시 또는 블렌드로 생산

지역 : 다르질링, 서벵골

기후/지형 : 고지대, 계절성 기후로 인해 독특하고도 유명한 '다르질링 맛'이 난다

가공 방법 : 다르질링 지역에서 자라는 차나무들의 다양한 유전적인 혼합이 일어남. 일반적인 홍차 가공 과정과 동일하지만 고산 지대의 차고 건조하며 산소가 희박한 공기로 인해 건조 과정이 빠르게 진행되어 다르질링 특유의 산뜻한 맛이 생긴다

맛 : 가볍고 향이 좋다. '샴페인' 향미, 우유를 넣지 않는 것이 좋다

닐기리
지역 : 인도 남서쪽 닐기리 산

기후/지형 : 이곳 산지는 정글과 마주하고 있으며, 몬순 기후의 강우량이 많은 거대 목초지이다. 따뜻하고 습도가 높다

가공 방법 : 연중 내내 찻잎을 수확한다. 독특한 점은 한 겨울에도 수확이 이루어지며, 이 때 생산된 티를 '프로스트 티frost tea'라고 한다

맛 : 진하고 강하지만 동시에 부드럽고 향이 가득하여 다방면에서 우수하다. 프로스트 티Frost tea는 달콤하고 과일 향이 난다

테미
지역 : 인도 북부의 시킴

기후/지형 : 고지대, 이 지역 특유의 계절 기후

가공 방법 : 일반적인 홍차, 가벼운 면에서 다르질링 티와 유사한 테미 티를 생산한다

맛 : 가볍고 산뜻하며 향이 좋다. 우유를 넣지 않는 것이 좋다

툴시(Tulsi)
툴시는 학명이 오키뭄 테누이플로룸(*Ocimum tenuiflorum*)인 인도에서 자라는 허브이다. 예로부터 건강과 치유, 종교적인 용도로 다양하게 사용되었기 때문에 '신성한 바질'이라는 별명이 붙었다. 아유르베다 허브(107페이지 참조)에 속하며, 인도 아대륙의 여러 나라에서 수 세기 동안 허브티로 즐겨 마셨다. 툴시는 약간의 풀 향과 꽃 향, 감귤 향이 나며, 아무것도 타지 않고 단품으로 마셨을 때 달콤한 뒷맛을 느낄 수 있다. 툴시는 다른 허브티나 티 베이스로 만든 뜨거운 음료의 블렌딩 재료로도 자주 사용된다.

인도 남부인 케랄라의 한 다원에서
여성들이 수확한 찻잎의 무게를 잴
자루가 오기를 기다리고 있다.
이들은 하루에 40kg 이상의 찻잎을 딴다.

스리랑카

도서 국가인 스리랑카(옛 이름은 실론)에서는 티 생산량의 94%를 수출한다. 비율상으로 보면, 생산량 대비 수출 비율이 전 세계에서도 가장 높은 나라이다. 동시에 전 세계 4위의 생산량을 기록하고 있으며, 일 년 내내 티를 생산할 수 있는 특징이 있다.

스리랑카 다원의 대부분은 홍차를 생산하며, 생산지들은 스리랑카 중앙의 산악 지대에 자리하고 있다. 이곳의 따뜻한 기후와 높은 고도, 경사진 지형 등의 조건이 결합하여 최적의 티 생산 환경을 조성한다. 티는 주로 중동과 유럽으로 수출되며, 특히 스리랑카 남서부 산간 지역에 위치한 누와라엘리야Nuwara Eliya에서 생산되는 티는 매우 높은 가격에 거래된다.

▲ 스리랑카의 카타불라(Kataboola) 다원은 녹색 숲으로 둘러싸인 낮은 산지에 위치하고 있다. 이곳은 스리랑카의 그림 같은 풍광이 펼쳐지는 다원 중 한 곳이다.

티의 역사와 발전

인도와 마찬가지로 스리랑카에 처음 티가 소개된 것은 19세기 대영제국의 식민지 시대였다. 영국은 신대륙을 탐험하던 중 당시 인간의 손길이 닿지 않은 자연 그대로의 정글을 발견했고, 수천 헥타르의 면적에 달하는 이곳이 대규모 농지로서의 잠재성이 있다는 사실을 알았다. 처음에는 커피를 재배할 목적이었지만, 심각한 질병이 발생함에 따라 티로 바꾸었다. 이곳의 기후와 지형이 커피 농사에 맞지 않으며, 티로 인한 수익이 훨씬 많을 것이라는 사실을 깨달았기 때문이다.

스리랑카에서 처음으로 설립된 다원은 1867년 스코틀랜드인이었던 제임스 테일러James Taylor가 설립한 룰레콘데라Loolecondera 다원이었는데, 테일러는 티를 영국에 공급하면 큰 수익을 올릴 수 있겠다고 생각하였다. 영국의 여러 기업가들은 차나무의 재배지로서 스리랑카의 가능성을 재빨리 알아차리고 다원을 직접 설립했다. 세계적인 홍차 브랜드 립톤Lipton의 창립자인 토머스 립톤Thomas Lipton, 1850~1931도 그중 한 명이다. 또 다른 유명한 사람이 1900년대 초반 스리랑카 우바Uva 지역에 뉴버그Newburgh 다원을 설립한 조지 톰슨George Thomson이다. 스리랑카 소재 공장과 다원의 대부분은 영국인이 설립한 것인데, 오늘날까지도 영국인이 소유하고 운영하는 곳도 있다.

다른 티 생산국과 비교할 때 스리랑카는 생산량의 대부분을 수출하며, 이는 30억 달러에 해당하는 규모이다. 또한 국민의 5% 이상이 티 산업과 관련 있는 직업에 종사하고 있으며, 그 수도 100만 명이 넘는다. 스리랑카는 일찍부터 스리랑카 고유의 티와 브랜드를 발전시켰는데, 붉은색 사자가 인상적인 '실론Ceylon' 티가 대표적이다. 스리랑카 티위원회는 립톤이나 테틀리Tetleys와 같은 거대 티 브랜드 업체에서 티위원회 인증 마크가 붙은 기획 티 상품이나 스리랑카산 티를 선택하도록 다양한 노력을 기울이고 있다. 스리랑카산 티와 티 블렌드는 항상 좋은 품질을 유지하고 있으며, 예쁘게 포장된 기획 티 상품도 세계에서 가장 많이 생산하고 있다.

기후와 지형이 수확에 미치는 영향

스리랑카에서 차나무를 재배하는 지역은 저지대(해발고도 600m 이하), 중지대(600m~1200m), 고지대(1200m 이상)로 지대별로 특화되어 있다. 지역마다 기후와 지형이 다르며, 각 지대에서 생산되는 티도 서로 다른 독특한 향미를 내는 것으로 유명하다. 스리랑카산 티의 40% 이상이 저지대에서, 27%는 중지대, 33%가 고지대에서 생산된다.

생산량 : 34만 230톤	
수출량 : 31만 8300톤	
수입량 : 6700톤	
소비량 : 2만 7600톤	
1인당 연간 소비량 : 1.3kg	

중지대와 고지대에 위치한 다원은 경사진 언덕을 따라 쭉 나열되어 있으며, 간혹 산 정상에 가공 공장이 위치한 것을 볼 수 있다. 해변에서 몇 킬로미터 떨어진 곳이나 열대림 인근에 위치한 다원은 매우 흔한 풍경이다. 대형 다원에서는 한 곁에서 시나몬, 천연 고무나무, 코코넛 등의 일부 작물을 재배하기도 한다.

스리랑카에서는 일 년 내내 티를 생산하지만, 몬순 기후의 영향으로 일 년에 두 번의 우기와 건기를 갖는다. 5~9월에는 남서쪽에서 문순 바람이 불어오며, 10~1월에는 북동쪽에서 불어온다.

스리랑카에서 가장 유명한 프리미엄 티는 차나무가 아주 천천히 자라는 언덕 지역에서 생산되는데, 주변의 산지로는 충분한 양의 비가 내리고 바람이 불어, 차나무를 재배하기에 완벽한 국지성 기후를 보인다.

열대 지방에서도 저지대에 위치한 다원의 경우에는 연중 내내 맑은 날이 지속되고 습도도 유지되기 때문에 생산량 또한 가장 많다. 즉, 이곳의 차나무는 더 크고 더 빠르게 성장하고, 햇빛을 받아 더 많은 양의 폴리페놀 성분을 생성하여 일반적으로 튼실하게 자란다. 이로 인해 이곳에서 생산된 티는 맛은 더 강하지만 향의 깊이는 좀 떨어진다.

19세기에 다원이 처음 들어선 이후로 스리랑카의 티 산업에서는 찻잎의 수확과 가공의 모든 과정이 여전히 수작업으로 이루어지고 있다. 일부 공장에서는 고급 생산 설비가 만들어지고 새로운 기기를 도입했지만, 대부분은 경제적인 문제로 인해 도입하지 못하고 있다.

티

스리랑카에서는 주로 오서독스 방식으로 홍차를 생산하지만, CTC 방식의 홍차와 백차, 녹차도 생산한다. 처음에는 홍차를 생산했던 세 개의 공장에서 녹차로 티의 종류를 변경하였으며, 이들 공장의 주도로 지난 10년간 녹차의 생산이 증가하였다.

스리랑카에서 생산되는 녹차는 두 종류인데, 중국의 초청 방식을 차용한 건파우더와 일본의 증청 방식을 차용한 센차이다 (212페이지 참조). 맛은 건파우더 티가 더 진하며, 센차는 매우 섬세하다.

◀ 타밀 지역의 여성과 같이 찻잎을 수확하는 여성들은 하루에도 몇 번씩 수확한 찻잎의 품질을 확인하고 무게를 달아 기록해야 한다.
▶ 세계에서도 가장 큰 티 경매 시장이 매주 스리랑카의 수도인 콜롬보에서 개최된다.

콜롬보 티 경매

스리랑카에서는 반드시 따라야 하는 고유 시스템이 있다. 스리랑카에서 생산된 모든 티는 매주 콜롬보에서 개최되는 정부 관할의 티 경매장으로 보내 등급의 평가를 받고, 테이스팅을 통해 가격을 책정하여 판매해야 한다. 경매에서는 일부 티에 대해 사전에 판매량을 정해 두고 있지만, 계약이 이루어지기 전에 반드시 스리랑카 티위원회로부터 승인을 받아야 한다.

매주 경매가 시작되기 전에 모든 티의 샘플들을 보내야 하며, 경매에 참여하는 기업의 바이어들도 사전에 등록된 상태여야 한다. 바이어들은 티를 테이스팅하고 등급을 매기고 선호하는 티를 메모해 둔다. 회사에서는 소속 바이어 팀을 경매장에 보내 고객을 대신해 경매를 진행한다. 경매에는 중개인도 참석하는데, 중개인은 각각의 다원을 대표한다. 경매는 다원의 입장에서 최고의 가격이 매겨지길 원하는 중개인들과 소비자의 입장에서 합당한 가격이 매겨지길 원하는 바이어들 간의 팽팽한 경쟁으로 균형을 이룬다.

티를 구입할 의사가 없어도 등록된 기업의 바이어라면 경매에 참여해 판매 가격을 기록하는 등 경매 트렌드의 변화를 파악할 수 있다. 티 시장은 마치 주식 시장과 같은 양상으로 작동된다. 티의 가격 변동과 수요의 변화 추이를 놓치지 않고 따라가기 위해 지속적으로 모니터링하고 검토한다. 날씨, 정치적 상황, 공휴일 등 다양한 요인으로 티의 가격이 달라질 수 있으며, 경매인, 중개인, 바이어는 실시간으로 경매에 성공하거나 실패할 수 있다는 사실을 모두 알고 있다.

스리랑카산 티의 30% 이상이
'고지대'의 재배지에서 생산된다.
이곳은 스리랑카의 중심부인 캔디 지방의
마탈레(Matale)에 위치한 다원이다.

지역

우바(Uva)/고지대

티 종류 : 향이 나는 홍차, 잉글리시 브렉퍼스트에 블렌딩 티로 완벽하다

기후/지형 : 해발고도 1000m~1600m, 몬순의 계절풍이 통과하면서 대부분 건조하고, 낮에는 무덥고, 밤에는 시원한 날씨이다

위치 : 스리랑카 중앙에 위치한 산지의 동쪽

다원 : 할페와테Halpewatte, 그린란드Greenland, 아다와테Adawatte

캔디(Kandy)/고지대

티 종류 : 맛이 진하고 풀 바디감의 홍차, 찻빛이 매우 짙은 색상이다

기후/지형 : 650m~1300m, 산지로 둘러싸인 안정적인 지형, 몬순기를 제외하고는 공기가 시원하고 건조하다

위치 : 스리랑카 중앙 산지

다원 : 게라감마Geragama, 아시번햄Ashburnham

누와라엘리야(Nuwara Eliya)/고지대

티 종류 : 고품질 홍차, 가벼운 맛과 섬세한 향

기후/지형 : 2000m의 고산지, 시원한 공기, 일정한 강우량, 향긋한 안개가 자주 낀다

위치 : 스리랑카 중앙 산지

다원 : 맥우드Mackwoods, 페드로Pedro, 러버스리프Lover's Leap

우다푸셀라와(Uda Pussellawa)/중지대

티 종류 : 바디감이 중간 정도인 홍차, 톡 쏘는 맛이 난다.

기후/지형 : 해발고도 950m~1600m, 우바와 누와라엘리야와 마찬가지로 두 번의 '우기와 건기'가 있어, 일년 내내 습도가 높고 안개도 자주 낀다

위치 : 스리랑카 중앙 산지

다원 : 핀레이Finlays

샴페인 지역

누와라엘리야 지역의 건기는 보통 5월~8월 사이인데, 이때 매우 유명한 고품질의 티가 생산된다. 이 지역은 '샴페인 지역'이라는 별명이 있는데, 해풍이 산지로 불어와 다른 곳에서는 결코 흉내 낼 수 없는 독특한 향미가 생성되기 때문이다. 지금도 산정상의 가공 공장에서는 해풍에 찻잎을 건조시킨다.

▶ 누와라엘리야 지역의 한 다원에서 감독관이 브로큰 오렌지 피코(BOP) 등급의 찻잎을 바구니에 담아 무게를 재고 있다.

딤불라(Dimbula)/고지대

티 종류 : 색상이 밝고 맛이 아주 진한 홍차, 향미가 신선하다

기후/지형 : 해발고도 1500m~1800m, 계곡에 위치. 일 년 내내 습도가 높고 안개가 잦다, 차가운 봄바람을 타고 재스민 또는 사이프러스 cypress 나무의 향이 찻잎에 밴다

위치 : 스리랑카 중앙 산지 동쪽

다원 : 보가하와테Bogahawatte, 키르코스왈드Kirkoswald

루후나(Ruhuna)/저지대

티 종류 : 아주 강하고 진한 맛의 홍차, 우유와 잘 어울린다

기후/지형 : 해변을 따라 다채로운 기후, 산지와 일부 열대 우림에서도 차나무를 재배한다

위치 : 남쪽 해변, 섬 정상부

다원 : 룸비니Lumbini

쑤유차(酥油茶, po cha, yak butter tea)

포차, 야크 버터 티로도 알려진 쑤유차는 끓인 물에 야크 버터와 소금을 넣어 따뜻하게 마시는 고칼로리의 티이다. 세계에서 가장 높은 산인 히말라야 산지에 사는 사람들의 식생활에서 쑤유차는 매우 중요한 역할을 한다. 비타민 공급원으로 자신의 건강을 위해 마셨고, 방문한 손님을 접대하기 위해서이거나 사회적 신분을 표현하기 위해서도 즐겨 마셨다. 쑤유차의 맛과 향은 매우 진하고 기름진데, 버터 맛이 나면서 흙 맛과 함께 톡 쏘는 맛이 난다.

찻잎의 선택

쑤유차는 베이스 티로 흑차 또는 보이차를 사용한다. 예전에는 먼 산악 지역을 거쳐 이동하는 동안에 흑차나 보이차를 잘 저장할 수 있도록 벽돌 모양으로 포장하였다. 히말라야 산지는 암석이 많고 고도가 높은 지형으로 인해 다원이 들어서는 일이 불가능하였다. 이로 인해 히말라야 산지의 사람들이 소비하는 모든 티는 중국의 낮은 지대에서 재배된 차나무로부터 만든 것이었다.

쑤유차 만드는 방법

쑤유차는 찻잎을 넣고 반나절 정도를 끓여 거의 검은색에 가까운 흑갈색의 농축액으로 만든다. 이렇게 끓이면 3일 이상 보관할 수 있다. 필요한 경우에는 이 농축액을 나무로 된 긴 통에 담아 야크 버터와 소금을 넣고 가열할 수 있다.

부유한 집안에서는 금이나 은, 옥으로 된 찻잔에 쑤유차를 담아 대접하는데, 이는 수 세대에 걸쳐 내려온 히말라야의 문화이다. 쑤유차의 찻잔은 신분을 나타내는 상징으로서 가장 기본적인 나무잔에도 은과 보석이 박혀 있으며, 어디를 가든지 항상 들고 다닌다.

사회와 문화

쑤유차는 히말라야 산지의 사람들이 생존의 위협이 도사리는 위험천만한 고산 지대에서 힘든 유목 생활을 하면서 다량의 지방과 소금을 섭취해 체온을 보호하고 에너지의 수준을 유지하기 위해 개발되었다.

쑤유차는 가정에 손님이 방문하였을 때 접대하는 중요한 방식이기도 하다. 라싸(Lhasa)의 어느 가정이든지 손님이 초대되면 쑤유차를 제공하는데, 이때 안주인은 찻잔이 비지 않도록 계속 따라 줄 것이다.

역사

9세기에 말의 수를 늘리려고 한 중국과 티에 대한 수요가 많았던 라싸 사람들의 요구가 서로 맞아 떨어지면서 차마고도가 생겨났다(65페이지 참조). 보이차를 벽돌 모양으로 압축해 포장하여 취급한 것도 이때부터였다. 이러한 방법은 산지를 오르내리는 1년간의 긴 여정 동안 찻잎을 안전하게 보관할 수 있을 뿐 아니라, 운반하기에도 매우 편리하였기 때문이다. 이 보이차는 또한 화폐로도 사용되었다.

▲ 히말라야의 사람들은 고산 지대에서 체온을 보호하고 열량을 공급하기 위하여 쑤유차를 마신다.

▼ 젊은 승려가 쑤유차를 붓고 있다. 쑤유차는 히말라야 산지 전역에서 마시는 중요한 음료이다.

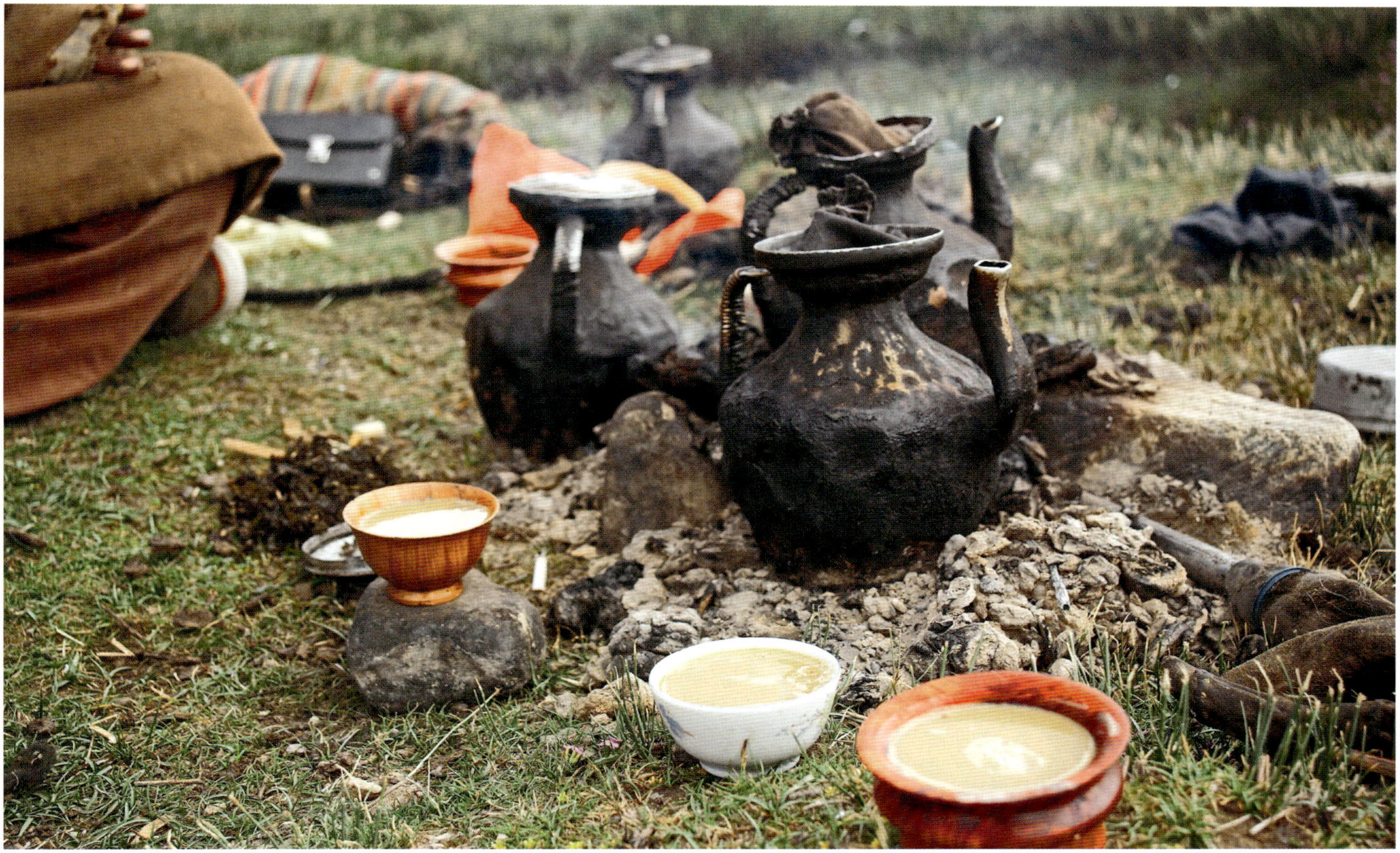

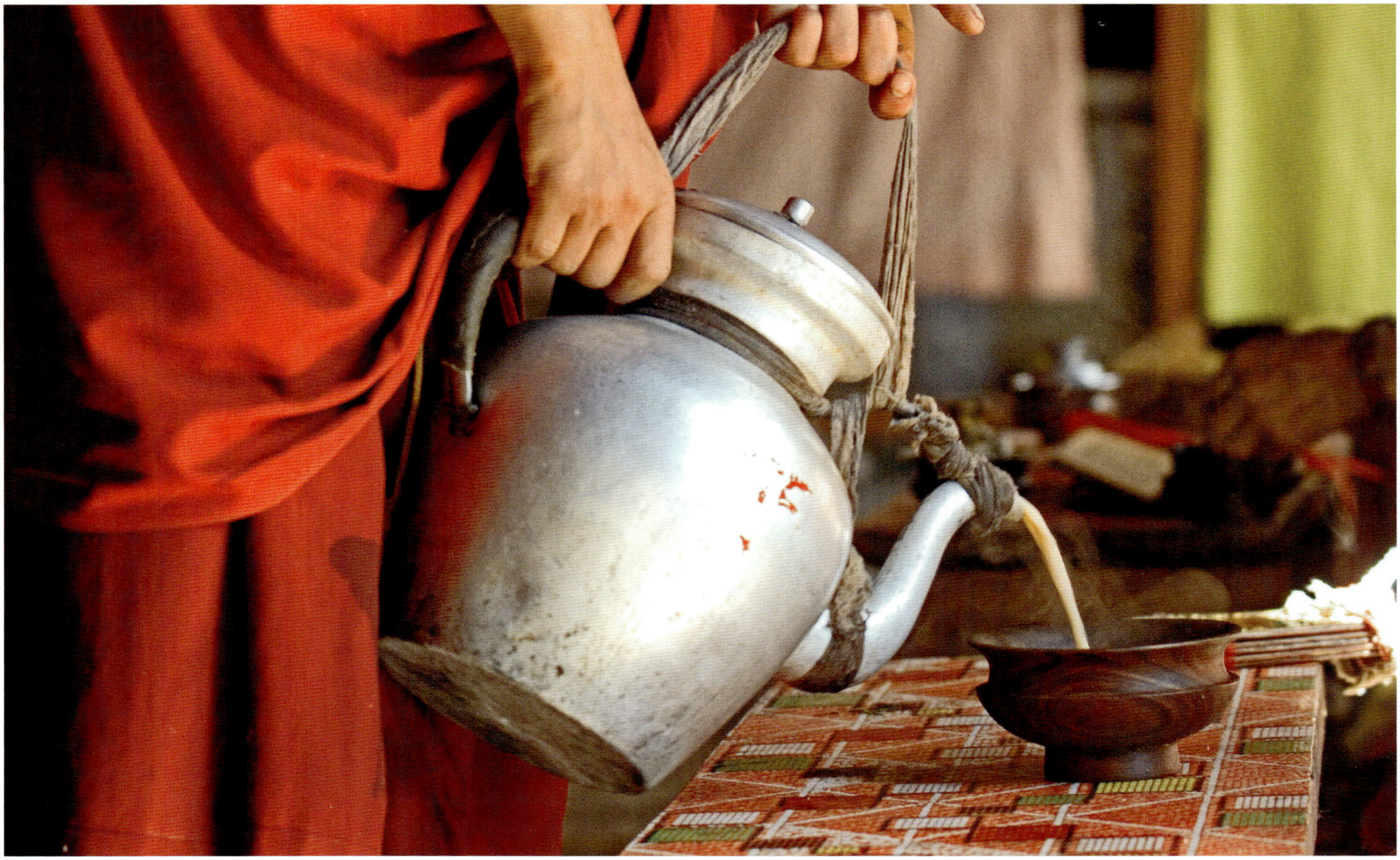

중동

티 애호가들이 많은 또 다른 지역이 바로 중동이다.

터키와 이란은 전 세계 티 생산량에서 상위를 차지하고 있는 나라이다.

그중 터키는 티 소비량이 전 세계 최고 수준이다. 실제로 터키인들은 하루에 티를 10잔 이상이나 마신다.

이 밖에 이집트, 모로코, 조지아 등의 나라에서도 티를 마시지만,

이들 나라 중에서는 오직 조지아에서만 티가 생산된다.

티 생산 국가

(생산량 기준 순서)

터키(Turkey)

터키에서는 차나무가 리제Rize 지역에서만 재배된다. 오직 이곳의 기후에서만 좋은 티를 생산할 수 있기 때문이다. 비록 이런 지역적 제한이 있지만, 터키는 매년 높은 생산량을 자랑하며 그 대부분이 국내 시장에서 소비된다.

생산량 : 21만 2400톤

수출량 : 3500톤

수입량 : 5100톤

소비량 : 20만 500톤

1인당 연간 소비량 : 2.1kg

특징 : 홍차 및 일부 녹차

이란(Iran)

이란 사람들은 정말 많은 양의 티를 마시는데, 이란 내에서 생산되는 거의 대부분의 티도 국내 시장에서 소비된다.

생산량 : 16만 톤

수출량 : 1만 1208톤

수입량 : 6만 3557톤

소비량 : 13만 7883톤

1인당 연간 소비량 : 1.83kg

특징 : 향미가 가볍고 산뜻한 홍차

조지아(Georgia)

20년 전까지도 티는 조지아의 경제에서 차지하는 비중이 컸다. 그러나 티의 대량 생산이 품질을 떨어뜨리면서 티 산업도 침체의 상태에 놓였다. 오늘날에는 일부 다원을 중심으로 기본으로 돌아가 좋은 품질의 티를 생산하려는 움직임이 조지아 내부에서 일고 있다.

생산량 : 3300톤

수출량 : 2300톤

수입량 : 1900톤

소비량 : 3400톤

1인당 연간 소비량 : 0.33kg

특징 : 맛이 진하고 향이 풍부한 홍차, 우유와 마시면 좋다

◀ (앞페이지) 흑해에 자리 잡은 터키의 리제 지역의 사진. 이곳에서는 티와 키위의 두 농작물을 주로 생산한다.

▶ 조지아에서 차나무를 처음으로 재배한 것은 1830년경이다. 그동안 조지아의 티 산업은 침체 상태에 놓여 있었는데, 최근에는 정부 차원에서 조지아 내 다원을 다시 정상화시키려는 움직임이 일고 있다.

러 시 아

아랄 해

불가리아

흑 해

우즈베키스탄

조지아

삼순

트라브존

투빌리시

그리스

이스탄불

앙카라

아제르바이잔

투르크메니스탄

에 게 해

이즈미르

유프라테스 강

터 키

아 나 톨 리 아 고 원

투즈 호

반 호

티그리스 강

카스피 해

아르메니아

타브리즈

우르미아 호

고르간

마슈하드

아다나

가지안테프

아 프 가 니 스 탄

지 중 해

유프라테스 강

시 리 아

이라크

테헤란

쿰

이 란

에스파한

이란 고원

케르만

아바즈

시라즈

반다르아바스

자그로스산맥

페 르 시 아 만

파키스탄

생산량 : 37만 5700톤	
수출량 : 1만 7008톤	
수입량 : 7만 557톤	
소비량 : 34만 1783톤	
1인당 연간 소비량 : 1.4kg	

167

터 키

터키는 차나무를 재배한 역사가 비교적 이르지만, 오늘날의 터키는 티의 생산량과 소비량에서 전 세계에서도 중요한 위치에 있다. 지난 세기 동안 리제 지역을 중심으로 생산량이 급속도로 증가하면서 오늘날의 터키는 티 생산량이 세계 5위에 이르렀다. 또한 나라별 티 소비량에서도 세계 4위를 차지하고 있다. 더욱이 1인당 티 소비량은 전 세계 1위이며, 터키에서 생산되는 대부분의 티도 국내 시장을 겨냥해 판매되고 있다. 터키에서는 홍차를 달콤하면서도 진하게 우려내 찻잔에 담아 도자기나 금속재 잔 받침에 받쳐 대접한다. 이러한 홍차는 사교 모임에서 으레 등장하여 친교, 우정, 환대의 표시로 대접되는데, 이러한 문화는 오늘날까

▲ 바다와 산지에 의해 독특하게 형성된 기후로 인해 리제는 터키에서도 유일하게 차나무를 재배할 수 있는 지역이 되었다.

생산량 : 21만 2400톤	
수출량 : 3500톤	
수입량 : 5100톤	
소비량 : 20만 500톤	
1인당 연간 소비량 : 2.1kg	

지도 터키 사회에 깊숙이 자리를 잡고 있다. 터키에서 티 또는 차이cay는 길거리의 좌판에서부터 상류층의 사교 모임에까지 언제 어디서든 즐기는 문화로 생활 속에 깊숙이 뿌리를 내리고 있다.

티의 역사와 발전

터키는 1800년대 후반에 일본 품종의 차나무를 들여와 처음으로 재배하였다. 당시에는 규모가 그다지 크지 않았다. 그런데 다음 세기에 이르면서 터키 정부가 단계적으로 대규모의 티 산업을 육성하기 위해 다양한 형태로 노력을 기울였다. 그러나 초기의 티 산업은 큰 진전을 이루지 못하였다. 그러다 1930년대에 이르러서 터키 정부는 티 산업을 육성하기 위하여 세 가지의 주요 과제에 집중하였다. 첫째는 티 산업의 성장 잠재력을 검토하고 기존의 티

생산 방식이 당면하고 있는 문제를 파악하는 연구팀을 설립하였다. 둘째는 판매되지 않은 티는 정부가 나서서 구입할 것을 보증하였다. 셋째는 제1차 세계대전 이후 유입된 이민자들에게 다원의 설립을 장려하였다.

국내 시장의 티 구입과 소비를 장려하기 위한 정부의 이러한 노력이 제2차 세계 대전 당시 티 수입량이 급격히 줄어든 상황과 맞물리면서 터키에서는 차나무의 재배가 급속히 성장하였고, 이로부터 생산된 티의 대부분은 국내 시장에 공급되기에 이르렀다. 그리고 터키가 국내 시장의 수요를 완전히 충당할 수 있게 된 것은 티 산업이 대규모로 팽창하였던 1960대에 이르러서였다. 이것도 수입 티에 높은 관세를 매기는 등 정부의 다양한 노력이 뒷받침되었기 때문에 가능하였다. 그런데 터키 정부가 티가 수입되는 항구를 통제하였지만 대량의 수입 티들이 불법적으로 밀반입되었다.

오늘날 터키는 국영 기업인 차이쿠르Çaykur에서 50여 개의 가공 공장과 가공 설비를 운영하는 형태로 국내 티 산업계의 60%를 차지하고 있으며, 나머지는 민간 기업이나 개인 농장주들이 차지하고 있다. 터키 정부는 다양한 수출 티 브랜드를 만들기 위해 티 산업을 대규모로 육성시키려고 많은 노력들을 기울이고 있지만, 아직까지는 기대한 수준에 이르지 못하고 있다. 또한 1986년에는 우크라이나의 체르노빌에서 원전 사고가 발생하면서 터키

는 티의 수출에 큰 차질을 빚게 되었다. 방사능 비가 내리면서 차나무에서도 다량의 방사선 물질이 검출되어 티의 수출이 전면 중단된 것이다.

그 후 티 산업이 다시 회복되면서 오늘날에 터키는 유럽연합, 인도, 러시아, 미국 등을 가장 큰 수출 시장으로 두고 있다.

기후와 지형이 수확에 주는 영향

터키의 티는 모두 북동부의 흑해 연안을 따라 위치한 작은 지역인 리제를 중심으로 생산되고 있다. 터키의 전형적인 기후는 차나무의 재배에 적합하지 않지만, 이곳만큼은 독특하게도 기후 조건이 맞아 차나무를 재배할 수 있다. 연안에 위치하여 온화한 기후를 보이는 리제는 주위의 카츠카르 산Mt. Kaçkar이 내륙으로부터의 영향을 막아 주는 역할을 하고 있다. 이로 인해 습한 해풍이 가둬지면서 강우량이 많고 토양도 매우 비옥하다.

9월부터 1월까지 매우 습한 기후를 보이는데, 찻잎의 수확은 주로 5월에서 10월 사이에 이루어진다. 일 년에 세 번의 수확이 이루어지는 것이 보통이지만, 수확기에는 날씨가 예상치 못하게 추워져 성에가 끼거나 폭우로 산사태가 발생할 수도 있다. 갑작스럽게 성에가 끼면 건기에 세 번의 수확은 어려워진다. 또한 비가 많이 내려 산사태가 발생하면 재배지가 쓸려 내려갈 수도 있다. 차나무의 재배는 한 번 큰 피해를 입으면 다시 복원하는 데 막대한 비용이 들며, 국가 경제에도 큰 타격을 준다.

▼ 공식적인 비즈니스 자리에서부터 결혼식까지 터키인들의 일상생활 속에서는 티가 항상 등장한다. 튤립 모양의 유리잔에 티를 담고 물을 부어 희석시켜 마신다.

지역

터키산 티의 약 66%가 리제에서 재배되는 차나무로부터 생산된다. 나머지는 리제 지역 인근에서 재배되는 차나무로부터 생산되는데, 20%는 트라브존에서, 11%는 아르트빈Artvin, 3%는 기레순/오르두Ordu에서 생산된다. 모두 연안을 따라 위치한 작은 지역이다. 아래의 리제 지역의 통계는 모두 터키산 티라고 보아도 좋다.

리제(Rize)

티 종류 : 홍차

기후/지형 : 연안에 위치하고 있는 낮은 지대, 주변은 산지로 둘러싸임, 강우량이 풍부하고 토양이 비옥하다

위치 : 터키 북동부의 흑해 연안

다원 : 리제, 트라브존, 아르트빈, 기레순, 오르두

터키에서 생산되는 티의 종류

터키에서는 주로 홍차를 생산하지만, 2003년부터는 녹차도 적은 양이지만 생산하고 있다. 터키 정부는 좋은 품질의 티를 생산하도록 장려하고 있으며, 특히 수출 시장을 겨냥하여 다양한 단일 다원의 티 생산에 집중하고 있다. 그러나 국내 시장의 수요가 매우 높아 큰 규모의 수출은 이루어지지 않고 있다. 터키인들은 티를 지나치리만큼 강하게 우려내 마시는데, 이로 인해 생산의 다양화나 티 종류의 개발에 대한 요구도 높지 않다. 따라서 터키에서 생산되는 티에서는 어떤 특이성을 찾기 어렵다. 차나무도 모두 비슷한 기후 조건에서 재배되며, 티의 가공도 대부분 국영 기업인 차이쿠르 공장에서 이루어지기 때문이다.

흑해 연안에 면한 터키의 리제 산지에서
농부들이 찻잎을 판매하기 위해 준비하고 있다.
수 세기 동안 오스만 제국의 생활 속에는
커피가 깊숙이 자리하고 있었다.
그러나 오늘날의 터키인들은 티를 더 사랑하며,
1인당 티 소비량도 세계에서 가장 많다.

터키식 리제 티와 전통 찻주전자

오늘날의 터키에서는 티를 빼놓고는 터키를 도저히 설명할 수 없을 정도이다. 터키에서 티는 친선 관계나 손님의 접대에서 매우 중요한 역할을 하고, 사회의 모든 계층에서 티를 즐기며, 매우 다양한 용도로 마시고 있기 때문이다.

터키에서는 티를 보통 진하면서도 달달하게 마신다. 터키 사람들에게는 티를 준비하는 독특한 방식이 있다. 먼저 잔으로 진하게 우린 다음에 그 농축된 티를 유리잔에 담는다. 그런 다음에 끓는 물을 부어 원하는 농도로 희석해 마신다.

터키식의 티를 준비하는 방법

터키식 티는 터키만의 고유한 다기에서 우려지며, 전 세계에서도 가장 유명한 방식으로 제공된다. 터키에서 생산되는 유일한 티인 리제 홍차는 작은 유리잔에 설탕을 넣어 매우 진하게 마시는데, 이때 유리잔은 손을 데일 정도로 뜨거울 수 있다.

터키식 티에서 가장 독특한 점은 차이단륵caydanlık이라는 터키식 사모바르samovar로 티를 우리는 것이다. 그 사모바르는 찻주전자가 뜨거운 물이 든 주전자 위에 놓인 형태이다. 전통적으로는 둘 다 모두 금속제를 사용한다. 이 사모바르는 터키가 기원이 아니고 러시아로부터 그 양식을 차용한 것이다. 참고로 러시아에서도 티를 매우 강하고 진하게 마신다.

위의 찻주전자에 찻잎을 넣고, 아래의 주전자에는 물을 가득 담은 뒤에 스토브에 올려서 가열한다. 아래의 주전자에서 물이 끓으면 그 물의 절반을 위의 찻주전자에 부은 뒤 다시 본래의 모습으로 겹쳐 놓아 20여 분간을 끓인다. 그러면 위의 찻주전자에서는 티가 우려지는 동시에 아래에서 올라가는 수증기가 지속적으로 가해져 터키식 특유의 진한 티가 준비된다.

이렇게 진하고 강하게 우려진 티는 유리컵에 절반 정도 담고, 아래의 주전자에 든 뜨거운 물을 거기에 부어 원하는 농도로 희석시킨다. 터키에 가면 '코유koyu' 또는 '아칙acık'이라는 말을 종종 들을 수 있는데, 전자는 '진하고 강한', 후자는 '가볍고 연한'이라는 뜻이다. 터키 사람들은 이와 같이 개인마다 각자 좋아하는 티의 취향이 있는 것이다. 취향에 따라 농도를 조절한 티에 설탕을 넣어 달게 마실 수도 있다. 주전자는 다시 사용할 경우를 대비해 스토브 위에 올려놓는다.

터키식 애플 티

터키를 여행해 본 사람이라면 사과 향미가 풍기는 티를 마셔 본 기억이 있을 것이다. 터키 사람들은 여행객들에게 환영의 의미로 애플 티apple tea를 대접하는데, 이러한 관습으로 인해 여행객들은 터키를 대표하는 티가 애플 티로 오해하는 경우도 있다. 물론 애플 티는 터키를 대표하는 전통 티가 아니다.

터키식 애플 티는 터키에서 풍부하게 생산되는 가향차와 허브 티가 손님 접대를 중요하게 여기는 사회적인 관습과 상업적인 목적 등과 결합하여 생겨난 것으로 보인다. 예를 들면, 터키에서 티는 거의 항상 비즈니스의 미팅 자리나 상점을 들른 고객에게 제공된다(상점에 좀 더 머물러 이상적인 거래를 유도하기 위해서이다). 이와 같은 이유로 터키식 티는 상점이나 카페, 호텔에 들른 해외 여행객들에게도 환영의 뜻을 전하기 위해 제공되는 것이다. 그런데 전통적인 터키 티는 향미가 너무도 진하고 강하여 여행객들의 입맛에 맞지 않았다. 이때부터 가향차들이 제공되기 시작했는데, 그중 애플 티가 여행객들에게 가장 큰 인기를 끈 것이다. 이후 터키를 비롯해 각국의 무수히 많은 티 회사에서는 향이 가미된 홍차를 생산하고, '터키식 애플 티Turkish Apple Tea'라고 이름을 붙여 판매하였다. 터키식 애플 티 블렌드가 모두 그런 것은 아니지만, 일부에는 진짜 사과가 아닌 인공적으로 만든 사과 향이 가향된다.

▶ 일반적으로 터키식 티는 물이 든 금속 주전자 위에 작은 금속 찻주전자가 놓이는 차이단륵으로 우려내 마신다.

이란

이란에 차나무를 처음으로 도입한 사람은 주인도 이란 대사를 지냈던 모하마드 미르자Mohammad Mirza 왕자였다. 미르자는 1890년대에 인도에서 티 샘플을 밀반출해 고향인 라히잔Lahijan 지역에 심었다(178페이지 참조). 이후 차나무를 재배하면서 다원을 운영하고 가공 공장의 설립에 박차를 가하였다.

  이란은 티의 생산 면에서는 다소 생소한 느낌이 있지만, 티를 마시는 문화에서만큼은 오랜 역사를 자랑한다. 또한 이란은 기후와 지형이 차나무의 재배에 매우 적합하여 티 산업이 중요 산업으로서 육성될 가능성이 높다. 단순 수치만 보아도, 지난 10년간 이란은 티 생산량이 세 배 이상으로 성장하여 세계 7위를 기록하였다. 그런데 다른 나라에서 생산된 티들이 이란으로 대량으로 수입되면서 국내산 티에 대한 수요가 줄어들어 이란 내의 티 산업에 균열이 생기기 시작하였다. 이는 처음에 차나무를 재배하여 부를 축적한 사람들이 다른 농업이나 재산에 투자하기 위해 티 산업을 포기하면서 발생한 것으로 보인다.

티의 역사와 발전

이란에서는 고대 중국에서 서방 국가로 이어지는 무역 경로를 따라 교역이 이루어진 이후부터 오랫동안 티를 마셔 왔다. 19세기 말까지는 국내 티 수요가 티 공급을 웃돌았는데, 이것을 계기로 모하마드 미르자 왕자가 티의 생산에 직접 착수한 것이다.

이란에서는 1930년대에 첫 가공 공장이 들어선 이후로 급속히 성장하였는데, 지금은 가공 공장의 수만 100개가 넘는다. 다원의 재배 면적 또한 3만 5000헥타르 이상이다. 이란의 연간 생산량이 십수만 톤에 이른다는 사실만 보면 초기의 투자는 성과를 거둔 것으로 보인다. 그러나 국내 소비 성향이 더욱더 세련되고 해외에서 생산된 고급 브랜드의 티를 선호하면서 브랜드명도 없는 이란산 티들은 점점 수요가 줄어들고 있다. 만약 적절한 수

생산량 : 16만 톤
수출량 : 1만 1208톤
수입량 : 6만 3557톤
소비량 : 13만 7883톤
1인당 연간 소비량 : 1.83kg

▲ 이스파한 지역의 티 하우스, 또는 차이카네(chaikaneh). 이란 서부에 위치한 이스파한은 17세기풍의 아름다운 건축물로 '페르시아의 피렌체'로도 알려져 있다. 한때 티 하우스는 남자만 들어갈 수 있었지만, 지금은 사회 계층과 성별에 관계없이 누구나 즐겨 찾을 수 있다.

시장의 개척이 없다면, 이란에서 생산된 티의 공급이 국내의 수요를 초과할 것이라는 우려의 목소리도 있다.

이와 같은 해외 티의 불법적인 수입은 이란 내 티 산업의 발전을 저해하는 큰 걸림돌이 되었다. 결국 이란 정부는 해외로부터 티의 합법적·불법적 수입을 모두 제한하는 등의 노력을 기울였고, 그 성과를 거두었다. 그런데 이것이 오히려 이란 내 티 산업에 직격탄을 안겨 주었다. 다수의 공장들이 문을 닫았고, 생산도 절반만 가동하게 되었으며, 다수의 농장주들과 노동자들도 수입원도 없이 다원을 떠나게 된 것이다.

이란의 고위층들을 중심으로 좋은 품질의 브랜드 티에 대한 수요가 증가함에 따라, 정부가 앞장서서 시장의 요구에 맞게 티를 생산하고, 수출량을 늘리며, 티의 불법 거래를 제한하는 노력들은 앞으로 이란에서 티 산업의 성쇠를 결정할 것으로 보인다.

기후와 지형이 수확에 미치는 영향

이란에서는 차나무가 카스피 해 바로 아래 길란Gilan 지역에서 재배된다. 언덕이 많은 구릉지에 해안의 날씨까지 더해져 습하면서도 강우량이 많아 차나무의 재배에 완벽한 환경을 제공한다.

이란의 '티 왕자'

인도가 영국의 식민지였던 시기에 이란의 미르자 왕자는 주인도 이란 대사로 근무하고 있었다. 당시 미르자 왕자는 인도의 티 산업에 접할 수 있는 충분한 기회가 있었다. 자국민들의 티에 대한 사랑이 매우 크다는 사실을 잘 알고 있던 미르자 왕자는 고향인 라히잔 지역의 기후가 차나무의 재배에 최적인 것도 알고 있었다.

그러나 미르자 왕자는 영국이 인도의 티 산업을 장악하고 차나무와 재배 기술을 절대로 외부로 유출되지 못하게 하여 이란에서 티 산업의 경쟁자가 성장하는 것을 두고 보지는 않을 것이라는 사실도 알고 있었다. 미르자 왕자는 기지를 발휘하여 프랑스 노동자로 위장해 다원에 취직하여 재배 및 가공 기술을 익힌 뒤, 결과적으로 차나무의 묘목을 이란으로 밀반입하는 데 성공하였다.

대사라는 사회적 지위로 인한 면책 특권으로 영국에서는 그의 소지품을 검사하지 않았고, 이란으로의 귀국에 대해서도 아무런 의심도 하지 않았으며, 결국 미르자 왕자의 계획이 성공하였다. 그는 당시 수천 그루의 묘목을 이란으로 밀반입하였는데, 모두 길란 지역의 북부에 심었다고 한다.

지역

작은 농장 일부를 제외하고, 이란에서 대부분의 차나무는 라히잔, 길란 지역에서 재배된다. 라히잔 지역의 도시와 마을은 카스피 해 해변 바로 곁에 위치하고 있는데, 그 도시 남쪽에 있는 안개가 낀 산허리에 다원들이 밀집해 있다.

라히잔(Rahizan)

티 종류: 홍차 오서독스 티
기후/지형: 해변과 맞닿아 있는 구릉지, 지속적으로 습하고 안개가 많은 지역
위치: 카스피 해를 따라 이란 북부 연안
다원: 가족 소유의 농장과 가공 공장이 많고, 모두 라히잔 내에 위치함

이란에서 생산되는 티의 종류

이란산 티의 대부분은 오서독스 방식의 홍차인데, 브랜드명이 딱히 없는 상태로 국내 시장에서 판매된다. 따라서 이란 밖에서 이란 티를 찾아보기는 쉽지 않다. 특히 특정 브랜드나 특정한 맛을 지닌 티는 거의 찾아볼 수 없다. 해외에서 이란 티를 구입할 수 있는 것이 드물게는 있지만, 특별한 브랜드명도 없이 그냥 '길란 티 Gilan tea'라고 부른다.

이란산 홍차는 모두 그 맛이 매우 산뜻하고 가벼우며, 우렸을 때는 찻빛이 매우 붉은색을 띤다. 라히잔 지역의 구릉지는 인도 다르질링의 언덕과 거의 비슷하기 때문에 다르질링 티(50페이지 참조)와 같이 가볍고 좋은 향이 나지만, 전부 다 그렇지는 않다. 이란산 티도 우유를 넣지 않고 마시는 것이 좋은데, 종종 설탕을 넣기도 하고, 사모바르를 사용해 티를 우리기도 한다(174페이지 참조). 이란에서는 녹차도 소량으로 생산되는데, 매우 단맛이 난다.

◀ 길란 지역의 온화한 기후는 차나무의 재배에 적합하다. 1890년대 모하마드 미르자 왕자가 이곳에 처음으로 다원을 설립하였는데, 이 지역을 중심으로 차나무의 재배가 급속도로 성장하였다.

극동 아시아

극동 아시아의 나라들은 다양한 종류의 티의 본고장이며,
오랜 관습과 전통 등으로 티에 관해서는 가장 큰 영향을 준 지역이다.
이 지역에서 소비되는 티의 양은 전 세계 티 소비량에서 2위를 차지한 인도 아대륙보다 두 배는 많다.
인도 아대륙의 수출량은 극동 아시아보다 많지만, 생산량과 소비량에서 큰 차이가 있다.
인도와 스리랑카에서는 티가 주요 수출 산업인 반면, 일본이나 중국에서는 티가 삶의 양식이다.
극동 아시아의 국가들은 주로 녹차를 생산하며,
팬에 덖거나 증기에 찌는 등 전통적인 방법을 고수하고 있다(57페이지 참조).
이 밖에 섬세한 향이 가미된 백차나 우롱차 등도 생산한다.
중국은 전 세계에서 티를 마시는 인구가 가장 많은 나라로 생산량 또한
가장 많지만 대부분 국내 시장에서 소비된다.

티 생산 국가

(생산량 기준 순서)

중국 본토(China mainland)

중국은 지난 5000년간 차나무를 재배하여 티를 만들어 마셨던 유구한 역사를 자랑하며, 진정한 의미에서 티의 본고장이다. 중국에서 생산되는 티는 매우 다양하여 티 전문가가 일생을 바쳐 연구하여도 모자랄 정도이다. 중국 본토에서는 주로 녹차를 생산하는데, 그 대부분이 국내 시장에서 거래된다. 수출량도 약 32만 톤에 달한다.

생산량 : 192만 4457톤

수출량 : 31만 9357톤

수입량 : 6만 1416톤

소비량 : 161만 2290톤

1인당 연간 소비량 : 1.1kg

특징 : 다양한 녹차, 홍차, 보이차, 우롱차, 백차

타이완(Taiwan)

타이완은 티 생산에 사용되는 새로운 기법을 개발하고 티의 품종을 다양화하는 등 티 산업에 지대한 공헌을 하고 있다. 타이완에서는 세계에서도 최고급의 우롱차를 생산한다. 특히 핑린향 坪林鄕에서 생산되는 포종차包種茶, pouchong, Bao Zhong는 독특한 유형의 우롱차로 유명하다. 타이완 티의 또 다른 아이콘은 버블 티bubble tea이다. 타이완은 버블 티의 발상지인데, 달콤한 우유와 함께 보통 과일 시럽이나 카사바나무의 열매인 타피오카 펄 tapioca pear을 넣어 흔들어 마신다.

생산량 : 1만 4902톤

수출량 : 3145톤

수입량 : 2만 9900톤

소비량 : 4만 1000톤

1인당 연간 소비량 : 1.7kg

특징 : 주로 우롱차, 일부 보이차, 홍차, 녹차

◀ (앞 페이지) 베트남 목쩌우(Moc Chau) 지역의 산지에서 가지런하게 재배되는 차나무. 하노이로부터 북서쪽으로 약 200km 떨어진 곳에 있다.

카자흐스탄

몽골

러시아

텐산 산맥

타클라마칸
사막

중　　국

북한

동해

남한

일본

서해

도쿄

시안

중국 대평원

상하이

티베트
고원

양쯔 강

메콩 강

살윈 강

청두

양쯔 강

우한

충칭

항저우

동중국해

브라마푸트라 강

히
말
라
야

네팔

부탄

이라와디 강

시장 강

광저우

산터우

타이페이

타이완

갠지스 강

인　도

미얀마
(버마)

라오스

하노이

홍콩

벵골 만

베
트
남

남중국해

필리핀 해

태국

방콕

캄보디아

인도양

타이 만

호치민

필리핀

브루나이

쿠알라룸푸르

말 레 이 시 아

셀레베스 해

싱가포르

인　　도　　네　　시　　아

파푸아
뉴기니

자카르타

자바 해

동티모르

오스트레일리아

생산량 :	248만 톤
수출량 :	54만 5000톤
수입량 :	16만 4713톤
1인당 연간 소비량 :	1.2 kg

베트남(Vietnam)

베트남은 차나무를 재배하는 데 완벽한 조건을 갖추고 있지만, 경제적인 불안정이 다년간 지속되면서 티 산업도 흔들리고 있다. 베트남산 티는 국내외의 시장에서 모두 판매되는데, 특히 가향차로 유명하다.

생산량 : 21만 4300톤

수출량 : 14만 6700톤

수입량 : 200톤

소비량 : 7만 2000톤

1인당 연간 소비량 : 0.7kg

특징 : CTC 홍차, 고산 지대의 우롱차, 가향차

인도네시아(Indonesia)

인도네시아의 서부에 위치한 자바 섬에서는 인도네시아 최고 품질의 티들이 생산되고 있다. 차나무들은 이곳 외에 조그만 섬인 수마트라 섬과 술라웨시 섬에서도 재배되고 있다. 이곳에서 생산된 홍차는 향미가 매우 가볍고 산뜻하여 종종 스리랑카 홍차와 비교된다.

생산량 : 14만 8000톤

수출량 : 7만 71톤

수입량 : 2만 4397톤

소비량 : 9만 4740톤

1인당 연간 소비량 : 0.38kg

특징 : 인도네시아산 홍차 특유의 가볍고 섬세한 향

일본(Japan)

일본은 극동 아시아의 여러 나라에 비해 티 생산량이 많지 않지만, 티 문화만 놓고 본다면 전 세계에서도 가장 유명하다고 볼 수 있다. 일본에서 티는 사회·문화적으로 중요한 자리를 차지할 정도로 뿌리가 깊다. 연간 최대 8만 4800톤을 생산하는데, 국내 수요를 충당하기 위해 해외에서 4만 톤을 더 수입한다. 일본에서는 맛차를 생산하는데(218페이지 참조), 이 가루 형태의 녹차는 건강 효능으로 인해 특히 더 사랑을 받고 있다. 오래전부터 일본에서는 이 맛차를 전통 불교 의식에서 자주 사용하였다.

생산량 : 8만 4800톤

수출량 : 2500톤

수입량 : 4만 톤

소비량 : 12만 3400톤

1인당 연간 소비량 : 1.5kg

특징 : 맛차를 비롯한 다양한 녹차, 홍차나 백차는 일부 생산

태국(Thailand)

태국에서는 북부 지역에서 주로 티가 생산된다. 중국 윈난성이나 인도의 아삼 지방 등 차나무의 재배로 유명한 지역과 유사한 열대우림의 지역이 있기 때문이다. 태국에서는 주로 우롱차와 녹차를 생산하는데, 일부 샨족Shan 사람들은 오늘날까지도 전통적으로 보이차를 생산하고 있다(222페이지 참조). 태국의 티는 아직 해외에 잘 알려져 있지는 않지만, 품질이 매우 좋다.

생산량 : 7만 5000톤

수출량 : 1500톤

수입량 : 5600톤

소비량 : 7만 8000톤

1인당 연간 소비량 : 1.1kg

특징 : 녹차, 우롱차, 홍차, 보이차

말레이시아(Malaysia)

말레이시아의 카메론하일랜즈Cameron Highlands는 관광객들과 방문객들에게 연중 개방하고 있어, 세계에서도 가장 접근성이 좋은 재배지이다. 이곳에서는 오서독스 홍차를 주로 생산하는데, 품질은 비교적 좋은 편이다. 다만 그 지역에서 생산되는 다른 티들에 비해 향미가 다소 약한 점이 있다.

생산량 : 6만 4000톤

수출량 : 2000톤

수입량 : 1만 8200톤

소비량 : 3만 3000톤

1인당 연간 소비량 : 1.4kg

특징 : 산뜻한 맛에 향이 풍부한 홍차, 일부에서는 녹차도 생산

◀ 베트남의 노동자들이 갓 딴 찻잎을 바구니에 담아 어깨에 둘러메고 완벽한 균형을 이루며 운반하고 있다. 베트남에서는 보통 일 년에 3~4회 정도 찻잎을 수확한다.

중국

중국은 차나무를 제일 먼저 재배한 본고장이며, 티를 마시는 문화도 그 역사가 수천 년 전으로까지 거슬러 올라간다. 그로 인해 중국은 지난 수 세기 동안에 전 세계에 걸쳐 차나무의 재배와 티 생산에 큰 영향을 주었다.

　오늘날의 중국은 세계 1위의 티 생산국답게 티 산업 역시도 빠르게 성장하고 있다. 이는 전 세계의 어느 나라와 견주어도 비할 바 없이 독보적인 수준이다. 더욱이 중국에서 생산되는 티는 그 종류가 세계에서도 가장 많고, 1인당 티 소비량도 상위권에 올라 있다. 중국은 오늘날에도 가히 티 세계의 중심지라 할 수 있다.

▲ 저장성의 고지대 다원에 아침 안개가 걸쳐 있다. 저장성은 중국 남동부의 연안 지역이다. 중국에서 티 생산을 견인하고 있는 저장성에서는 유명 녹차인 용정, 건파우더 등이 생산된다.

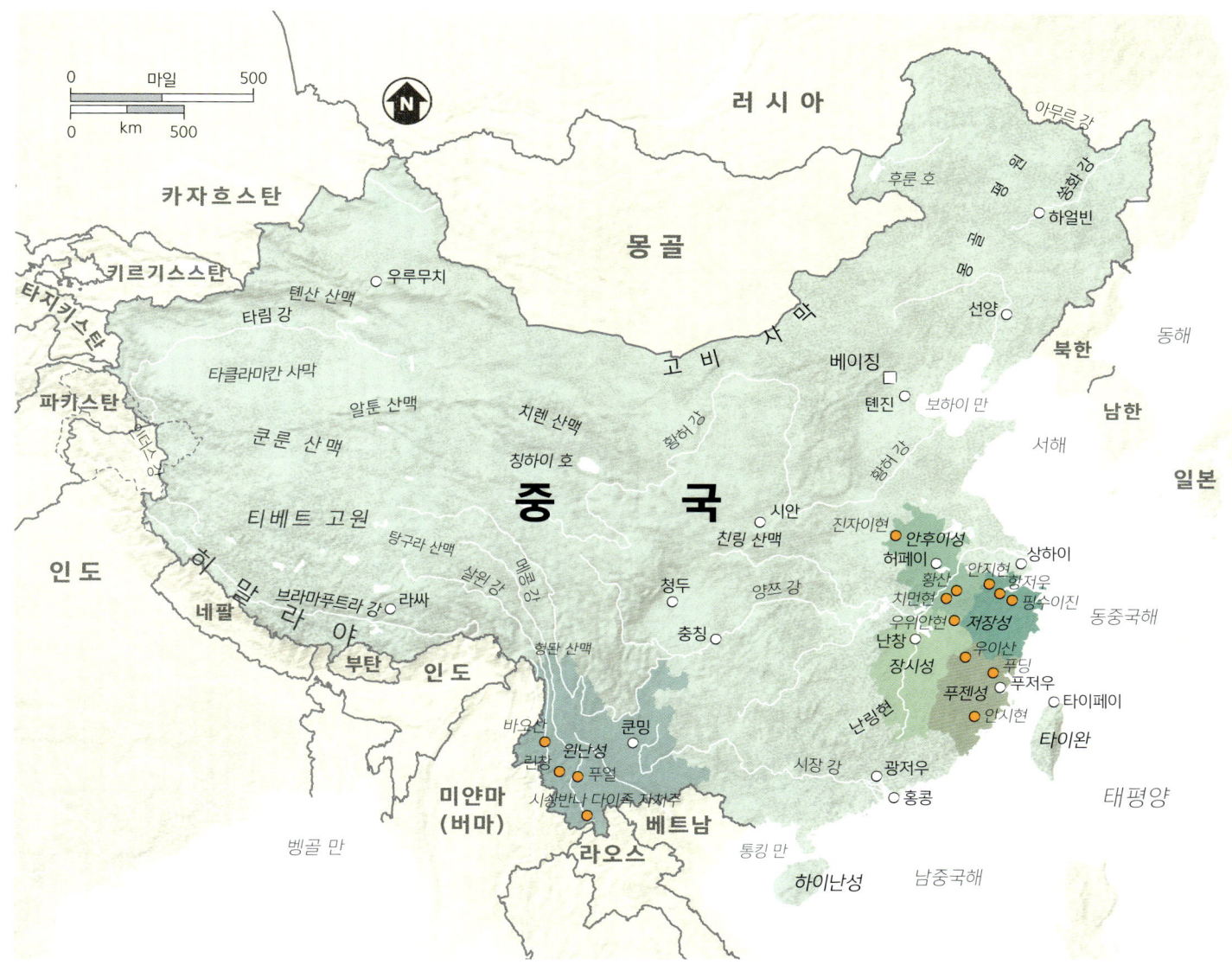

티의 역사와 발전

2004년에 중국 저장성 북부에 위치한 톈뤄 산의 기슭에서는 차나무의 고대 화석이 출토되었다. 이에 따라 고대 시대에도 차나무가 재배되었을 가능성이 제기되면서 티 산업의 역사에 관한 기존의 학설이 뒤흔들리게 되었다. 당시만 해도 중국에서 티가 최초로 발견되었다는 가장 오래된 기록은 기원전 약 3000년경이었지만, 새로운 장소에서 새로운 연대를 알리는 화석이 발견됨으로써 차나무의 재배는 기원전 약 7000년경으로까지 거슬러 올라가게 되었다.

중국에서 티에 대해 최초로 언급한 기록은 기원전 600년경의 일이다. 그리고 티를 준비하고 우려내는 방법을 처음으로 소개한 책은 중국의 시인 육우가 저술한 『다경茶經』이었다(61페이지 참

생산량 : 192만 4457톤	
수출량 : 31만 9357톤	
수입량 : 6만 1416톤	
소비량 : 161만 2290톤	
1인당 연간 소비량 : 1.1kg	

조). 이 책에는 중국 역사에서 티는 약용으로 또는 종교적 의식으로 사용되었다고 기술되어 있다.

찻잎을 따서 초청 작업으로 건조시키고 유념 과정을 거쳐 모

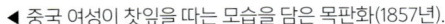

CHINESE WOMAN GATHERING TEA.—FROM A DRAWING BY A CHINESE ARTIST.

양을 성형하는 전통적인 방식은 중국의 여러 지역에서 오늘날까지도 이어지고 있다. 이렇게 생산된 티 중 일부는 지금도 전 세계적으로 수요가 높다. 그러나 오늘날에는 대다수의 업체들이 대규모의 가공 설비들을 갖추어 생산 과정이 대부분 자동화되고 있다.

중국에서는 대부분 녹차나 우롱차를 생산하지만, 일부에서는 전통적인 방식으로 보이차를 생산하기도 한다. 최근에는 기문, 랍상소총, 전홍滇紅, Yunnan black tea 등의 홍차도 수출용으로 생산하고 있다.

기후와 지형이 수확에 미치는 영향

중국에서 생산되는 티의 종류는 중국의 다양한 기후 조건과 지형 조건만큼이나 매우 광범위하다. 찻잎을 수확하는 시기는 각 지역마다 다르지만, 보통은 봄, 여름, 가을이다. 기온이 떨어지는

'중국의 모든 티를 준다 해도'

영어로 "Not For All The Tea In China"는 19세기 오스트레일리아에서 생긴 관용구로서 '중국에서 생산되는 대량의 티'를 일컫는다. 즉 '중국의 모든 티를 준다 해도'는 '어떤 방법으로든, 어떤 대가를 치르더라도'라는 의미로, 어떤 일을 결코 하지 않겠다는 강력한 의지를 드러낼 때 사용된다.

겨울철에는 대개 찻잎을 수확하지 않는다.

초봄에 맨 처음 수확한 찻잎이 가장 품질이 좋은 것으로 평가되는데, 이는 연간 생산량의 거의 절반을 차지한다. 윈난성 등 중국의 남부 지역에서는 기후가 온화하고 따뜻하여 첫 수확이 2월 초에 이루어진다. 반면 추운 북부 지역에서는 5월이 되어도 차나무가 수확할 준비가 안 되었을 수도 있다.

중국의 티 중에서 향미가 우수하고 사람들의 수요가 많은 티는 중국의 산지 중에서도 기후와 지형이 차나무의 재배에 딱 들어맞아 매우 특별한 맛을 내는 것들이다. 기후와 지형 조건은 첫째, 차가운 공기가 산 정상부를 순환하는 고산 지대이어야 한다. 둘째, 짙은 안개와 많은 강우량을 제공하는 한편, 몬순 기후를 막아 주는 역할을 하는 산지가 있어야 한다. 셋째, 찻잎에 다양한 방향성 성분들을 생성시키는 바람과 계절풍이 있어야 한다.

중국에서 찻잎을 수확하고 티를 가공하는 과정은 수천 년 전부터 수작업으로 진행되어 왔다. 특히 중국의 티 가공 방식은 세계의 여러 나라로 전파되면서 티 생산의 역할 모델이 되었다. 더욱이 수작업에서 벗어나 기계화를 도입해야 하는 현 시점에서는 하나의 기준점이 되고 있다. 티 가공 설비는 손기술로 찻잎을 팬에 가열하는 초청 방식을 그대로 재현하여 작업 속도를 두 배로 높이고, 인건비도 절반으로 낮추기 위해 개발되었다.

이러한 가공 설비들은 확실히 효율성이 높지만, 좋은 품질의 티를 생산할 수 있을지의 여부에 대해서는 논쟁의 여지가 있다. 이와 같은 이유로 여러 최고급 티들은 지금도 수작업으로 생산되고 있는 것이다.

중국에서는 지금도 거의 대부분 손으로 찻잎을 수확한다. 대다수의 티들은 하나의 새싹과 두 찻잎을 따서(일아이엽) 만든 것이다. 물론 예외인 경우도 있다. 중국의 우롱차는 하나의 새싹과 두 찻잎뿐 아니라 그 아래의 큰 찻잎(일아삼엽) 등도 따서 만드는 경우도 있다. 또한 더 짙고, 더 억센 찻잎이 필요한 랍상소총의 경우도 마찬가지이다.

▶ 실크에 그려진 그림. 18세기 초 찻잎을 정리하는 중국 농부들을 묘사하고 있다.

지역

중국에서는 거의 20개의 성에서 티를 생산한다. 차나무를 재배하는 대표적인 곳만 소개한다.

푸젠성

티 종류 : 백호은침, 랍상소총, 무이암武夷岩, 철관음鐵觀音, 육계肉桂

기후/지형 : 안개가 많은 고산 지대, 열대 기후로 건기와 우기가 있지만, 일부는 일 년 내내 비가 내린다

위치 : 중국 남동부 연안

다원의 위치 : 우이산武夷山, 푸딩시福鼎市 안시현安溪縣

윈난성

티 종류 : 운남 녹차, 운남 보이차

기후/지형 : 숲이 우거진 산지, 몬순 계절 기후의 영향으로 강우량이 많고, 따뜻한 날씨, 메콩 강으로 인해 관개에 유리하다

위치 : 중국 남서부 티베트, 베트남, 라오스, 미얀마와의 국경 지대

다원의 위치 : 푸얼시普洱市, 린창臨滄縣, 바오산시保山市, 시솽반나西双版納

저장성

티 종류 : 용정, 건파우더

기후/지형 : 산지, 일부 고지대의 다원, 아열대 기후로 인해 습하고 강수량이 많지만, 계절성 기후를 보임

위치 : 중국 동부 연안

다원의 위치 : 항저우시杭州市, 핑수이진平水鎮, 안지현安吉縣

장시성

티 유형 : 기문, 동정洞庭, 준미珍眉

기후/지형 : 고산 지대, 아열대 기후로 습함, 겨울에 건조하고 여름에 습도가 높음

위치 : 중국 남동부 내륙

다원의 위치 : 우위안현婺源縣

안후이성

티 유형 : 기문, 준미, 모봉毛峰

기후/지형 : 다양한 기후 및 지형

위치 : 중국 동부

다원의 위치 : 치먼현祁門縣, 진자이현金寨縣, 황산시黃山市

중국에서 생산되는 티의 종류

중국에서는 거의 모든 티가 생산되며, 각각의 티 종류별로 품목도 다양하다. 주로 녹차를 생산해 국내 대형 시장에서 판매하는데, 녹차의 품목은 다양하지만 소량씩 판매된다. 홍차나 우롱차는 수출용으로 생산된다. 중국은 예전부터 인근의 아시아 국가와 러시아, 유럽 등으로 티를 수출해 왔다.

중국 티의 이름은 가히 혼란스럽다. 간혹 발음과 철자가 다르기도 하는 데다 티의 모양이나 기원에 따라 이름을 붙이기 때문이다. 티가 생산된 지역의 이름이 붙는 다른 국가의 티와 달리 중국 티는 조금 복잡하다. 운남 녹차와 운남 홍차나 기문 홍차, 기문 모봉, 모봉 녹차 등 각 이름에도 다양한 종류가 있다.

철관음(鐵觀音, iron goddess of mercy, Tie Guan Yin)
지역 : 푸젠성 안시현
기후/지형 : 안개가 자욱한 산지
가공 방식 : 중국 전통 방식으로 로스팅, 세미 오서독스 방법
특징 : 강하게 덖는지 연하게 덖는지에 따라 구운 듯한 단맛이 나며, 복합적이다

용정(龍井, Long Jing, Dragon Well)
지역 : 저장성 항저우시
기후/지형 : 안개가 자욱한 산지
가공 방식 : 긴 찻잎을 팬에 가열하여 수분을 뺀다
특징 : 맛이 풍부하고 색상이 녹색이다. 부드러우면서도 달콤하다. 뒷맛에서 풀 향이 난다. 쓴맛은 없다

진미(珍眉, Chun Mee)
지역 : 장시성, 저장성, 안후이성
기후/지형 : 1000m의 높은 고산지, 아열대 기후로 공기가 습함
가공 방식 : 초청 방식으로 팬에 가열해 '눈썹' 모양으로 길게 손으로 돌돌 맒
특징 : 상쾌하지만 스모키한 향미도 있다. 단맛은 없지만 부드러운 맛이다

모봉(毛峰, Mao Feong)
지역 : 안후이성
기후/지형 : 황산 산黃山 인근에서 재배되며, 일 년 내내 구름이 끼어 어둡고 습하다. 초봄에 수확하는 티의 맛이 가장 좋다
가공 방식 : 모봉 녹차의 종류에 따라 다르다. 전적으로 자연 건조 방법을 취하기 때문에 찻잎의 솜털까지도 보존할 수 있다. 모봉은 '최상급의 털'을 뜻한다
특징 : 가볍고 섬세한 과일 향, 산뜻한 풀잎 향, 맑고 연한 녹색

랍상소총(Lapsang Souchong, 正山小種)
지역 : 푸젠성
기후/지형 : 우이산 고지대, 아주 가파르고 험준한 지형, 아열대 기후로 우기와 건기가 있음
가공 방식 : 큰 찻잎을 따서 송백을 태워 연기로 건조시킨 뒤 홍차로 가공한다
특징 : 훈연 향, 스모키한 향미가 입안을 감돈다. 맛이 부드럽고 뒷맛이 매끄럽다

기문(祁門, Keemun)
지역 : 안후이성
기후/지형 : 기문 홍차의 종류에 따라 다양하다
가공 방식 : 다른 홍차에 비해 유념과 산화 과정이 길다
특징 : 독특한 방향성의 꽃 향이 나고, 단맛이 나는 경우도 있다

◀ 유네스코의 세계 문화유산인 푸젠성 우이산의 비경. 이곳에서는 우롱차, 랍상소총 등의 티가 다양하게 생산된다.

중국의 한 다원에 짙은 녹색의
차나무가 늘어서 있다.
진홍의 단풍잎이 색채 대비를 이루고 있다.

타이완

도서 국가인 타이완은 티의 세계에서 매우 중요한 위상을 지닌다. 타이완에는 수많은 독특한 티들이 개발되어 있기 때문이다. 타이완은 연안을 따라서 낮은 고도의 평야가 이어지는데, 이곳에서는 최고급 품질의 티가 생산되지 않는다. 그러나 타이완은 중앙부로 갈수록 해발고도가 점점 더 높아져 습한 산지를 형성하는데, 이러한 독특한 조건은 타이완에서 세계 최고의 우롱차를 생산하도록 해 준다. 그중 핑린향 인근에서 생산되는 포종차는 매우 유명하다. 포종차는 거의 녹차에 가까운데, 맛이 매우 가볍고 꽃 향이 난다. 타이완은 전 세계 우롱차 생산량 중에서 거의 20%를 생산하며, 이외에 홍차, 녹차, 백차도 생산한다. 타이완 티는 '포머서Formosa'라고도 하는데, 이는 오래전 포르투갈 사람들이 타이완을 방문한 뒤, '아름다운 섬'이란 뜻으로 '포르모사'라 불렀던 데서 유래한다.

▲ 타이완에서 차나무를 재배하는 지역은 낮은 평야와 안개로 둘러싸인 산지의 두 곳으로 나뉜다.

▶ 타이완의 한 다원에서 일하는 노동자들이 따가운 햇볕을 가리기 위해 챙이 넓은 모자를 쓰고 긴 소매 셔츠를 입었다.

티의 역사와 발전

1800년대 실론(현 스리랑카), 인도네시아, 인도를 중심으로 홍차 산업에 붐이 일면서, 영국인 사업가 존 도드John Dodd는 타이완을 기반으로 고유의 티 브랜드를 만들어 수출할 계획을 세웠다. 이 당시 브랜드 이름을 '포머서 우롱Formosa Oolong'이라 지었는데, 이때부터 포머서 티는 우롱차를 가리키는 동의어가 되었다. 타이완 사람들은 19세기 이전에도 중국 본토인 푸젠성에서 차나무를 들여와 수백 년간 재배하여 티를 만들어 마셨다.

티의 생산에서 또 하나의 획기적인 점은 타이완에서 포종차라고 하는 새로운 종류의 티가 창조되었다는 사실이다. 우롱차 중에서도 매우 가벼운 맛을 지닌 포종차는 1800년대 후반에 작은 마을인 핑린향에서 개발된 뒤로 지금은 세계에서도 가장 수요가 높은 티로 올라섰다.

티를 마시는 문화는 타이완의 사회에 깊숙이 자리하면서 거대한 규모의 티 시장을 형성시켰다. 그 시장에서는 대부분 타이완에 기반을 둔 브랜드의 티들이 판매되고 있다. 타이완은 국내 수요를 충당하기 위한 해외 수입량이 국내 생산량보다 두 배 이상이나 많은 세계에서도 매우 드문 티 생산국이다.

또 타이완 사람들에게 한 가지 감사해야 할 일이 있는데, 바로 버블 티이다. '펄 밀크 티pearl milk tea'라고도 하는 이 음료는 티를 베이스로 한 음료에 과일이나 우유를 넣고 흔든 뒤 기호에 따라 타피오카 펄을 넣어 마시는데, 매우 독특한 식감이 난다(198페이지 참조).

기후와 지형이 수확에 미치는 영향

타이완의 지형은 연안을 따라 이어지는 평야 지대와 중앙으로 이어지는 높은 고산 지대의 두 형태로 나뉘어 있다. 그러나 도서 전체가 북회귀선에 양쪽으로 걸쳐 있어서 햇볕은 뜨겁고 습도가 높으며 강우량도 많아 차나무의 재배에는 매우 적합한 기후이다. 티는 바람이 부는 평야와 고산지의 양쪽에서 모두 생산되고 있는데, 기후와 지형이 찻잎에 매우 독특한 향미와 방향성 성분들을 생성시켜 티의 품질을 높여 준다. 최상급 품질의 우롱차는 고산 지대의 찻잎으로 생산되며, 주요 상업적 티는 난터우현南投縣의 다원에서 생산되고 있다. 이곳의 티 생산량은 타이완 연간 티 생산량의 약 85%를 차지하고 있다.

생산량 : 1만 4902톤
수출량 : 3145톤
수입량 : 2만 9900톤
소비량 : 4만 1000톤
1인당 연간 소비량 : 1.7kg

지역

타이완에서 차나무를 재배하는 주요 지역은 15곳이며, 대부분의 티들은 중앙의 난터우현에서 생산되고 있다. 한 가지 중요한 사실은 고산 지역이 타이완 중앙부로 이어지면서 난터우현, 자이현 嘉義縣, 타이중현臺中縣, 화롄현花蓮縣과 맞닿아 있다는 점이다. 따라서 이 지역들은 차나무가 자라는 데 필요한 매우 독특한 기후와 지형의 조건을 잘 갖추고 있어 티의 품질도 매우 우수하다.

타이페이(북부)
티 종류 : 포종차, 용정
기후/지형 : 타이완 북부에 위치해 있다. 북동부에서 계절풍이 불어와 해발고도가 200m~500m로 낮은 지형임에도 기온이 차고 습하며 안개가 자주 낀다
위치 : 타이완 북부
다원의 위치 : 핑린향, 원산 산文山, 선컹구深坑區, 난강구南港區, 싼샤구三峽區

북동부
티 종류 : 녹차, 동방미인東方美人, Oriental Beauty (신주현 생산)
기후/지형 : 북동쪽에서 몬순 계절풍이 불어와 낮은 평야 지대이지만, 기온이 차고 습하며 안개가 자주 낀다. 먀오리현에는 일부 고산 지대도 있다
위치 : 타이완 북동부
다원 : 먀오리현苗栗縣, 신주현新竹縣

중앙부
티 종류 : 리산우롱梨山烏龍(타이중현 생산), 대규모 상업용의 홍차 및 녹차(난터우현 생산), 동정우롱凍頂烏龍(난터우현 생산)
기후/지형 : 낮은 산지, 일 년 내내 안개가 자욱하다
위치 : 타이완 중앙부
다원 : 난터우현, 자이현, 타이중현, 윈린현雲林縣

남부
티 종류 : 아리산 우롱阿里山烏龍(자이현 생산)
기후/지형 : 더운 열대 기후의 산지
위치 : 타이완 남부, 북회귀선을 따라 자리하고 있다
다원 : 자이현, 핑둥현屏東縣

▶ 타이완에서 가장 큰 담수호인 르웨탄(日月潭) 호 인근에서 아삼 홍차를 생산하는 다원. 한 여성이 갓 딴 신선한 찻잎을 한 움큼 쥐고 향을 맡고 있다.

타이완에서 생산되는 티의 종류

포종차는 매우 가볍게 산화시킨 우롱차로서 맛과 향이 홍차보다는 녹차에 더 가깝다. 산화 과정을 거쳤기 때문에 맛이 녹차보다는 진하지만 산화율이 8~10% 정도에 그쳐서 일반적인 우롱차만큼은 진하지 않다. 원래 '포장된' 티를 의미하는 포종차는 푸젠성에서 유념 과정이 유입되면서 타이완에서 독자적으로 개발된 티이다. 오늘날에는 티의 본고장인 중국에서도 포종차를 생산하지만, 타이완산 포종차야말로 세계에서 가장 품질이 좋은 골드 등급이다. 포종차는 맛이 매우 순하고, 꽃 향이 나면서 약간의 버터 향도 난다. 연노란색을 띠며, 맛이 매우 고급스럽다.

포종차(包種茶, pouchong, Bao Zhong)

지역 : 핑린향, 타이페이
기후/지형 : 4~5월까지 1~2일에 걸쳐 찻잎을 수확한다. 해발고도가 200m~500m로 낮은 지대에 위치하지만, 북동쪽에서 불어오는 몬순 계절풍의 영향으로 기온이 차고 습하며 안개가 자주 낀다
가공 방식 : 산화도를 8~10%로 낮게 산화시킨 뒤 찻잎을 비틀어서 드럼통에 넣고 건조시킨다
특징 : 가볍고 산뜻한 맛, 꽃 향이 난다

동정우롱(凍頂烏龍, Dong Ding, Tung Ting)

지역 : 난터우현
기후/지형 : 안개가 지속적으로 끼는 산지
가공 방식 : 우롱차의 일반적인 가공 방식으로 생산한 뒤 숯 위에 올려 가열한다
특징 : 향긋하고 구운 견과류 향이 나는 프리미엄 티

리산우롱(梨山烏龍)

지역 : 타이중현, 리산 산梨山
기후/지형 : 산악 기후, 해발고도가 2800m 이상인 고산 지대(세계에서 가장 높은 지대의 다원)
가공 방식 : 구름과 안개가 잦은 산지에서 느리게 성장하는 차나무에서 손으로 직접 찻잎을 제한된 횟수로 소량씩 따서 수작업으로 가공한다
특징 : 향은 부드럽고 복합적이며, 맛도 풍부한 프리미엄 티

동방미인(東方美人, Oriental Beauty)

지역 : 리산 산, 타이중현
기후/지형 : 산악 기후, 해발고도가 2800m 이상인 고산 지대
가공 방법 : 독특하게도 녹색 매미충과 *Jacobiasca formosana*의 곤충이 절정에 달할 때인 여름에 수확한다. 이 곤충이 찻잎의 가장자리를 갉아 먹으면서 산화가 시작되기 때문에 산화도가 높다
특징 : 상쾌한 맛이 나며, 꽃 향이 난다

버블 티

최근 전 세계인의 입맛을 사로잡은 것이 바로 버블 티이다. 버블 티는 티 베이스에 우유를 넣어 흔들어 마시는데, 기호에 따라 쫀득쫀득한 식감의 타피오카 펄을 넣기도 한다. 1980년대 타이중시에서 처음 버블 티가 만들어졌으며, 점보 사이즈의 플라스틱 컵에 빨대를 꽂아 마신다.

버블 티 만드는 방법

버블 티는 뜨거운 홍차에 타피오카 펄과 가당 분유나 연유를 넣어 흔들어서 만든다. 그러면 재료들이 뒤섞이면서 거품 형태의 얇은 층을 만든다. 이 버블 티는 만드는 방법에 따라 그 종류도 매우 다양하다. 뜨겁거나 차갑게 만들 수도 있고, 과일 시럽이나 가향 우유를 넣어 만들 수도 있고, 타피오카 펄 대신에 작은 과일 젤리를 넣어 만들 수도 있다. 버블 티에 재료를 혼합해 만드는 조합은 수없이 많다. 최근 버블 티의 인기가 급상승하면서 버블 티의 매장도 전 세계에서 급증하고 있다.

버블 티를 판매하는 매장에 가 보면 버블 티를 혼합하는 기계를 쉽게 찾아볼 수 있다. 버블 티는 플라스틱 컵에 담아 얇은 비닐 뚜껑으로 덮어 판매되며, 타피오카 펄이 통과할 정도로 구멍이 큰 빨대를 꽂아 제공된다.

◀ 미국 로스앤젤레스의 한 버블 티 전문점에서 버블 티를 찍은 모습. 타이완에서 처음으로 개발된 버블 티는 오늘날에 전 세계적으로 인기가 상승하고 있는데, 다양한 종류의 버블 티를 판매하는 전문 매장도 급속히 늘고 있다.

▶ 라즈베리가 든 버블 티. 버블 티에는 과일에서부터 초콜릿, 커피, 견과류, 꽃 등 각종 재료를 넣어 다양한 향미를 낼 수 있다.

베트남

세계 티 생산량 5위의 베트남에서는 홍차, 녹차, 백차, 우롱차 등 다양한 종류의 티를 생산하고 있다. 베트남 현지에서는 꽃 등의 재료로 가향한 녹차의 선호도가 높다. 베트남의 티 산업은 인도네시아를 점령한 네덜란드인이나 인도를 점령한 영국인과 마찬가지로 1800년대에 프랑스인이 주도하여 형성되었다.

불행하게도 베트남은 내전이 많아지면서 차나무의 재배지가 황폐해짐에 따라 티 산업은 처음의 수준에서 크게 벗어나지 못하였다. 따라서 오늘날의 베트남 티 산업은 엄청난 성장 가능성을

잠재하고 있다. 수천 헥타르에 달하는 토지가 개간되지 않은 채로 자연 그대로 남아 있기 때문이다. 한 가지 흥미로운 점은 베트남 북부로 중국과의 국경선을 따라 자생하는 차나무가 현존하는 가장 오래된 차나무라는 사실이다.

▲ 베트남 북부 타이응우옌(Thai Nguyen) 내 딴쿠옹(Tan Cuong) 마을에서 차나무가 재배되고 있다. 이곳에서 생산되는 녹차는 품질이 가장 높기로 유명하다.

생산량 : 21만 4300톤

수출량 : 14만 6700톤

수입량 : 200톤

소비량 : 7만 2000톤

1인당 연간 소비량 : 0.7kg

하장성
북베트남
까오방성
박깐성
라오까이성
뚜옌꽝성
옌바이 성
타이응우옌
랑선
북동부
디엔비엔성
푸토성
빈푹성
꽝닌성
북서부
중부
박장성
선라성
호아빈성
하떠이성
하이퐁
남딘

홍 강
라이쩌우성

중 국

라오스

통킹 만

빈

메콩 강

태 국

후에

다낭

베

트

꼰뚬

고원지방

꾸이년

잘라이성

캄보디아

남

나짱

고원지방

깜란

남중국해

럼동성

호치민

붕따우

N

메콩 강 삼각주

타이 만

0   마일   100

0   km   100

티의 역사와 발전

베트남은 이웃 나라인 중국으로부터 티가 전파된 뒤 수 세기 동안 녹차를 즐겨 마셨지만, 상업적으로 차나무를 재배하기 시작한 것은 프랑스의 식민지 시대인 1800년대부터였다.

당시 프랑스는 인도네시아를 점령하였던 네덜란드와 인도와 스리랑카를 점령했던 영국과 경쟁할 목적으로 베트남에서 CTC 홍차를 생산하였다. 또한 베트남은 녹차도 생산하였지만, 연이은 내전과 정치적인 불안정으로 인해 티 산업이 큰 결실을 맺지 못한 채로 주저앉았다.

그로부터 근래에까지 베트남의 티 산업은 큰 진척이 없었지만, 1950년대에 이르러서는 소련의 원조로 티 가공 공장이 설립되면서 수출용 티를 생산하기 시작하였다. 최근에는 베트남산 티가 유럽, 미국, 러시아를 비롯해 여러 아시아의 나라에서도 큰 인기를 끌고 있다.

기후와 지형이 수확에 미치는 영향

베트남에서 차나무를 재배하는 지역은 주로 북부의 산지에 집중되어 있다. 북부 지역은 열대성 기후이면서 시원한 바람이 불고 강우량도 풍부하고 토양이 비옥하여 차나무를 재배하는 데 매우 적합한 환경을 갖추었기 때문이다. 베트남의 지형은 숲으로 뒤덮인 산지에서부터 해발고도가 낮은 평야 지대에 이르기까지 매우 다양하지만, 열대성 기후로 인해 베트남에서 생산되는 티는 전반적으로 품질이 매우 좋다.

베트남은 소련이 주요 다원을 관할하면서 자금을 조달하고 관련 교육을 실시하면서 찻잎을 수확해 티를 생산하는 방식도 또한 발전해 나갔다. 그러나 소련이 붕괴되면서 다원과 가공 공장을 중심으로 한 티 생산으로의 전환이 늦춰지면서 오늘날에는 대부분이 가족 단위로 농장을 운영하고 있다. 찻잎의 수확은 보통 일 년에 3~4회 정도 이루어진다.

베트남의 땀다오(Tam Dao) 산맥은
세 지역을 가로지르는데,
그중 한 곳이 베트남 내 녹차의 생산지 중
한 곳인 빈푹 성(Vinh Phuc)이다.

지역

북서부

티 종류 : 우롱차

기후/지형 : 해발고도 500m, 기온이 찬 삼림지

위치 : 베트남 북서부, 라오스 국경 지역

다원 소재지 : 선라성Son La, 라이쩌우성Lai Chau, 디엔비엔성Dien Bien

북베트남

티 종류 : 홍차, 녹차, 우롱차, 백차

기후/지형 : 삼림 지역, 시원한 바람이 불어오는 따뜻한 기후

위치 : 베트남 북부, 중국 국경 지역

다원 소재지 : 하장성Ha Giang, 옌바이성Yen Bai, 뚜옌꽝성Tuyen Quang, 라오까이Lao Cai, 박깐성Bac Can, 까오방성Cao Bang

북동부

티 종류 : 녹차

기후/지형 : 삼림 지역, 시원한 바람이 불어오는 따뜻한 기후

위치 : 베트남 북동부, 중국 국경 지역

다원 소재지 : 꽝닌성Quang Nihn, 랑선Lang Son, 박장성Bac Giang

중앙부

티 종류 : 녹차

기후/지형 : 일부 삼림지, 이외에 평야 지대, 몬순 계절풍이 불어오는 열대 기후

위치 : 베트남 북부, 중부

다원 소재지 : 타이응우옌Thai Nguyen, 푸토성Phu Tho, 호아빈성Hoa Binh, 하떠이성Ha Tay, 하노이Hanoi, 빈푹성Vinh Phuc

고원 지대

티 종류 : 우롱차

기후/지형 : 해발고도 850m~1500m의 산지, 기온이 차고 습기가 많으며, 기류가 있는 아열대 기후

위치 : 베트남 남부/중부

다원 소재지 : 럼동성Lam Dong, 자이라이성Gai Lai, 꼰뚬Kon Tum

▼ 베트남의 유명 관광지인 호이안(Hoi An) 구시가지의 모습. 이른 아침부터 티를 마시기 위해 사람들이 몰려들고 있다.

베트남에서 생산되는 티의 종류

베트남에서 생산되는 티의 3분의 1은 녹차이며, 상당량이 가향된 녹차이다. 이 가향 녹차는 베트남 내 또는 다른 동남아시아의 나라에서 판매된다. 또한 베트남 홍차는 주로 CTC 홍차로 블렌딩 시장을 겨냥해 수출되고 있다. 이외에 고산 지대에서 생산된 백호은침, 플라워링 티 등이 있다

샨뚜엣(Shan Tuyet)
산지 : 바부통Bah Butong, 수마트라Sumatra
기후/지형 : 해발고도 2000m의 고산 지대, 안개가 많고 습도가 높다. 햇빛이 잘 들고 화창한 날씨가 길게 이어지며, 토양은 붉은색 화산토로 영양이 풍부하다
가공 방법 : 가지치기를 해 계단식으로 잘 다듬어진 차나무보다는 오래전부터 야생에서 자라 높이가 큰 차나무에서 찻잎을 딴다. 가볍게 말아 증기로 찐 뒤 세심하게 건조시킨다
특징 : 향긋하고 신선한 맛, 뒷맛이 부드럽다

고원 지대 우롱차
산지 : 럼동성, 중부 고원 지대
기후/지형 : 해발고도 1000m의 고원 지대, 삼림이 무성한 산지로 공기가 상쾌하고 안개가 많다. 계절풍이 불어와 섬세한 향이 찻잎에 깃든다
가공 방법 : 20%만 산화시키고 강하게 비틀면서 굴린다
특징 : 버터향이 나는 우롱차로 뒷맛이 달달하고 꽃 향이 난다

드래곤플라워 블루밍 티 / Dragonflower Blooming Tea
중국에 기원을 두고 있는 매듭 방식으로 손으로 묶은 블루밍 티이다. 일종의 공예차로 베트남에서는 큰 인기이다. 한가운데에 꽃봉오리를 놓고 작은 진주 모양의 가향된 백차나 녹차의 싹을 함께 엮는다. 뜨거운 물을 부으면 티는 그야말로 꽃을 피운다. 꽃이 아름답게 펴지며 꽃 향이 진동을 한다. 베트남에서는 현재 자체적으로 생산한 블루밍 티에 '드래곤플라워 티'라는 이름을 붙였으며, 고급 백호은침으로 만든다.

아티초크 티(Artichoke Tea)
비록 차나무에서 생산하는 것은 아니지만, 베트남에서는 럼동성 고원 지대에서 자생하는 아티초크라는 식물을 티와 같이 만든다. 아티초크 티(엄밀히는 티잰)는 색깔이 희고 단맛이 나는데, 베트남을 비롯해 동남아시아의 여러 나라에서 건강 효능으로 인해 매우 인기가 높다.

남란(Nam Lanh)
산지 : 옌바이성, 베트남 북부
기후/지형 : 홍 강 삼각주 인근의 마을로 이어지는 계단형 산지, 삼림이 우거지고 관개가 좋고, 열대 몬순 기후를 보인다
가공 방법 : 일반적인 방식으로 홍차로 만든 뒤에 추가로 휘말아 건조시킨다
특징 : 진하고 맥아 향이 나는 홍차, 우유를 타서 마시면 좋다

재스민 녹차
산지 : 하장성 외 여러 곳, 베트남 북부
기후/지형 : 경사가 급한 계단식 언덕, 석회암 산지가 높이 솟아 있어 기온이 차고 안개가 옅게 서린다
가공 방법 : 부드럽게 휘말아 증기로 건조시킨 뒤, 갓 딴 재스민 꽃으로 가향한다
특징 : 향미가 깊고 진한 녹차, 향긋한 재스민 꽃 향과 산뜻하고 신선한 맛

로투스 티 / Lotus Tea(TRÀ SEN)
베트남의 명물인 로투스 티는 녹차에 연꽃을 가향하여 만든다. 특별한 경우에 주로 마신다.

인도네시아

인도양과 태평양에 수천 킬로미터나 걸쳐 있는 인도네시아는 여러 섬으로 이루어진 나라이다. 티 생산량은 세계 8위를 차지하고 있다. 대부분의 티들은 인도네시아에서 가장 큰 섬인 자바Java 섬과 수마트라Sumatra 섬에서 생산된다. 인도네시아는 오래전부터 차나무를 재배하였는데, 1600년대 네덜란드의 동인도 회사가 인도에서 아사미카 품종의 차나무를 들여와 심은 것이 시초였다. 오랫동안 인도네시아는 세계 홍차 시장에서 매우 큰 역할을 수행하였지만, 제2차 세계대전 이후 그 성장을 멈추었다. 최근 들어

특히 녹차의 생산을 중심으로 티 산업을 부흥시키려는 움직임을 보이고 있는데, 그 세가 확장되고 있다. 인도네시아에서는 녹차와 홍차 모두 생산되며, 아프리카산, 스리랑카산, 인도산 티와 함께 대부분 블렌딩용으로 사용된다.

▲ 1800년대 야코뷔스 야콥슨(Jacobus Jacobson)이라는 사람이 자바 섬에 처음으로 차나무를 심은 이래로 이곳의 다원들은 번영을 누렸다.

티의 역사와 발전

1600년대에 네덜란드의 동인도 회사는 자바 섬에 들어와 향신료와 티를 비롯한 극동 아시아 지역의 여러 상품을 유럽으로 가져갔다. 수년 동안 네덜란드의 동인도 회사는 인도네시아 내 수출품과 수입품 전체를 장악하였으며, 중국 품종의 차나무를 쉽게 들여와 재배할 수 있었다. 초창기에 네덜란드인 야코뷔스 야콥슨 Jacobus Jacobson은 자바 섬에 차나무를 재배하였는데, 이내 시넨시스 품종은 열대성 기후에는 전혀 맞지 않는다는 사실을 깨달았다. 그는 당시 영국인들이 인도에서 아사미카 품종을 들여와 성공적으로 재배했다는 점에 주목하고 마찬가지로 아사미카 품종을 들여와 심었다. 결과적으로 미네랄이 풍부한 자바 섬의 토양에서 아사미카 품종의 차나무는 매우 잘 자랐다.

18~19세기에 유럽에서 인도네시아산 홍차의 수요가 높아지면서 티 산업도 크게 번창하였다. 티 생산은 초기 차나무의 재배지인 자바 섬뿐만 아니라 인근 제도인 수마트라 섬을 거쳐 술라웨시 섬으로 퍼져 나갔다. 제2차 세계대전이 발발하기 전까지 인도네시아는 세계 티 생산량 4위를 차지하고 있었다. 그러나 전쟁 이후 인도네시아의 티 산업은 거의 초토화되다시피 했으며, 기반 시설과 노동력도 거의 무너진 상태였다. 그 이후로 인도네시아는 예전의 상태로 회복하기 위해 각고의 노력을 기울이고 있다.

생산량 : 14만 8000톤	
수출량 : 7만 71톤	
수입량 : 2만 4397톤	
소비량 : 9만 4740톤	
1인당 연간 소비량 : 0.38kg	

기후와 지형이 수확에 미치는 영향

수천 개의 섬으로 이루어진 군도인 인도네시아는 지형 조건이 매우 다양하다. 그러나 숲이 우거진 산악 지대의 토양은 화산토로 영양분이 풍부하여 차나무는 웬만한 환경에서도 매우 잘 자란다. 열대성 기후로 차나무를 재배하기에 안정적인 환경을 갖추고 있어 해발고도가 높은 산지에서도 찻잎이 일 년 내내 수확되고 있다. 수확물의 품질이 가장 좋을 시기는 7~9월이다.

제2차 세계대전 이후 인도네시아는 차나무를 다시 심어 다원을 재건하려고 온갖 노력을 기울이고 있으며, 각종 우수한 기계와 가공 설비들도 빠르게 도입하고 있다.

지역

인도네시아에서는 13개 지역에서 차나무를 재배하고 있다.

자바 섬, 서부 고원

티 유형 : 탈룬Taloon 홍차

기후/지형 : 몬순 계절풍이 부는 열대우림 고원, 따뜻하고 습한 기후

위치 : 자바 섬 서부, 보가르Bogar와 반둥Bandung 인근

다원 소재지 : 말라바르Malabar, 찌아뜨르Ciater, 왈리니Wallini, 찌부나 Cibuna, 찌사루니Cisaruni, 케라사리Kerasarie

자바 섬, 수카부미

티 종류 : 혼합 향 및 과일 향을 가한 홍차

기후/지형 : 해발고도 600m 이상의 고지대, 시원한 바람이 불고, 계절성 우기가 있어 안개가 많다. 산비탈에서부터 평야 지대에까지 계단식으로 차나무를 재배한다

위치 : 자바 섬 서부

다원의 소재지 : 고알파라Goalpara, 니르말라Nirmala

술라웨시 고원, 술라웨시 섬

티 종류 : 블렌딩 시장을 겨냥한 수출용 홍차와 녹차

기후/지형 : 열대성 정글 지형이지만 시원한 기후, 안개가 짙고 우기 에는 계단형 재배지에 폭우가 쏟아진다

위치 : 술라웨시 섬 남부, 고우Gow 지역

다원의 소재지 : 말리노Malino

인도네시아에서 생산되는 티의 종류

인도네시아에서 생산되는 홍차는 맛이 매우 산뜻하고 향이 아주 향긋하여 향미가 매우 좋아 고산 지대에서 생산되는 스리랑카 티와 자주 비교된다. 인도네시아산 홍차의 대부분은 브렉퍼스트 홍차의 티 블렌딩용으로 사용되고, 녹차의 대부분은 평균 등급 의 티백 재료로 사용된다. 티 블렌딩용이 아닌 인도네시아산 티 그 자체로 판매하는 경우는 거의 드물다. 인도네시아에서는 우롱 차도 소규모로 생산한다. 인도네시아의 티는 국내 시장의 수요도 상당해 슈퍼마켓과 길거리 가판대에서 티 블렌드나 포장 상품으 로 쉽게 찾아볼 수 있다.

바부통(Bah Butong)

지역 : 바부통, 수마트라 섬

기후/지형 : 해발고도 2000m의 고지대, 안개가 많고 습도도 높다. 맑고 화창한 날이 길게 지속되고, 토양은 붉은 화산토로 영양이 풍부 하다

가공 방법 : 오서독스 티, 주로 선별 과정에서 생산되는 BOP 등급

특징 : 맛이 강하고 찻빛이 어두운 색상을 띠면서 꽃 향이 난다

탈룬(Taloon)

지역 : 반둥, 자바 섬 서부

기후/지형 : 해발고도 1900m, 공기가 시원하고 암석이 많은 토양

가공 방법 : 오서독스 티 생산

특징 : 인도네시아산 최고급 티로 평가를 받고 있으며, 티로 우렸을 때 황금빛이 돌고 그윽한 향이 나서 향미가 매우 좋다

▶ 1930년대에 자바 섬의 한 여성이 바구니에 담긴 건조 찻잎에서 잔가지와 부스러기를 솎아 내고 있다.

일본

일본은 오래전부터 차나무를 재배한 나라 중 한 곳이다. 8세기 중국에서 유학 중이던 불교 승려들이 티를 처음 접하고 차나무의 씨앗을 고국으로 가지고 들어왔다. 처음에는 약용으로 티를 사용했지만, 곧 예식이나 종교적인 용도로 티를 마셨다. 이때부터 티가 큰 인기를 얻으면서 일본 국민이 티를 즐기기 시작한 지는 꽤 오래되었다.

오늘날 일본은 티 생산량이 세계 10위에 올라 있고, 티 소비량도 세계 4위이다. 일본에서 차나무를 처음으로 재배한 곳은 교토 남부의 우지 지역의 산자락인데, 일본인 승려들은 수 세기 동안 이곳에서 차나무를 재배하였다. 오늘날에는 일본 전역에서 차나무를 재배하는 다원들을 찾아볼 수 있다. 차나무를 가장 많이 재배하는 지역은 시즈오카현静岡県으로 일본 티의 절반이 이곳에

▲ 일본에서는 티 대부분이 시즈오카 현에서 생산되며, 녹차인 센차를 생산한다. 이곳은 일본에서도 가장 높은 산인 후지 산이 있는 곳이기도 하다.

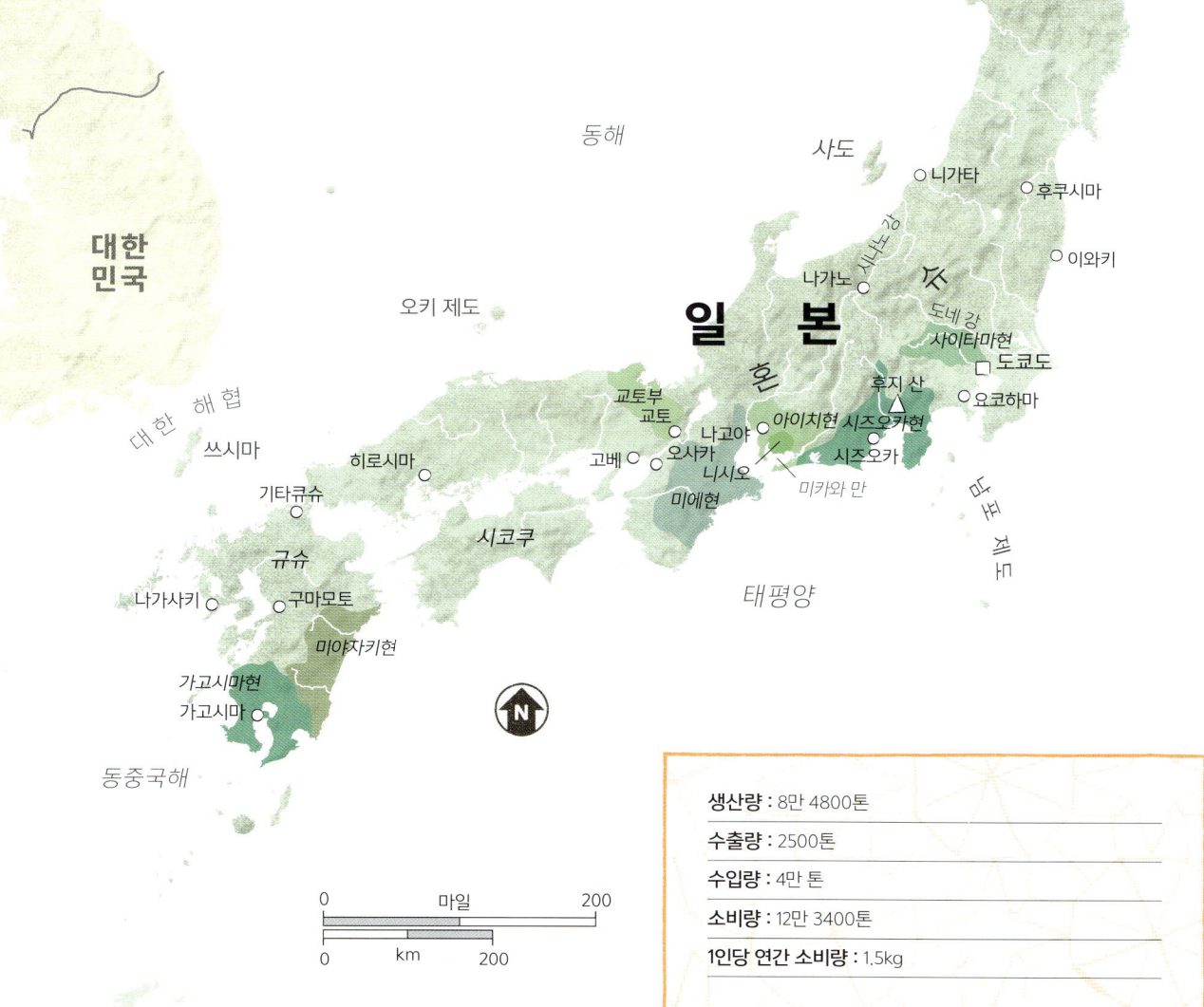

생산량 : 8만 4800톤	
수출량 : 2500톤	
수입량 : 4만 톤	
소비량 : 12만 3400톤	
1인당 연간 소비량 : 1.5kg	

서 생산된다. 다른 지역에서 수확한 찻잎을 시즈오카현으로 운송하여 가공 과정을 거치는 일도 매우 흔히 볼 수 있다. 일본에서는 모든 다원에서 볼 수 있는 두 가지의 공통점이 있다. 바다와 비교적 가까이 위치한다는 점과 찻잎을 증기로 찌는 증청 방식을 고수한다는 점이다. 이로 인해 일본에서 생산되는 티는 신선하고 녹색 빛이 강렬하며, 야채 향이 나 쉽게 알아볼 수 있다.

티의 역사와 발전

일본의 티 소비량은 실로 어마어마하지만, 일본 사회와 문화 전반에 티 문화가 깊숙이 자리한다는 사실을 떠올리면 그리 놀라운 일도 아니다. 일본에서 티는 약용으로뿐 아니라 각종 예식을 올리거나 손님을 접대하거나 종교적인 의식을 치를 때 등에도 다양하게 사용되고 있다. 차나무의 원산지가 일본이 아니라는 점을 감안하면 티 문화가 매우 놀라울 정도로 사회 전반에 깊이 뿌리를 내리고 있는 것이다.

일본에서 처음으로 차나무를 재배한 것은 8세기에 우지산宇治山의 산자락에 위치한 불교 사원에서였다. 당시 중국을 방문한 승려들이 카멜리아 시넨시스 품종의 차나무를 들여온 것이다. 중국에서 티는 이미 인기 있는 음료였는데, 일본인 승려들은 특히 녹차의 약효에 깊은 감명을 받아 차나무의 씨앗을 가지고 고국으로 돌아왔다. 일본의 문헌에서 티에 관한 역사가 가장 앞선 기록은 815년으로 사가 천황嵯峨天皇에게 티를 조공한 내용이다. 그 후 티는 희귀하면서 귀중하게 여겨져 궁중에서만 마실 수 있었다.

12세기 이르러 선종 승려였던 에이사이는 『끽차양생기喫茶養生記』(티를 마시며 건강을 유지하는 방법)라는 책을 저술해 티의 효능에 대해 설명하였다. 이에 영향을 받아 교토에서도 건강을 증진하고 정신을 수양할 목적으로 차나무를 재배하였다. 일본의 티중에서도 가장 유명한 것이 바로 맛차이다. 맛차는 찻잎을 증기로 찌는 증청 방식으로 건조한 뒤 곱게 가루로 빻아 만든 티이다. 맛차에는 항산화 성분이 다량으로 함유되어 있어, 칼싸움을 하는 사무라이나 수행을 하는 승려들에게도 매우 인기가 높았다.

일본에서 약용으로 사용한 티를 음료로 마시기 시작한 것은 15세기에 차도茶道가 형성되면서부터였다. 그런데 차도가 티를 통해 사람에게 접대하는 하나의 예술로 인식되면서 상류층과 상인들을 중심으로 널리 유행처럼 퍼져 나갔다. 이제 일본의 길거리에서 티를 마시는 모습은 흔히 볼 수 있는 광경이 되었다.

17세기에 네덜란드의 동인도 회사는 일본의 티를 처음에는 유럽으로, 나중에는 미국으로도 수출하였는데, 이때부터 티는 일본의 주요 수출품으로 자리매김하였다. 그 결과 일본 정부는 교역국들과 각종 통상 조약에 서명하면서 차나무의 재배를 위한 다원의 개간과 기계화 작업을 발전시켰다.

기후와 지형이 수확에 미치는 영향
일본 다원의 대부분은 가공 공장을 공유하는 소규모의 농장들이다. 이 같은 이유로 일본에서는 다원을 외진 곳에도 볼 수 있을 뿐아니라 도심의 주택 사이나 사람들이 오가는 길거리 옆에서도 심심찮게 볼 수 있다.

냉장 보관 티
일본에서 생산되는 고품질의 녹차와 우롱차는 신선도가 생명과도 같기 때문에 판매와 소비가 빨리 이루어지는 것이 매우 중요하다. 일본에서는 계절별로 수확이 이루어지기 때문에 이러한 일이 다소 어려울 수도 있다. 특히 한 해에 처음으로 생산되는 티는 가격이 매우 높기 때문에 더더욱 그러하다. 따라서 일본의 농부들은 그들의 자산을 관리하기 위해 가공한 티를 차가운 냉장고에 보관해 신선도를 유지한다. 이 냉장고는 산소가 너무 많거나 음식의 냄새가 밸 수 있는 일반 가정집의 냉장고가 아니라, 매우 주의 깊게 통제되는 전문가용의 냉장실이나 신선한 공기가 순환되도록 특별히 설계된 냉장 박스이다.

우지식 방식
18세기에 센차나 반차를 생산하기 위해 특별히 개발된 것이 바로 우지식 가공 방식이다. 이 가공 방식은 일본뿐 아니라 해외에서도 많이 차용하고 있다. 우지 산 인근의 한 다원에서 개발된 이 방식은 증기로 찻잎을 찌고 손으로 비벼서 건조시키는 증청 방식으로서 예전에 찻잎을 가열된 팬에 놓고 굴리는 초청 방식과 전연 다르다. 결과적으로 매우 신선한 티를 생산할 수 있으며, 일본산 티 특유의 깊고 풍부한 향을 만들어 낸다. 요즘에는 우지식 방식을 대체할 수 있는 장비도 개발되었다. 일본에서 생산되는 티 중에서 센차와 반차는 지금까지도 일본에서 인기가 가장 높다.

기후도 각 지역마다 다르지만, 인근에 바다나 강이 많아 일반적으로는 기온이 따뜻하고 습도가 높은 편이다. 차나무를 재배하는 데는 두 가지의 방식이 있다. 햇빛에 쬐거나 차광막으로 가리는 것이다. 차광막은 찻잎을 수확하기에 앞서 단 몇 주 전에 차나무 위로 가려 준다(61페이지 참조).

일본에서는 한 해에 3~4회 정도 찻잎을 수확하며, 온화한 기후가 지속되는 지역에서는 5회까지도 수확할 수 있다. 그러나 시장에서 수요가 가장 많은 것은 겨울을 지나 4월의 첫 수확물로 생산된 티이다. 그리고 6월과 9월에 생산되는 티는 평균적인 수준이다. 보통 가장 이른 시기에 생산되는 티가 품질 면에서 가장 좋다. 찻잎을 수확할 때에는 맨 위의 새싹과 그 아래의 두 찻잎, 즉 일아이엽 방식으로 채엽한다. 이렇게 채엽한 이후에는 그보다 낮은 위치의 찻잎을 따게 되어, 결국에는 다른 종류의 티가 생산된다. 일본에서는 수확 시기에 맞춰 티를 생산하기 때문에 티의 생산량을 극대화할 수 있다.

일본에서는 유기농법으로 티를 생산하는 경우는 매우 드물다. 찻잎을 연간 수확할 수 있는 횟수가 제한되어 있는 데다 다원의 기후와 토양, 그리고 차나무에 크게 의존하고 있기 때문이다. 따라서 일본에서는 수확량을 늘리기 위해 늘 화학 비료를 사용하고 있다. 그런데 일부 국가에서는 화학 비료의 사용 수준을 제한하고 있어 일본에서 생산된 티는 수출 잠재력인 면에서 제약이 있을 수 있다.

지역

시즈오카현(静岡県)

생산량 : 3만 톤 이상

티 종류 : 주로 센차

기후/지형 : 평평한 평지, 날씨가 다채롭고 비도 내리는 온화한 기후, 수질이 좋음

위치 : 도쿄도 인근의 후지 산의 기슭과 태평양 해안에 위치한 주요 항구. 위치상으로 수출에 유리하다

다원명 : 혼야마本山, 마키노하라牧之原, 가와네川根, 덴류天竜, 가케가와掛川

가고시마현(鹿児島県)

생산량 : 2만 6000톤

티 종류 : 센차, 반차, 교쿠로

기후/지형 : 평평한 평원, 온화한 기후, 따뜻하고 습기가 많아 수확 시기가 길다

위치 : 혼슈 남부의 섬

다원명 : 사가佐賀, 미야자키宮崎, 사츠마차薩摩茶, 후쿠오카福岡

미에현(三重県)

생산량 : 7000톤 이상

티 종류 : 주로 가부세차(かぶせ茶) 센차

기후/지형 : 온화한 기후, 낮은 고도

위치 : 일본 중심 혼슈 제도

다원명 : 이세차伊勢茶

미야자키현(宮崎県)

생산량 : 4000톤 이상

티 종류 : 센차

기후/지형 : 안개가 많은 산세가 험한 지형, 시원한 기후

위치 : 규슈 남부의 섬

다원명 : 미야자키차宮崎茶

교토부(京都府)

생산량 : 3000톤 이상

티 종류 : 교쿠로, 센차

기후/지형 : 언덕이 많은 지형, 습한 아열대 기후, 겨울철 비교적 포근하고 여름철 습도가 높다

위치 : 일본 중심 혼슈 제도

다원명 : 와즈카和束, 미나미야마시로南山城村, 우지宇治

사야마(狭山)

생산량 : 2000톤

티 종류 : 사야마차狭山茶(달콤하고 진하며, 구운 향 난다)

기후/지형 : 비가 흠뻑 내리고 약간의 산세가 있는 언덕. 시원하며 겨울철에는 성에가 끼기도 한다

위치 : 도쿄 북서부, 사이타마현埼玉県

다원명 : 이루마入間

니시오시(西尾市)

생산량 : 2000톤, 그중 290톤은 맛차(일본 맛차 생산량의 25%를 차지)

티 종류 : 맛차

기후/지형 : 온화한 기후, 안개가 많으며 야하기 강矢作川으로 인해 토양이 거칠지만 비옥하다

위치 : 혼슈 제도 미카와 만 인근의 아이치현

다원명 : 아이야あいや, 시모야마下山

▶ 가고시마현의 치란정(知覧町)의 다원에서 트랙터를 사용해 찻잎을 수확하고 있다.

일본에서 생산되는 티의 종류

일본에서는 다양한 종류의 녹차가 생산된다. 가장 인기 있는 녹차는 반차, 센차, 교쿠로, 덴차이다. 이중 덴차는 맛차의 재료이다. 가장 수요가 많은 티는 그해 첫 수확물로 생산되는 티로 4월 중의 오직 하루 동안에 생산되는데, 이를 특별히 '신차(新茶)'라고 한다.

일본산 티는 인근의 바다로 인해 안개가 자주 끼고 습한 기후를 지니고 있어, 풀 향과 바다 향, 채소 향이 강한 편이다. 또한 단맛이 두드러지게 남과 동시에 다양하고 복합적인 맛이 난다. 일본 티 감별사들은 이를 제5의 미각이라 하여 '우마미'라고 표현한다. 정확한 의미를 옮기기는 어렵지만, 우리말로 바꾸면 '감칠맛' 정도가 된다(56페이지 참조). 약간 짭조름하면서도 입맛을 돋우는데, 죽이나 미소 된장국, 버섯에서 나는 맛과 비슷하다.

교쿠로(玉露, gyokuro)
지역 : 교토부, 니시오시
재배 조건 : 그물망으로 그늘을 만듦
가공 방식 : 증기로 쪄서 건조한 다음 손으로 비비는 '우지' 방법
특징 : 신선하고 향이 좋으며, 단맛이 난다. 찻빛은 연한 비취색이다

덴차(碾茶, tencha)
지역 : 교토부, 니시오시
재배 조건 : 그물망으로 그늘을 만듦
가공 방식 : 증기로 쪄서 건조한 뒤에 빻는다. 평평한 찻잎을 사용하며, 절대 휘말지 않는다
특징 : 부드러운 단맛이 있고, 옅은 녹색을 띤다

신차(新茶, shincha)
지역 : 시즈오카현
재배 조건 : 화창하고 온화한 기후, 습기가 많고 비가 내림
가공 방식 : 30초간 증기로 쪄 햇볕에 건조시킨 뒤, '우지' 방식으로 비빈다
특징 : 한 해 첫 수확물로 생산된 티로 수요가 많지만, 생산량이 한정되어 있어 매우 귀하다. 단맛이 가장 강하다

센차(煎茶, sencha)
지역 : 시즈오카현, 교토부, 가고시마현
재배 조건 : 화창하고 온화한 기후
채엽 : 맨 위의 새싹과 그 아래의 두 찻잎을 딴다
가공 방식 : 30초간 증기로 쪄 햇볕에 건조시킨 뒤에 '우지' 방식으로 비빈다
특징 : 맛이 가볍고 달면서 부드럽다. 금빛이 도는 노란색을 띤다

반차(番茶, bancha)
지역 : 시즈오카현, 교토부, 가고시마현
재배 조건 : 화창하고 온화한 기후
찻잎 : 세 번째 또는 네 번째 수확한 것이며, 찻잎이 크고 다소 낮은 높이에서 딴 것이다. 줄기도 일부 포함되어 있다
가공 방식 : 60초간 증기로 쪄 햇볕에 건조시킨 다음, '우지' 방식으로 비빈다
특징 : 부드러운 맛, 떫은맛이 센차보다 세며, 짚 향이 강하게 난다

호우지차(焙じ茶, hojicha)
지역 : 시즈오카현, 교토부, 가고시마현
재배 조건 : 화창하고 온화한 기후
찻잎 : 세 번째 또는 네 번째 수확한 것이며, 찻잎이 크고 매우 낮은 높이에서 딴 찻잎이다
가공 방식 : 30초간 증기로 쪄 햇볕에 건조시킨 뒤 '우지' 방식으로 비빈다. 추가로 덖는 과정을 거친다
특징 : 신선한 향미가 가득하다, 홍차의 로스팅 향과 유사한 향이 난다. 찻빛은 어두우면서 붉은색의 가까운 색상을 띤다

◀ 일본의 가쓰시카 호쿠사이(葛飾 北斎, 1760~1849)라는 화가가 1816년에 그린 목판화. 제목이 「한 해의 신차」라는 제목의 이 그림에서는 두 명의 여성과 한 명의 아이가 티를 마시려고 준비하고 있다.

일본에서는 도심 속에서 차나무를 재배하는
모습을 종종 볼 수 있다. 밝은 녹색을 띠며
깔끔하고 정갈하게 줄지은 차나무는
가정과 철로 주변 곳곳에 자리하고 있다.

맛차의 차도

일본의 전통적인 티 의식은 일본의 문화 속에 깊숙이 뿌리를 내리고 있다. 티 의식은 일본의 무사 계층인 사무라이들이 처음으로 시작하였다. 맛차를 예식을 갖추어 준비한 뒤 상대방에게 대접하는 일을 중요하게 다루었다. 이러한 일들의 이면에 깃든 정신적인 활동에 의식의 중점을 둔 활동도 있었는데, 이 의식을 선종 승려들이 더욱더 발전시킨 것이 바로 '차도茶道'이다.

맛차

맛차는 차나무의 가장 어린 새싹만을 따서 가루 형태의 녹차로 만든 것으로 최고의 품질을 자랑한다(56페이지 참조). 초봄에 새싹을 따서 맷돌로 매우 곱게 간다. 차도에는 두 종류의 티를 사용한다. 하나는 맛차를 거의 스프에 가까울 정도로 진하고 걸쭉하게 우린 '고이차濃茶, 농차'인데, 동일한 사발에서 나누어 담기 때문에 집단의 단결과 존중을 상징한다. 다른 하나는 맛차를 매우 묽게 우린 '우스차薄茶, 박차'로 차도의 맨 마지막 과정에서 개별적으로 잔에 담아 서로 대화를 나누면서 마신다. 두 티를 마실 때는 모두 일본식 과자와 함께 먹는데, 이때 과자는 위를 채우는 동시에 티의 쓴맛을 보완하고 대조시키는 효과가 있다.

차도

차도가 끝나는 데는 3~4시간 정도 걸리며, 두 종류의 티와 점심 식사, 과자를 먹는 등 여러 과정의 절차를 거친다. 가끔은 정원에 들어가 휴식을 취하는데, 이 또한 차도의 한 일부분이다.
① 인사 나누기 ② 점심 식사 ③ 정원 둘러보기 ④ 고이차 마시기 ⑤ 과자 먹기 ⑥ 우스차 마시기 ⑦ 마지막 인사 나누기

준비물

차도에 참여하는 손님들은 각자 세 가지의 물품을 준비해 와야 한다. 바로 부채와 작은 정사각형의 일본 종이, 그리고 칼이다. 부채는 실용적인 이유나 장식적인 이유로 단 한 번도 사용하지 않은 것으로 오로지 차도 전용인 것이어야 한다. 차도가 시작되면 참여자들은 침묵을 지키며 사람들에게 허리를 굽혀 인사한다. 경의를

담아 매우 정중히 인사하는 것이다. 일본 종이는 냅킨이나 접시의 용도인데, 차도에서 제공되는 일본식 전통 과자를 올려놓는 데 사용한다. 마지막으로 칼은 과자를 자르는 데 사용한다.

차도에서 주인은 일본의 전통 복장인 기모노를 착용하며, 전통 손수건을 준비해 다기를 사용하기 전이나 후에 닦아 낸다. 차도는 방바닥에 다다미라고 하는 대나무 자리를 깐 뒤 그 위에서 이루어진다. 손님이든 주인이든 다다미 위에서는 반드시 신발을 벗어야 한다. 이는 사람들에게 단순함과 자연스러움, 그리고 지금 진행되고 있는 이 의식에 대한 존경을 각인시키기 위한 과정이다.

주인은 가장 아름다운 다기를 꺼내 손님 앞에 내야 하는데, 손님이 앉은 방향으로 전면에 다기의 무늬가 보이도록 배치한다. 티를 마시기 전에 손님은 각자의 찻잔을 시계 방향으로 반 바퀴 돌려 찻잔의 무늬가 주인에게 보이도록 한다. 그리고 손님은 반드시 찻잔 무늬의 반대쪽으로만 티를 마셔야 한다.

맛차용의 찻숟가락인 차사쿠茶杓로는 맛차의 양을 조절하여 다기에 옮기는 데 사용한다. 이 차사쿠는 그야말로 하나의 예술 작품이다. 장인이 수공예로 만들어 직접 이름을 새기는데, 이름에는 자연과 계절을 반영하거나 차도 중 사람들에게 전달할 메시지를 새긴다. 같은 방식으로 맛차를 담는 사발인 '차완茶碗'에도 메시지를 담아 새긴다.

선종 정신

선종의 승려들은 티를 매우 뜨겁게 마신다. 잠시 멈추어 서서 주변을 뒤돌아보고, 보다 고요해짐으로써 영적인 깨달음에 도달하는 하나의 수행인 것이다. 차도가 진행되는 중에는 기억해야 할 네 요소가 있다. 조화, 순수, 존경, 평온이다. 차도에서 이루어지는 하나하나의 행동과 움직임은 모두 그 의미를 담고 있다. 심지어 차실茶室에 입장하는 방식에도 갖추어야 하는 예절이 있는데, 매우 낮은 문 앞에서 낮게 절을 하거나 엎드려 들어가는 것이다. 이는 타인에 대한 겸손과 공경의 표시이다.

▶ 한 여성이 차도에서 맛차로 대접할 티를 만들고 있다. 일본에서 차도는 영적·미적 의식에 가깝다.

태 국

태국 북부에 정착한 중국인들은 수 세기에 걸쳐 중국에서 태국으로 티를 전파하는 역할을 하였다. 중국 본토와 훗날 타이완을 통해 전해진 전문 지식과 기술은 태국에서 우롱차와 녹차의 생산을 확고히 하는 데 큰 기여를 하였다. 인도의 아삼 지역에서부터 중국의 윈난성까지 분포하고, 또한 베트남 북부에서 자생하는 고대의 차나무들이 태국 북부 지역의 삼림지에서도 자라고 있다. 이런 점에서 볼 때 태국산 티가 고품질로 유명한 것은 어쩌면 당연한 일이다. 또한 차나무들은 오직 유기농법으로만 재배되고 있다.

일반적으로 서구인들은 '타이 티Thai tea'라고 하면, 우유의 향미가 나고 단맛이 나는 차가운 홍차를 떠올린다. 그러나 이 음료는 사실 태국에 기원을 둔 것이 아니라 유럽이나 미국에서 전해졌을 가능성이 높다. 또한 여기에 사용되는 티 또한 태국산 티가

▲ 태국과 미얀마의 국경 지대 인근에 위치한 반락타이(Ban Rak Thai)의 한 다원. 홀리데이 리조트(holiday resort)라 불리는 이곳은 공기도 좋고 경치도 좋은 다원으로 유명하다.

아니라 실론 티이다. 여하튼 타이 티는 지금까지도 태국에서는 인기가 높다.

티의 역사와 발전

태국 북부의 삼림지에서는 가장 오래된 차나무가 발견되었는데, 수천 년 전부터 그곳에서 자생한 것으로 보인다. 아주 예전부터 지금까지 이곳의 주민들은 찻잎을 따서 뜨거운 물에 넣어 끓여 마셨으며, 다양한 음식의 식재료로 사용하고 있다.

　태국에서는 처음에 차나무를 주로 타이 북부·미얀마·라오스의 접경지인 '골든 트라이앵글'이라는 지역에서 재배하였다. 이 지역은 아편 생산지로 악명이 높은데, 불법적인 아편의 생산과 거래를 막기 위해 태국의 푸미폰 아둔야뎃 국왕Phumiphon Adunyadet, 1927~2016이 무력을 행사하였지만, 아무런 소용도 없었다. 수천 명의 인구가 아편의 거래를 통해 생계를 유지하고 있었기 때문이다. 푸미폰 국왕은 생계를 위한 대안으로써 그곳 주민들에게 대체 작물로서 티를 제안하였고, 이는 매우 큰 성공을 거두었다. 이 지역에는 이미 중국과 베트남의 다원에서 일하며 지식과 기술을 보유한 사람들이 많았기 때문에 티가 바로 해결책이었던 것이다.

　차나무의 재배는 다른 지역으로 확산되어 나갔는데, 1960년대에는 중국의 피난민들이 치앙마이Chiang Mai와 치앙라이Chiang Rai 지역의 북부에 정착하는 대가로 이들에게 상업용 티를 생산하는 임무가 지워졌다. 이때부터 타이완 품종의 차나무들이 큰 비중으로 재배되면서 자연히 우롱차의 농법이 발전하였고, 따라서 우롱차의 생산량도 증가하였다.

기후와 지형이 수확에 미치는 영향

태국 티의 대부분이 생산되는 북부 지역에서는 몬순 기후의 영향으로 일 년 내내 온난하면서 '다습, 건조, 다우'의 세 계절기가 형성된다. 차나무는 연중 자라지만, 수확은 오직 따뜻한 시기에만 진행된다. 가장 품질이 좋은 티는 몬순 기후가 나타나는 시기에 생산된다.

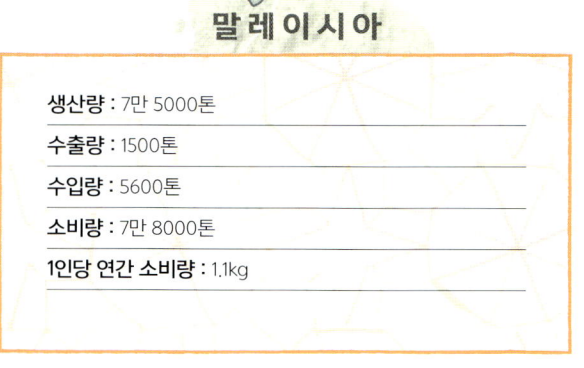

생산량 : 7만 5000톤	
수출량 : 1500톤	
수입량 : 5600톤	
소비량 : 7만 8000톤	
1인당 연간 소비량 : 1.1kg	

지역

치앙라이(Chang Rai)

티 종류 : 우롱차, 녹차, 홍차, 보이차(도이와이 내에서 생산)

기후/지형 : 해발고도 1800m, 안개가 짙게 끼는 산지, 열대성 기후로 습하다

위치 : 태국의 북단, 라오스 접경지

다원 소재지 : 도이매살롱Doi Mae Salong, 도이와이Doi Wawee, 도이퉁 Doi Tung, 도이창Doi Chang

치앙마이(Chang Mai)

티 종류 : 우롱차, 녹차, 홍차

기후/지형 : 해발고도 1400m, 안개가 짙게 끼는 산지, 열대성 기후로 습하다

위치 : 태국의 북단, 미얀마(버마) 접경지

다원 소재지 : 도이푸무엔Doi Pu Muen

매홍손(Mae Hong Son)

티 종류 : 우롱차

기후/지형 : 산속의 깊은 계곡, 연중 안개가 낀다

위치 : 태국 북서부, 미얀마(버마) 접경지

다원 소재지 : 반락타이Ban Rak Thai

샨티(Shan Tea)

태국 북부의 산지와 우림 지역은 샨족이 오래전부터 살던 거주지였다. 이 지역은 세계에서 가장 오래된 야생 차나무가 발견된 장소이기도 하다. 샨족의 대다수는 중국의 윈난성에서 이주하여 정착한 사람들이다. 이 샨족 내에는 몇몇 그룹이 있는데, 타이계, 미얀마(버마)계, 라오스계, 베트남계의 사람들이다. 19세기에 버마 정부와의 독립 전쟁이 있은 뒤, 샨족은 치앙라이, 치앙마이, 람팡 등 태국 내의 다른 도시로 대거 이주하였다.

태국 사람들이 '타이 야이(Tai Yai)'라고도 부르는 샨족 사람들은 수십 년간 차나무를 재배하고 찻잎을 수확하면서 다양한 형태로 티를 즐겼다. 샨족의 이러한 경험과 노동력은 태국에서 오늘날의 티 산업을 형성하는 데 큰 역할을 하였다. 매홍손 지역의 팡캄(Pang Kham) 마을의 사람들은 전통적인 방식으로 보이차를 생산하는데, 마을 사람들은 이 보이차를 거의 매일같이 즐겼다. 최근에는 이 보이차가 동남아시아의 여러 나라들로 전해지면서 큰 관심을 끌고 있다.

태국에서 생산되는 티의 종류

태국에서는 녹차와 우롱차를 생산하고 있다.

오스만투스 우롱차(Osmanthus Oolong Tea)

지역 : 북부 도이매살롱

기후/지형 : 해발고도 1800m의 고지대, 산지에 안개가 껴 있고, 찬 공기의 기류로 인해 낮은 온도에서 차나무가 더디게 자라면서 향미가 깊어진다

가공 방식 : 약 50%로 산화시킨 뒤, 손으로 찻잎을 비벼 우롱차를 만든다. 여기에 중국의 전통 방식으로 오스만투스Osmanthus 계통의 꽃을 사용해 가향한다

특징 : 개화하는 꽃의 강한 향과 함께 부드러우면서도 풍부한 향이 가득하다

진쏸 홍차(Jin Xuan Black Tea)

지역 : 북부 도이매살롱

기후/지형 : 해발고도 1800m의 고산 지대, 산지에 안개가 껴 있고, 찬 공기의 기류가 있어 낮은 온도에서 차나무가 더디게 자라면서 향미가 깊어진다

가공 방식 : 온전히 가공된 홍차, 종종 유념 과정을 거친다

특징 : 찻빛이 진홍색이고, 건과 향, 맥아 향 등의 방향성 성분이 풍부하다

▶ 태국에서 두 번째로 큰 지역인 치앙마이 북부에서 차나무가 재배되고 있다. 이곳에서는 녹차, 홍차, 우롱차를 생산한다.

남아메리카

남아메리카에서 차나무를 재배할 수 있는 곳은 비교적 따뜻한 나라들이다. 특히 아르헨티나는 전 세계의 수출량에서 큰 부분을 차지한다. 남아메리카에서 생산되는 티는 단일 다원의 티나 스페셜티 티로 선호할 만큼 품질이 훌륭하지는 않지만, 홍차 블렌드, 아이스티, 특히 북아메리카 지역에서 인기를 선풍적으로 끌고 있는 인스턴트 티의 재료로 많이 사용된다. 또한 남아메리카에는 예르바 마테 시장이 대규모로 형성되어 있다. 예르바 마테는 허브티나 티 블렌드의 재료로 많이 사용되며, 특히 아르헨티나, 볼리비아, 우루과이, 브라질 등의 지역에서는 예르바 마테 그 자체를 따뜻이 우려내 마신다. 아마존 열대우림의 지역은 토양이 비옥하고 생물 다양성이 높아 허브티나 티 블렌드의 다양한 재료들을 생산하는 주요 산지이다. 특히 이곳에서 생산되는 마테, 과유사(guayusa), 구아라나(guarana) 등에는 활력을 북돋는 성분이 다량으로 함유된 것으로 알려져 있다.

티 생산 국가

(생산량 기준 순서)

아르헨티나(Argentina)

아르헨티나는 남아메리카 대륙에서도 티를 상업적으로 생산하는 유일한 나라이다. 대부분 홍차를 생산하는데, 티 블렌드의 재료로 사용된다.

생산량 : 10만 5000톤
수출량 : 7만 8000톤
수입량 : 300톤
소비량 : 4100톤
1인당 연간 소비량 : 0.1kg
특징 : 홍차의 품질이 좋지 않아 브랜드가 없다. 티 블렌드, 아이스티, 인스턴트 티의 시장에서 원재료로 판매된다.

페루(Peru)

페루에서는 차나무가 고원 도시인 쿠스코Cuzco 지역에서만 재배된다. 국가적인 차원에서 티의 수출을 도모하고 있지만, 수요가 많지 않아 페루산 홍차는 대부분 국내 시장에서 판매된다. 쿠스코 산지에서는 고산병을 막는 효능이 있다고 알려진 코카나무의 재배가 선호도가 높다. 코카 잎은 코카나무Erythroxylum coca에서 채취하며, 이로부터는 코카인도 생산된다.

생산량 : 4319톤
수출량 : 없음
수입량 : 600톤
소비량 : 3400톤
1인당 연간 소비량 : 0.1kg
특징 : 국내 시장을 겨냥한 품질이 낮은 홍차

에콰도르(Ecuador)

에콰도르에서도 홍차를 생산하는데, 남아메리카 국가에서 생산되는 티 중에서도 가장 품질이 좋다. 맛은 매우 강한 편이다.

생산량 : 3000톤
수출량 : 600톤
수입량 : 50톤
소비량 : 2000톤
1인당 연간 소비량 : 0.14kg
특징 : 맛이 강하고 풀바디감의 티, 맥아 향이 난다

◀ (앞 페이지) 아르헨티나 미시오네스(Misiones) 주 파남비(Panambi) 지역 근처의 다원. 이곳은 비교적 평지로서 기계로 수확이 가능하다.

콜롬비아

키토 □
에콰도르

과야킬 ○

이키토스

아마존 강

페루

안데스 산맥

우카얄리 강

트루히요 ○

카야오 ○
리마 □

쿠스코 ○

아레키파 ○

티티카카 호

볼리비아

브라질

파라과이

태평양

살타 ○

파라나 강

우루과이 강

아르헨티나

안데스 산맥

칠레

코르도바 ○

로사리오 ○

우루과이

부에노스
아이레스 □

콜로라도 강

바이아블랑카 ○

파타고니아

대서양

0 마일 600

0 km 600

| **생산량** : 11만 5700톤 |
| **수출량** : 9만 8400톤 |
| **수입량** : 17만 3400톤 |
| **소비량** : 20만 30톤, 예르바 마테를 포함하면 약 100만 톤 |
| **1인당 연간 소비량** : 0.5kg |

아르헨티나

아르헨티나는 세계 티 생산량의 상위 10위국에서 속하는 아메리카 대륙 내에서 유일한 나라이다. 아르헨티나의 광활한 영토에도 불구하고 전체적인 지형이나 기후 조건은 차나무의 재배에 적합하지 않은 편이다. 북동부에 위치한 미시오네스 주와 코리엔테스 주Corrientes는 열대성 기후를 갖추고 있어 차나무를 유일하게 재배할 수 있는 곳이다. 아르헨티나에서는 맛과 향이 진한 홍차를 생산하는데, 티 블렌드에 바디감을 더해 주는 완벽한 부재료이다. 아르헨티나의 가장 큰 수출 시장인 중국과 북미에서는 아르헨티나산 홍차를 아이스티나 인스턴트 티의 블렌딩 재료로 많이 사용한다. 이와 함께 아르헨티나 국내 시장에서는 티보다 예르바 마테를 더 선호하여 아르헨티나산 단일 다원의 티나 스페셜티 티를 찾아보기가 매우 어렵다.

▲ 미시오네스 주의 산토 피포(Santo Pipo)의 한 다원에서 출하한 예르바 마테 잎을 트랙터로 운송하고 있다. 예르바 마테는 감탕나뭇과의 한 식물종이며, 그 잎을 우린 물(티잰)은 아르헨티나의 국민 음료로 깊은 사랑을 받고 있다. 현지의 사람들은 티보다 예르바 마테를 더 선호한다.

티의 역사와 발전

예르바 마테는 차나무와 유사한 식물로 아르헨티나에서는 1920년대 소련으로부터 처음으로 티가 소개되기 전까지 수백 년간 재배되어 소비되었다. 현지에서 예르바 마테를 재배하던 농부들은 원래 기르던 농작물과 함께 다른 수입원으로 차나무를 재배하도록 국가적 차원에서 지원을 받았다. 그러나 생산되는 티의 품질이 떨어지고, 현지 수요도 부족한 탓에 초기 티의 가격은 저렴하였고, 그다지 선호하는 농작물이 아니었다.

1950년대까지 아르헨티나 정부는 수입 티를 금지하여 현지 수요 및 티 생산을 촉진하는 등 다시금 티 산업을 장려했다. 또한 기계화된 수확 및 가공 기술을 적극 도입함으로써 티 산업의 생산성을 높이는 데 큰 역할을 수행하였다.

기후와 지형이 수확에 미치는 영향

아르헨티나에서는 유일하게 미시오네스 주와 코리엔테스 주만이 차나무의 재배에 적합한 기후와 지형을 갖추었다. 기후는 무덥고 습한데, 11월에서 다음 해 5월까지 여름철에만 찻잎을 수확할 수 있다.

아르헨티나에는 소규모의 다원들도 일부 있지만, 대규모의 다원이 다수를 이루면서 블렌딩용 홍차를 대량으로 생산한다. 현지의 노동력이 부족함에 따라 생산되는 티의 품질은 좋지 않지만, 수확하는 방법과 운영하는 공장은 상당히 기계화되어 있다.

티 종류 : 블렌딩용 홍차
기후/지형 : 높고 평평한 지형, 열대 기후와 지속적인 강수량
위치 : 북동부의 미시오네스 주, 코리엔테스 주
가공 방식 : 해외 블렌딩 시장을 겨냥한 수출용 CTC 홍차

생산량 : 10만 5000톤
수출량 : 7만 8000톤
수입량 : 300톤
소비량 : 4100톤
1인당 연간 소비량 : 0.1kg

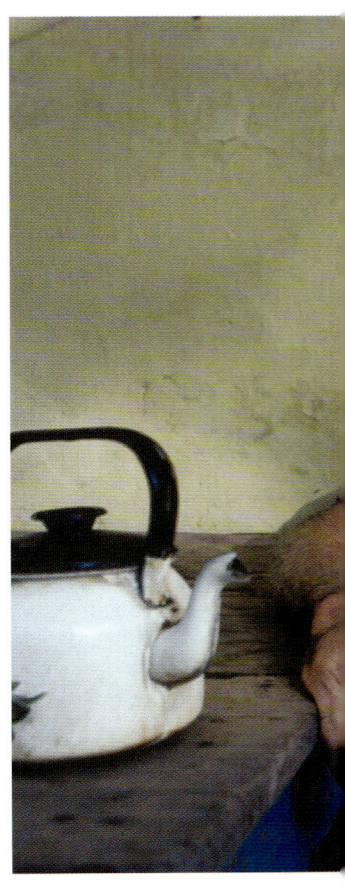

예르바 마테(Yerba Mate)

아르헨티나에서는 예르바 마테를 대량 생산하여 소비한다. 예르바 마테는 감탕나뭇과에 속하는데, 아르헨티나에서는 그 음료가 티보다 훨씬 역사가 깊다. 아마존 강 유역에 사는 사람들은 수백 년 전부터 천연 각성 효능이 있는 예르바 마테를 즐겨 마셨다.

예르바 마테는 보통 안이 움푹 팬 조롱박에 담아 봄빌라라는 금속재의 빨대를 꽂아 마신다. 봄빌라는 맨 끝에 작은 구멍이 있어 마실 때 찻잎을 걸러 준다. 아르헨티나에서는 사람들이 하루 종일 예르바 마테를 마시기 때문에 마테 음료를 만드는 도구를 뜨거운 물이 담긴 보온병과 함께 들고 다니는 모습을 흔히 볼 수 있다.

예르바 마테는 오늘날까지도 국민 음료라 할 정도로 아르헨티나 국민들에게 큰 사랑을 받고 있는데, 한 해의 소비량이 22만 톤에 이를 정도이다. 마테나무는 차나무와 유사한 기후와 지형 조건에서 재배되지만 주로 국내 시장에서만 판매된다.

◀ 오래전부터 오늘날까지 아르헨티나의 카우보이인 가우초(gauchos)는 가축을 모느라 지친 몸을 달래기 위해 예르바 마테를 마셨다.

◀ 예전에는 속이 패인 조롱박에 금속성 빨대를 꽂아 예르바 마테를 마셨다면, 오늘날에는 마테 음료의 전용 컵에 마시는 것이 하나의 유행이다.

▶ 아르헨티나 북동부의 미시오네스 주에 위치한 예르바 마테 농장에서는 예르바 마테뿐 아니라 아르헨티나산 티의 상당량을 생산한다.

▶ 아르헨티나, 볼리비아, 브라질, 우루과이, 파라과이 등의 중앙아메리카와 남아메리카의 여러 국가에서는 예르바 마테를 즐겨 마신다.

용어 해설

가향(scenting)
찻잎에 향을 가하는 작업. 가향 작업에는 찻잎을 신선한 꽃송이나 허브 등에 노출시키거나 에센스 오일을 블렌딩하여 착향하는 등 다양한 방법이 있다. 착향료에는 천연 착향료, 유사 천연 착향료, 그리고 인공 착향료 등이 있으며, 오늘날에는 경제적인 이유로 이러한 착향료를 블렌딩하여 다양한 플레이버드 티를 만들고 있다.

건파우더(gunpowder, 珠茶)
찻잎을 유념 및 성형 과정에서 아주 딴딴히 뭉쳐 동그랗게 말은 녹차. 서양에서는 화약과 같은 모양이라고 해서 '건파우더', 동양에서 구슬 같은 모양이라고 하여 '주차'라고도 한다. 초기에는 주로 품질이 낮은 찻잎을 가공하여 생산되었지만, 지금은 '모로코 민트 티Morocan mint tea' 등에 베이스 티로 사용되어 매우 유명하다.

녹차(綠茶, green tea)
찻잎의 산화 과정을 인위적으로 억제시킨 비산화차. 다른 티와는 달리 건조 단계에서 살청이나 증청 과정을 거쳐 산화 효소를 비활성시킨다. 찻잎의 색상과 모양이 온전히 보존되며, 카페인 성분 함유량이 적다. 일본의 녹차는 감칠맛이 좋기로 유명하다.

농장(farm)
개인 소유로서 가족 단위로 운영하는데 농업 형태. 지역 공동체 내의 농부들이 함께 운영하는 경우도 있다. 농부는 수확한 작물(찻잎)등을 인근의 대규모의 다원이나 가공 공장에 판매한다.

더스트(dust)
홍차의 등급 체계의 하나. 크기로 등급을 분류하는 홍차의 등급 체계에서 찻잎의 입자성이 가장 작은 등급. 이 등급의 티는 보통 티로 우리면 찻빛이 진하고 맛과 향도 매우 강하다. 티백 제조에 주로 사용된다.

등급(grade)
홍차 생산 과정에서 찻잎을 크기에 따라 분류한 시스템. 크기에 따른 것으로 반드시 품질과 일치하지는 않는다. 인도나 스리랑카의 홍차 등급 시스템은 영국의 홍차 등급 시스템이 기원이다.

마살라 차이(masala chai)
인도에서 마시는 가향차의 일종. 홍차와 우유, 그리고 건후추, 생강, 카르다몸, 시나몬 등의 인도 특산의 향신료를 블렌딩하여 끓여서 마신다. 인도에서는 지역에 따라서 생산되는 향신료가 달라 각 지역마다 마살라 차이의 향미가 서로 다르다.

마우스 필(mouthfeel)
티를 마실 때 맛의 질감을 표현하기 위해 사용되는 용어. 보통 입안을 가득 채우며 감도는 향미를 뜻한다.

맛차(抹茶, matcha)
일본의 대표적인 가루 녹차. 차나무를 수확에 앞서 몇 주 전에 그늘에 가리는

차광 재배를 통해 엽록소의 함유량을 대폭 높여 찻잎을 수확한 뒤 잎맥을 제거하여 덴차碾茶, tencha를 만들고, 이를 맷돌로 곱게 갈아서 가루로 만들어 물에 타 마신다. 중국 송나라 시대에 일본에 전파된 뒤에 일본의 티 의식을 발전시키는 데 큰 영향을 주었다. 일본에서는 우지시 인근에서 생산된 것을 최상품으로 평가한다.

백차(白茶)
찻잎을 따서 자연 상태에서 말린 티. 자연 건조 과정에 외에는 다른 과정을 거치지 않아 자연 그대로의 섬세한 향미를 내는 것으로 유명하다. 대표적인 백차로는 백호은침白毫銀針, 백모란白牡丹, 수미壽眉, 공미貢眉 등이 있다.

보이차(普洱茶)
흑차黑茶의 일종. 중국 푸얼시普洱市에서 오래전부터 생산된 티이다. 중국 윈난성雲南省 표준계량국에 공시한 내용에 따르면, "윈난성의 특정 구역 내에서 '운남대엽종雲南大葉種'의 찻잎을 햇빛에 건조한(쇄청) 것을 모차母茶로 하여 후발효 가공한 산차 및 긴압 차"이다. 보이차에는 숙성 방식에 따라서 보이생차普洱生茶, 보이숙차普洱熟茶가 있고, 긴압 모양에 따라, 떡 모양의 보이병차普洱餅茶, 벽돌 모양의 보이전차普洱磚茶, 사발 모양의 보이타차普洱沱茶 등이 있다.

블렌드(blend)
티, 허브, 약재, 꽃, 향신료 등의 다양한 재료를 혼합하는 작업이나 이를 통해 새롭게 창조한 제품. 블렌드는 주재료에 따라 다양하게 분류된다. 페퍼, 카르다몸 등 향신료가 주재료인 스파이스 블렌드, 파파야, 망고 등 과일이 주재료인 프루트 블렌드, 장미, 재스민 등 꽃이 주재료인 플라워 블렌드, 민트, 레몬밤 등 허브가 주재료인 허브 블렌드, 바닐라, 코코아, 초콜릿 등 단 물질이 주재료인 스위트 블렌드 등이 있다.

산화(oxidation)
찻잎의 세포벽에 부서지면서 나온 방향유 속의 효소가 산소와 접촉하여 일어나는 화학 반응. 따라서 '효소 산화enzymatic oxidation'라고도 한다. 이 효소 산화 과정을 통해 찻잎의 화학 성분에 변화가 일어나 향미가 다양하게 일어난다. 일부 국가에서는 이 과정을 '발효fermentation'이라고도 하지만, 엄밀히 말하면 전혀 다른 화학 반응이다.

살청(殺靑, fixation, killing the green)
찻잎에 든 산화효소의 산화 능력을 잃도록 만드는 열처리 과정. 단백질인 산화 효소에 열을 가해 변성 작용을 일으켜 기능을 잃게 만든다. 녹차의 제조 과정에서는 꼭 필요한 과정이다. 찻잎을 팬 위에 놓고 열을 가하는 초청炒靑 방식과 증기에 찌는 증청蒸靑 방식이 있다. 일본에서는 대부분 증청 방식으로 녹차를 만든다.

오렌지 피코(orange pekoe, OP)
홍차 등급 체계에서 중간 등급. 찻잎의 크기는 약 1~2cm이다. 줄여서 'OP'라고도 한다. 주로 인도의 다르질링, 중국의 기문 홍차에서 많이 사용된다. 맛은 전반적으로 부드럽지만 떫은맛이 강하다. 여기서 '오렌지orange'는 유럽에 티를 처음으로 수입했던 네덜란드의 '오라녜-나사우Oranje-Nassau' 왕가에서 유래되었다.

오서독스(orthodox)

홍차의 가공 방식 중 하나. 1860년경에 인도 북서부에서 영국인들이 기계를 개발하여 티를 가공했던 전통적인 방식이다. 그 가공 과정은 위조, 유념, 산화, 건조, 그리고 분류의 다섯 단계로 이루어져 있다. 찻잎은 홀 리프 등급을 사용한다. 주로 높은 품질의 티를 생산할 때 이 방식을 사용한다.

우롱차(烏龍茶, oolong tea)

찻잎을 부분적으로 산화시킨 티. 중국 푸젠성福建省의 우이산武夷山과 안시현安溪縣에서 17세기에 최초로 생산되었다. 산화도에 따라 크게 두 부류로 나뉜다. 산화도가 30~50%로 녹차에 가까운 '그린우롱차green oolong tea'와 70% 대에 이르러 홍차에 가까운 '블랙우롱차black oolong tea'이다. 그린우롱차는 향미가 매우 섬세하고 꽃 향이 풍부하고, 블랙우롱차는 목재 향이 풍부하고 쓴맛, 단맛과 함께 과일 향도 난다. 산화도를 기준으로 녹차와 홍차 사이에 있는 티이다.

위조(萎凋, withering)

찻잎의 가공 과정 중 하나. 찻잎을 자연 바람이나 위조 작업용 팬을 돌려 찻잎을 건조시키는 과정이다. 찻잎의 수분 함량을 줄이는 첫 단계이다. 위조 과정을 거치면 찻잎은 시들어서 연화되어 다음 가공 과정을 거치는 동안에도 잘게 부서지지 않게 된다.

유념(揉捻, rolled)

티 가공 과정에서 한 단계. 찻잎을 압착하고 비틀어서 수분을 빼면서 세포벽을 파괴하여 그 속의 방향유가 새어 나오도록 하는 과정이다. 이 과정에서 찻잎의 모양도 동시에 성형된다. 다음 과정인 산화 과정에 앞서 꼭 필요한 작업이다.

재배지(plantation)

차나무를 비롯한 각종 농작물을 재배하는 곳. 다원이라고도 하는데, 일반적으로 중앙 기관이 관리하는 큰 규모의 다원을 의미한다.

증청(蒸靑, steam fired)

녹차의 가공 과정에서 살청 과정의 일종. 찻잎에 든 산화 효소에 뜨거운 증기 열을 가해 비활성화하는 방법이다. 찻잎을 드럼통에 넣어 뜨거운 증기를 쬐거나 찐다. 일본에서는 우지 방식을 기원으로 하는데, 찻잎에 온도 150℃의 증기 열을 쬐어 찻잎을 살청한다. 찻잎의 녹색을 진하게 하고, 신선도와 식물성 성질을 유지할 수 있다.

첨가재(添加材, inclusions)

식품이나 음료에서 미관이나 건강 효능 상의 이유로 가하는 물질. 티 블렌드에서는 꽃이나 건과일 등의 재료를 첨가할 수 있다. 단, 맛의 특징은 유지해야 한다.

초청(炒靑, pan fired)

녹차의 가공 과정인 살청 과정의 일종. 찻잎에 든 산화 효소에 열을 가해 비활성화하는 방법이다. 찻잎을 뜨거운 불에 달구어진 솥이나 팬에 덖는다. 녹차를 생산하기 위해 중국, 한국에서 많이 사용하고 있고, 일본에서도 일부 티를 만들기 위해 사용하고 있다.

카페인(caffeine)

알칼로이드 성분의 일종. 쓴맛이 있는 무색의 고체로, 커피 열매나 잎, 카카오, 찻잎 등에 들어 있다. 특히 티에서는 차나무의 재배지와 티의 가공 방식에 따라 그 함유량이 달라진다. 티의 가공 과정을 많이 거칠수록 함유량도 높아진다. 보통 홍차가 카페인 함유량이 많다. 카페인은 보통 각성제, 이뇨제, 강심제 효능이 있다.

타닌(tannin)

찻잎에 자연적으로 함유된 폴리페놀 성분. 타닌의 주요 성분은 카테킨catechin이며, 그 카테인은 대부분이 에필갈로카테킨갈레이트EGCG, epigallocatechingallate이다. 타닌의 함유량은 차나무의 품종, 찻잎의 수확기, 산지에 따라 다르다. 또한 홍차에서는 향미뿐만 아니라 찻빛을 형성시키는 주요 성분이다.

티 테이스터(tea taster)

티의 맛과 향, 그리고 품질을 감별하여 품질을 일정하게 유지하는 전문가. 보통 중개업체나 티 전문 업체에 소속되어 경매, 수입, 판매에 앞서 티를 전문적으로 테이스팅한 뒤, 이를 원료로 생산되는 티의 향미와 품질이 일정하도록 유지하는 역할을 한다.

티잰(tisane)

과일, 허브, 향신료 등을 혼합해 우려낸 음료. 티와 구분되지만, 우려내는 방식은 같다. 서양에서는 티잰과 티를 엄격히 구분하고 있는데, 티잰은 '허브티herbal tea', '허브 인퓨전herbal infusion'이라고도 한다.

패닝(fanning)

홍차의 등급 체계의 하나. 입자성(크기)이 브로큰 오렌지 피코BOP보다는 작고 더스트D보다 큰 등급이다. 즉 먼지의 크기보다는 큰 세립질이다. 티백 제조에 많이 사용된다.

플러시(flush)

찻잎의 수확 시기. 찻잎의 수확 시기는 티의 품질을 결정하기 때문에 티의 이름으로 붙는 경우가 많다. 인도에서는 수확 시기 또는 횟수에 따라 티를 초봄의 퍼스트 플러시, 봄의 세컨드 플러시, 우기의 몬순 플러시, 수확기 사이의 인비트윈 플러시, 가을의 오텀 플러시, 겨울의 프로스트 플러시 등으로 나눈다. 이중 퍼스트 플러시가 일반적으로 가장 품질이 좋은 것으로 평가된다.

피코(pekoe)

찻잎에서 하얀 잔털에 뒤덮인 새싹. 피코가 많이 든 티는 일반적으로 품질이 높다. 인도 등 일부 국가에서는 홍차 등급 체계의 하나로 사용하고 있다. 중국의 '백호白毫'의 푸젠성 발음, 팍호(pak-ho)에서 유래되었다는 설이 있다.

홍차(紅茶, black tea)

찻잎을 완전히 산화시켜 만든 티. 녹차, 백차, 흑차(보이차), 청차(우롱차)와 함께 티의 5대 분류에 속한다. 완전 산화로 인해 찻잎의 색상은 어두운 갈색을 띠고, 우린 찻빛은 짙은 붉은색을 띠는 경우가 많다. 카페인의 함유량은 다른 티 종류에 비해 높다. 서구 사회에서는 티 소비량의 약 80%를 차지할 정도로 일반적인 음료이다.

CTC 방식

홍차의 대량 생산을 위해 개발된 방식. 1930년대 영국의 윌리엄 매커처 경Sir. William Mckercher이 인도에서 개발하였다. 가공 과정은 '으깨기(Crushing)', '찢기(Tearing)', '휘말기(Curling)' 과정으로 구성되어 있다. 이 과정을 거치면 찻잎들은 펠릿 형태가 된다.

색 인

사진 및 그림 크레디트

Alamy age fotostock 55 above; Alison Teale 120; Alissa Everett 196; blickwinkel/Koenig 17; Bo Løvschall 195; Christian Guy/Hemis 230 above; David Noton Photography 158; dbimages 148; Dinodia Photos 15; FLPA 46 below; Heritage Image Partnership Ltd 82 centre; Hugh Threlfall 83 left; imageBROKER 178; Imagestate Media Partners Limited – Impact Photos 231 below; ipm 89; Japan Stock Photography 216; Jason Rothe 228; Kirsty McLaren 56; Michele Burgess 54; Michele Falzone 163 below; Neil Cooper 132; Patrizia Wyss 176; Roger Bamber 160; Simon Rawles 52, 69; TAO Images Limited 163 above; The Artchives 81; Tomeu Ozonas 224; ton koene 134 above; Tuul and Bruno Morandi 42, 156; Xinhua 184.

Bridgeman Images © Tyne & Wear Archives & Museums 29; Pictures from History 61. **Corbis** Mark Lance/Aurora Photos 35; Everett Kennedy Brown/epa 58; Harry Choi/TongRo Images 75 above left; Hugh Sitton 152; Jiang Kehong/Xinhua Press 53 above; Keren Su 213; Le-Dung Ly/SuperStock 180; Pete Mcbride/National Geographic Creative 146; R. Ian Lloyd/Masterfile 154; Tuul and Bruno Morandi 45.

Dreamstime.com Aerogondo 171 right; Beijing Hetuchuangyi Images Co. Ltd. 192; Kritchanut 40; Nui7711 41; Sandman 231 above; Vladyslav Danilin 170 below; Yulianta Ramelan 206.

Getty Images Sasha 73; Alfred Eisenstaedt/ullstein bild via Getty Images 94; Ali Kabas 172; APIC 189; Ariadne Van Zandbergen 124; Art Media/Print Collector 30; Ashit Desai 204; Ashok Sinha 170 left; Belisario Roldan 75 below left; Benson/Fox Photos/Hulton Archive 76; Danita Delimont 168; DEA Picture Library 83 centre; DeAgostini 82 right; Evans/Three Lions 209; Florilegius/SSPL 13; General Photographic Agency 38; hsvrs 18; Hulton Archive 78; Ishara S. Kodikara/AFP 157; J. A. Hampton/Topical Press Agency 8; Jerry Redfern/LightRocket via Getty Images 46 above; John S Lander/LightRocket via Getty Images 219; JTB Photo/UIG via Getty Images 14, 210; Kenneth Shelton/EyeEm 198; London Stereoscopic Company 62; Mike Copeland 2; Museum of East Asian Art/Heritage Images 82 left; Nathalie Bardin/AFP 139 above; Nigel Pavitt 130; Pam McLean 75 below right; Popperfoto 37; Prashanth Vishwanathan/Bloomberg via Getty Images 55 below; Quynh Anh Nguyen 202; Rob Whitrow 75 above right; Sanjit Das/Bloomberg via Getty Images 26, 97; Scott Robertson 115; Simon Murrell 83 right; Thierry Falise/LightRocket via Getty Images 53 below; Tim Draper 93; Trevor Snapp/Bloomberg via Getty Images 136; VisitBritain/Andrew Pickett 101.

iStockphoto.com aphotostory 190; danishkhan 7; kvkirillov 175; Lauri Patterson 199; Lokia 194; Maximova 149; narvikk 134 below; omersukrugoksu 108; pattonmania 164; piccaya 230 below; Teradat Santivivut 223.

Library of Congress 63, 214.

Mary Evans Picture Library Retrograph Collection 92; The National Archives 91.

Reuters Mike Hutchings 139 below; Nguyen Huy Kham 200; Thomas Mukoya 128.

REX Shutterstock Design Pics Inc 86; Geoff Pugh 105; imageBROKER 47; Majority World 140, 144.

Shutterstock feiyuezhangjie 186; Songkris Khunkham 220.

SuperStock DeAgostini/DeAgostini 167.

TopFoto ullsteinbild 21.

Wellcome Library, London 188.

글로벌 시대에 맞는 티 전문가의 양성을 책임지는

한국티소믈리에연구원

한국티소믈리에연구원은 국내 최초의 티(tea) 전문가 교육 및 연구 기관이다. 티(tea)에 대한 전반적인 이론 교육과 함께 티 테이스팅을 통하여 다양한 맛을 배워 가는 과정으로 창의적인 티소믈리에와 티블렌더, 티코디네이터를 양성하는 데 주력하고 있다.

티소믈리에는 고객의 기호를 파악하고 티를 추천하여 주거나 고객이 요청한 티에 대한 특성과 배경을 바로 알아 고객에게 추천하는 역할을 한다. 티블렌더는 티의 맛과 향의 특성을 바로 알아 새로운 블렌딩티(TEA)를 만들 수 있는 전문가적 지식과 경험이 필요하다. 또 티코디네이터는 티와 푸드의 지식을 통해 트렌드에 맞게 페어링하고 연출하여 소비자의 만족스러운 구매를 돕는 역할을 한다.

티소믈리에, 티블렌더, 티코디네이터 교육 과정은 L3, L2 자격증 과정과 골드 과정을 운영하고 있다. 사단법인 한국티(TEA)협회와 한국티소믈리에연구원이 공동으로 주관하고, 한국직업능력개발원이 공증하는 L3, L2 자격증은 단계별 프로그램을 이수한 후 자격시험 응시가 가능하다. 골드 과정은 티소믈리에, 티블렌더, 티코디네이터 Advanced 수료자를 대상으로 한 티 전문가 교육 과정이다. 골드 과정은 각 교육 과정의 깊이 있는 연구를 통해 티 전문가로서 갖춰야 할 전문 교육 프로그램을 이수하여 강사로 활동하거나 지식과 경험을 통합하여 티(TEA)비즈니스에 대해 이해할 수 있는 프로그램으로 티 산업의 다양한 영역에서 활동할 수 있도록 한다.

현재 한국티소믈리에연구원은 본원에서 교육 및 연구를 진행하고 R&D센터에서 교육 및 응용, 개발을 실시하고 있으며, 지금까지 수많은 티 전문가들을 배출해 왔다.

사단법인 **한국티(TEA)협회 인증**
티소믈리에 & 티블렌더 & 티코디네이터 교육 과정 소개

- **티소믈리에, 티블렌더 및 티코디네이터 L3, L2 자격증.**
  - 사단법인 한국티협회와 한국티소믈리에연구원이 공동으로 주관.

- **티소믈리에 L3, L2 자격증 과정**
  - 티소믈리에 L3
  - 티소믈리에 Advanced L2

- **티소믈리에 골드 과정**
  - 강사 양성 과정, 티 비즈니스의 이해 과정.

- **티블렌더 L3, L2 자격증 과정**
  - 티블렌더 L3
  - 티블렌더 Advanced L2

- **티블렌더 골드 과정**
  - 강사 양성 과정, 티블렌딩 응용 개발 과정.

- **티코디네이터 L3, L2 자격증 과정**
  - 티코티네이터 L3
  - 티코디네이터 Advanced L2

- **티코디네이터 골드 과정**
  - 강사 양성 과정, 티 비즈니스 이해 및 응용 개발 과정.